U0658357

法语教师教育与发展丛书

LE FRANÇAIS LANGUE ÉTRANGÈRE ET SECONDE
ENSEIGNEMENT ET APPRENTISSAGE

法语作为外语和第二语言的教学法研究

[比] Jean-Marc Defays　著

傅　荣　　张　丹　译

外语教学与研究出版社
北京

京权图字：01-2018-3019

图书在版编目 (CIP) 数据

法语作为外语和第二语言的教学法研究 ／（比）让－马克·德法伊 (Jean-Marc Defays) 著；傅荣，张丹译． —— 北京：外语教学与研究出版社，2018.7 (2018.9 重印)

（法语教师教育与发展丛书）
ISBN 978-7-5213-0244-8

Ⅰ．①法… Ⅱ．①让… ②傅… ③张… Ⅲ．①法语－教学研究 Ⅳ．①H329.3

中国版本图书馆 CIP 数据核字 (2018) 第 175613 号

出 版 人　徐建忠
责任编辑　李　莉
责任校对　孟贤颖
封面设计　高　蕾
出版发行　外语教学与研究出版社
社　　址　北京市西三环北路 19 号（100089）
网　　址　http://www.fltrp.com
印　　刷　北京盛通印刷股份有限公司
开　　本　650×980　1/16
印　　张　20.5
版　　次　2018 年 8 月第 1 版 2018 年 9 月第 2 次印刷
书　　号　ISBN 978-7-5213-0244-8
定　　价　68.00 元

购书咨询：（010）88819926　电子邮箱：club@fltrp.com
外研书店：https://waiyants.tmall.com
凡印刷、装订质量问题，请联系我社印制部
联系电话：（010）61207896　电子邮箱：zhijian@fltrp.com
凡侵权、盗版书籍线索，请联系我社法律事务部
举报电话：（010）88817519　电子邮箱：banquan@fltrp.com
法律顾问：立方律师事务所　刘旭东律师
　　　　　中咨律师事务所　殷　斌律师
物料号：302440001

Préface

C'est pour moi un grand plaisir que mon ouvrage sur la didactique du français langue étrangère soit traduit, publié et, espérons-le, lu en chinois. Cet ouvrage, qui avait obtenu le prix de l'Académie royale de Belgique peu après sa parution, présente une analyse générale et critique de la situation de l'apprentissage-enseignement d'une langue étrangère, le français plus précisément, des différents facteurs qu'il implique, des stratégies qu'il réclame. Les questions de base (Qui ? Pourquoi ? Comment ? Etc.) sont traitées de manière systématique, en associant toujours la méthodologie aux théories didactiques, linguistiques, psychopédagogiques, sociolinguistiques. L'ouvrage convient donc aussi bien aux débutants qui veulent s'initier au métier d'enseignants de langues qu'aux professeurs expérimentés qui souhaitent faire le point sur leur pratique et l'actualiser.

Cette traduction est aussi un grand honneur car elle apportera peut-être une contribution au développement de l'enseignement du français en Chine où j'ai pu constater à plusieurs occasions un grand intérêt pour cette langue et les cultures qu'elle véhicule. Les professeurs et les étudiants que j'ai rencontrés dans plusieurs universités chinoises m'ont impressionné par leur connaissance du français, mais surtout par leur motivation et leur détermination à le maîtriser parfaitement et à se familiariser avec la culture. Je me réjouis de m'adresser à ces professeurs et futurs professeurs par l'intermédiaire de ce livre, en souhaitant qu'il les accompagne utilement pendant leur formation et leur carrière.

Cette traduction représente aussi une grande chance pour moi, celle que ce soit mon éminent collègue FU Rong qui ait bien voulu s'en charger. Ancien doyen et Professeur de français à l'Université des langues étrangères de Beijing, grand spécialiste de didactique du français, auteur de nombreux ouvrages et articles dans ce domaine, qui mieux que lui aurait pu comprendre toutes les questions traitées dans cet ouvrage et les mettre à la disposition du public chinois ? Les discussions que nous avons eues ensemble sur certains passages ont toujours été passionnantes et m'ont souvent obligé à approfondir le sujet ou à préciser mon analyse. Qu'il soit ici chaleureusement remercié pour le soin avec lequel il a entrepris cet excellent travail.

Prof. Jean-Marc DEFAYS à l'Université de Liège
Directeur de l'Institut supérieur des langues vivantes et du Service de didactique du français langue étrangère
Président de la Fédération Internationale des Professeurs de Français (FIPF)
Le 7 juillet 2016

序

　　我非常高兴的是，我的《法语作为外语和第二语言的教学法研究》一书能够被翻译成中文并在中国出版。希望它能够为中国读者所喜欢。这本书在比利时出版后荣获了比利时皇家科学院奖。它以批判的眼光对外语学习与教学进行了全面的介绍和分析，更具体地说，介绍并分析了对外法语教与学涉及的各个方面，包括所需要的教学策略和学习策略。本书围绕"谁在学？谁在教？""为什么学？为什么教？"，以及"怎样学和怎样教？"等教学法的基本问题展开系统的论述，同时始终将教学方式方法与教学法、语言学、教育心理学和社会语言学的相关理论结合在一起。因此，本书既适用于有志于从事外语教学工作的新教师，也适用于希望对自己的教学经验进行总结并更新的资深教师。

　　本书能够翻译成中文，对我来说也是一个莫大的荣幸，因为这也许能够为中国法语教学的发展尽绵薄之力。在中国，我不止一次地发现，人们对法语及其所承载的文化怀有极大的兴趣。我在中国好几所高校结识的老师和学生令我印象深刻，他们法语很棒，而且更重要的是，他们对熟练掌握法语及其文化热情高涨，充满信心。我很高兴能够以此书为媒介，与中国的法语同行和未来的法语教师进行交流，希望此书能够成为他们学习和工作上的良师益友。

　　本书能够翻译成中文，对我来说还是一种无比的幸运，因为这是由我杰出的同事傅荣教授欣然亲力所为的。傅荣是北京外国语大学法语系前主任、法语教授、著名的法语教学法专家，研究成果丰硕。试想，还有谁能够比他更理解本书探讨的各项论题呢？还有谁能够比他更合适将本书阐释的这些论题呈现给中国读者呢？我们为本书某些段落的翻译进行过非常热烈而有趣的讨论，这常常促使我深入主题，提出进一步的分析。借此机会，衷心感谢傅荣教授为完成这项出色的译事付出的心血。

最后，谨祝中国读者阅读愉快，并能够读以致用。

让－马克·德法伊教授
比利时列日大学外语学院院长兼法语系主任
世界法语教师联合会（FIPF）主席
2016 年 7 月 7 日

译序

从规模上看，我国是一个名副其实的外语学习大国，这在客观上为外语教学及外语教学法的研究提供了广阔的空间。事实正是如此，特别是近些年来，在我国面世和出版的国内外外语教学法理论、原则及具体教学方式方法的书籍林林总总，相关的研究论文更是不可悉数。但是，我们也注意到，这些成果绝大多数源自英语学界，而法语作为外语在全球是仅次于英语的第二大被学习的语言，现有法语教师 90 多万，学生 1.25 亿。应运而生的便是丰富多彩、独树一帜的法语教学法理论与实践研究，其成就在法国及法语国家与地区的外语学界占有相当重要的地位，也一直是国际外语教学与研究的重要组成部分。可惜我们国内至今未有一部系统阐释法语教学法理论的译著面世，这不能不说是我国外语教学与研究领域的一个缺憾，对此，我们深感责任重大。此为翻译这部《法语作为外语和第二语言的教学法研究》的第一个动因。

选择翻译本书的第二个理由是考虑到它在中国的可接受性。这首先是想到法语教学事业在我国的迅猛发展，大批初入法语教学领域的青年教师热切期待了解并学习对他们的教学有指导意义的最基本的外语教学理论、观点和方法，而本书恰好可以满足这样的需求。因为它用平实的语言和批判的眼光，以外语教学法、语言学、教育心理学、社会语言学和跨文化研究等相关理论为指导，围绕"谁在学？谁在教？""为什么学？为什么教？"，以及"怎样学和怎样教？"等教学法的基本问题系统阐释了法语教学法的各个方面，同时又从教学方法论的角度介绍分析了各种各样的法语教学方式方法及课堂教学活动，提出了许多实用的教学建议。语言习得不可或缺的途径——交际（la communication）、与他人交际的主要内容——跨文化（l'interculturel）和必须为学习（l'apprentissage）服务的教学既是现代法语教学的三个新范式（paradigme），也是贯穿本书始终的主线。因此，本书不仅适用于有志于从事包括法语教学在内的所有外语教学工作的新教师，也适用于希望对自己的教学经验进行总结并更新的资深教师。

本书作者让－马克·德法伊（Jean-Marc Defays）教授现为比利时列日大学外语学院院长兼法语系主任、世界法语教师联合会（FIPF）主席。他在比利时、法国、芬兰等地的欧洲高校从事法语语言学、法语教学法、法语国家跨文化和语言教育政策等研究 20 余年，这部《法语作为外语和第二语言的教学法研究》是其代表作之一，曾于 2004 年荣获比利时皇家科学院奖。2014 年，我们有幸作为比利时列日大学的客座教授和列日孔子学院的特聘教授在列日大学工作 2 年。期间，我们在工作之余，系统听了德法伊教授为列日大学研究生开设的"法语教学法"、"应用语言学"和"语用学"三门课程，并有机会多次和他深入交谈，受益匪浅，特别是对于完整、准确地理解和把握他在这本专著中阐释的相关思想、理念、概念和原则启迪颇多，从而为本书的中文翻译质量奠定了坚实的基础。我们常常为书中精彩的阐述、生动的实例和形象的比喻拍案叫绝，并产生强烈的共鸣和意欲翻译出来与我们的中国同行分享的冲动。例如，关于 didactique（教学法）、méthodologie（教学方法论研究）、pédagogie（课堂教学方法论）等术语的界定以及它们三者之间的关系，本书的作者有意回避了众说纷纭的抽象论争，改用图示进行简单实用的术语区分：

广义的**教学法**（didactique）
亦称作"教学法学"
（didactologie）

- 狭义的教学法（didactique）：能够为教学方法论研究带来启示的科学理论
- 教学方法论研究（méthodologie）：研究如何设计教学方法
- 课堂教学方式方法研究（pédagogie）：研究怎样将设计的教学方法应用于课堂

又如，关于外语教学（enseignement）、外语学习（apprentissage）和外语习得(acquisition)的不同，作者用如下的图解画龙点睛，令人耳目一新：

习得	任何学习或掌握（appropriation）知识的终极目的（finalité）
学习	一切个人的、有意识或者无意识的过程（processus），旨在掌握新的知识、能力和行为
教学	众多的学习方式之一，特点在于有教师的干预、大纲的引领，有操练，还有结果评估等

这个图解最重要的信息在于清楚地表明，教学从属于学习，而非人们惯常以为的那样，学习受制于教学。进一步可以说，没有学习，便无所谓习得。

这应该说是我们决定翻译本书的最后一个，却是最直接、最持久的驱动力。

为了方便中国读者，特别是法语和英语教学法的硕士生和博士生读者更好地理解全书，我们在翻译当中，凡对外国人来说"不言自明"而对中国人来说"不言就不明"的相关人、物、事和专业术语等都加了译注说明。另外，出于方便读者备考和备查之目的，凡书中第一次出现的人名、作品名和关键术语等都在中文翻译之后同时添加了相应的法语原文。

我们真心希望，翻译本书能够为我国的外语教师，特别是青年外语教师提供破解教学难题之钥匙，也能够为我国的外语教学与研究，尤其是法语教学与研究做出些许贡献。当然，译著中恐有疏漏之处，敬请读者和同行慧眼识之，匡所不逮。

本书在翻译和出版的过程中，一直得到外语教学与研究出版社的有力支持，我们对此深表感谢！我们还要特别感谢本书责任编辑的细致工作。

译　者

2018 年 2 月

比利时列日

目　录

前　言 1

导　论 5

1. 外语教学法的用途及最新发展 5

2. 外语教学法逐步获得的学科地位及外语教学的命题 7

3. 外语教学法几个术语概念的临时定义 9

4. 外语教学的复杂性与多样性 11

5. 对外语教学法的各种成见和态度 14

第一章 法语作为外语和第二语言的教／学
　　　客体研究：学什么？教什么？ 17

1. 语言 19

　　1.1 语言的功能、用途和形象 19

　　　　1.1.1 语言的功能 20

　　　　1.1.2 语言的地位 23

　　　　1.1.3 母语、外语和第二语言 25

　　　　1.1.4 语言的意识表征和悟性 30

　　1.2 语言的运作机制：各种不同的理论 32

　　　　1.2.1 语言表现世界 33

　　　　1.2.2 语言是一堆规则的汇编 33

　　　　1.2.3 语言是结构 34

　　　　1.2.4 语言是交际的工具 35

　　　　1.2.5 语言是社会活动 35

　　　　1.2.6 语言是行动和互动的工具 36

1.2.7 语言是表达的工具 37

1.3 语言的领域 38

1.3.1 语音 38

1.3.2 词汇 42

1.3.3 语法 45

1.3.4 话语和篇章 56

1.4 千变万化的语言 60

1.4.1 地理语言学和社会语言学上的语言多样化 61

1.4.2 口语和笔语 66

1.4.3 话语体裁 68

2. 文化 69

2.1 文化的定义、功用和运作机制 70

2.1.1 文化与文明 70

2.1.2 文化、群体与个人 71

2.1.3 一种文化与多种文化 73

2.1.4 （跨）文化关系 74

2.2 不同的文化观 76

2.2.1 教化式文化教学法 76

2.2.2 文学文化教学法 77

2.2.3 日常生活文化教学法 78

2.2.4 社会学的文化教学法 79

2.2.5 人本主义的文化教学法 79

2.2.6 符号文化教学法 80

2.2.7 语用文化教学法、功能文化教学法 80

2.2.8 跨文化教学法 81

2.3 文化的内容和表述 82

2.3.1 在人本主义方面 82

2.3.2 在日常生活方面 83

    2.3.3 在语言方面 84

    2.3.4 在批判精神方面 84

    2.3.5 在自我批判方面 85

    2.3.6 语言班级文化 86

3. 交际 87

  3.1 从语言到交际 87

  3.2 交际的模式 90

    3.2.1 电报模式 91

    3.2.2 交际的语言图示 91

    3.2.3 交响乐团模式 93

4. 外语教学的其他内容 94

第二章 法语作为外语和第二语言的教 / 学
      主体研究：谁在学？谁在教？ 95

人的因素 96

伙伴关系 97

1. 学习者 98

  1.1 学习者的状况（学习外语前）....................... 99

    1.1.1 学习者的动机.. 100

    1.1.2 学习者的年龄.. 100

    1.1.3 学习者的性别.. 100

    1.1.4 学习者的个性.. 101

    1.1.5 学习者的受教育程度、智力和外语学习经历...... 103

    1.1.6 学习者的学习目的 104

    1.1.7 学习者的学习风格和习惯 104

    1.1.8 学习者的母语及母语文化 105

    1.1.9 学习者已有的目的语及文化水平...................... 106

    1.1.10 学习者的意识表征和刻板印象 107

1.1.11 学习者的期待 107

1.2 学习者在学习外语之初的反应 107

    1.2.1 怯场 108

    1.2.2 失衡 108

    1.2.3 人格的两重性：监控器理论 110

    1.2.4 看不见、听不出 111

    1.2.5 班级学习小组的构成 112

2. 教师 112

2.1 教师的状况 112

    2.1.1 教师的构成 112

    2.1.2 外语教师的母语问题 113

    2.1.3 外语教师的其他几点特殊性 114

2.2 外语教师的角色 115

    2.2.1 专家 117

    2.2.2 学习者的榜样 117

    2.2.3 组织者 118

    2.2.4 中介人 118

    2.2.5 高级教练 119

3. 同学 119

4. 操本族语的当地人 121

5. 外语教学的其他行为人 121

6. 互动模式 122

6.1 教师一言堂 123

6.2 教师作为唯一的对话者 123

6.3 两人一组 124

6.4 话语循环 124

6.5 分组 124

6.6 圆桌会议 125

6.7 与学校和外部世界的关系 ·············· 126

第三章 法语作为外语和第二语言的教／学
　　　环境研究：在哪里教与学？何时教与学？ ······ 129

1. 国家 ······························· 130

　　1.1 对外法语教学在完全讲法语的国家进行 ············ 130

　　1.2 对外法语教学在非法语国家进行 ············· 131

　　1.3 对外法语教学在不完全讲法语的国家进行 ········· 131

2. 在学校或"自然"环境下的外语学习 ·············· 132

　　2.1 有引导和无引导的外语学习 ············· 132

　　　　2.1.1 无引导的外语学习 ·············· 133

　　　　2.1.2 有引导的外语学习 ·············· 134

　　2.2 沉浸式教学 ····················· 136

　　　　2.2.1 低度沉浸式教学 ··············· 137

　　　　2.2.2 中度沉浸式教学 ··············· 137

　　　　2.2.3 深度沉浸式教学 ··············· 137

　　　　2.2.4 封闭的沉浸式教学 ·············· 138

　　　　2.2.5 事先缺乏考虑的沉浸式教学 ·········· 138

3. 开设外语课程的学校和机构 ················ 139

　　3.1 学校和机构的种类 ················· 139

　　　　3.1.1 全日制的公立学校 ·············· 139

　　　　3.1.2 私立语言学校 ··············· 140

　　　　3.1.3 社会救助机构等开设的语言课程 ········ 140

　　　　3.1.4 企业和国际组织内部开设的外语班 ······· 141

　　3.2 校内外语课程与其他课程的关系 ············ 142

　　3.3 外语课堂与外部世界的关系 ············· 145

　　　　3.3.1 向心运动 ················· 145

　　　　3.3.2 离心运动 ················· 146

4. 时间要素..147

　4.1 初学外语的年龄.......................................147

　4.2 年龄在学习者综合情况中的地位...................148

　4.3 教学节奏...150

第四章 法语作为外语和第二语言的教 / 学

　　　动机和目的研究：因什么教 / 学？

　　　教 / 学为了什么？ 153

1. 动机、需求与期待..155

　1.1 动机...155

　　1.1.1 与学习对象相关的动机...........................157

　　1.1.2 与学习过程相关的动机...........................158

　　1.1.3 与学习环境相关的动机...........................159

　　1.1.4 与学习的终极目标相关的动机.....................159

　1.2 需求...162

　1.3 期待...164

　　1.3.1 "请展示给我看！".............................165

　　1.3.2 "请解释给我听！".............................165

　　1.3.3 "请考查我的水平！"...........................166

　　1.3.4 "请让我试试！"...............................166

　　1.3.5 "请让我自己去发现！".........................167

　　1.3.6 "请让我来发明创造！".........................167

2. 知识、学问和能力..169

　2.1 对知识、学问、能力等概念的初步界定...............170

　2.2 知识的类别...172

　　2.2.1 传统教学法视角下的知识.........................173

　　2.2.2 结构主义教学法视角下的知识.....................173

　　2.2.3 交际教学法视角下的知识.........................175

     2.2.4 传统 – 结构 – 交际三合一视角下的知识.............177

     2.2.5 心理认知视角下的知识.................................178

     2.2.6 教学法视角下的知识...................................181

3. 外语教学的终极目标和目的...................................182

   3.1 外语教学的效益性问题....................................182

   3.2 外语教学的终极目标......................................183

     3.2.1 社会、政治及单位领导层面........................184

     3.2.2 学习者个人层面...184

     3.2.3 教学层面..185

   3.3 确定教学目标...186

4. 评估、水平等级...188

   4.1 评估的本原..188

   4.2 评估类别...189

     4.2.1 根据实施评估的时机和目的区分不同的评估......190

     4.2.2 根据评估的实施者区分不同的评估.................190

     4.2.3 根据评估的基本标准区分不同的评估.............191

     4.2.4 根据评估程序区分不同的评估.......................192

     4.2.5 根据评估的语言内容区分不同的评估.............193

     4.2.6 根据需要考查的能力区分不同的评估.............194

   4.3 良好测试的质性标准.....................................196

     4.3.1 测试的效度..196

     4.3.2 测试的信度..196

     4.3.3 测试的灵敏度...196

     4.3.4 测试的客观性...196

     4.3.5 测试的经济性...197

   4.4 语言交际和表达的评估困难.............................197

   4.5 语言水平等级的划分.....................................199

第五章 法语作为外语和第二语言的教/学
　　方法和策略研究：如何教？怎么学？............... 205
1. 学习过程和学习策略..208
　　1.1 学习的基本原理和基本过程.........................208
　　　　1.1.1 行为主义心理学的观点.........................208
　　　　1.1.2 信息理论的观点....................................209
　　　　1.1.3 先天决定论的观点................................209
　　　　1.1.4 认知主义的观点....................................209
　　　　1.1.5 教学法的观点.......................................210
　　1.2 外语学习的各种相关论点.............................211
　　　　1.2.1 关于（人类）语言的特殊性................211
　　　　1.2.2 关于语言的共性....................................211
　　　　1.2.3 关于语言能力天赋论和既有语言能力问题.........213
　　1.3 心理活动与外语学习....................................217
　　　　1.3.1 大脑的分工...217
　　　　1.3.2 外语学习的心理过程：显性语法和隐性语法......219
　　　　1.3.3 阶段性进步：中介语理论....................223
　　1.4 母语和外语的学习与教学.............................225
　　　　1.4.1 两种学习的心理过程比较....................226
　　　　1.4.2 两种学习环境比较................................227
　　　　1.4.3 各种双语现象比较................................229
　　1.5 外语学习策略研究..231
　　　　1.5.1 语言视角下的外语学习策略................232
　　　　1.5.2 （元）认知视角下的外语学习策略.....234
2. 教学方法与教学实践..239
　　2.1 教师的作用...240
　　　　2.1.1 交际需求...241
　　　　2.1.2 语言、元语言、副语言、语境等信息的输入......241
　　　　2.1.3 关注和储存...242

2.1.4 中介语系统 ·· 243

2.1.5 语言产出和反馈 ···································· 244

2.1.6 教学方法 ··· 244

2.2 主要的外语教学法流派 ································ 246

2.2.1 语法－翻译法 ····································· 246

2.2.2 直接法 ·· 247

2.2.3 结构－行为主义教学法 ······················ 248

2.2.4 交际法 ·· 251

2.3 教学的计划安排和循序渐进性 ····················· 255

2.3.1 单元 ··· 256

2.3.2 课程 ··· 260

2.3.3 螺旋式上升的教学步骤 ························· 261

2.4 外语课堂教学实践 ······································ 262

2.4.1 听力课教学 ··· 263

2.4.2 口语教学 ··· 266

2.4.3 语音教学 ··· 270

2.4.4 阅读教学 ··· 272

2.4.5 写作教学 ··· 276

2.4.6 语法教学 ··· 278

2.4.7 词汇教学 ··· 283

2.5 教学资源及媒介 ··· 286

2.5.1 语言和其他言语 ··································· 286

2.5.2 教材与其他图书 ··································· 287

2.5.3 真实的语言素材 ··································· 288

2.5.4 视听材料 ··· 290

2.5.5 互联网 ·· 292

2.5.6 游戏 ··· 294

参考书目 ··· 297

.

前　言

　　法语作为外语和第二语言（FLES，以下简称"对外法语"）的教学需求在法语国家和非法语国家不断地发展并呈现出多样化的态势，因此，各个大学、高等学院和其他教育机构越来越感到有必要开设对外法语教学课程，用于培养矢志从事对外法语教学工作的师资人员，或者对他们进行本领域的在职教育。过去，人们以为只要熟练掌握一门语言——不论是母语还是外语——就能做语言教师。但是，这一时代已经一去不复返了。

　　不论是从事对外法语教学工作，或者是指导这项工作，都不是件容易的事情，因为进行对外法语教学的环境和条件可能各不相同。导致这种千变万化的因素既可能是教学地点的不同，如教学所在的国家和学校等；也可能与学生的素质（profil）有关，如他们的年龄、使用的母语、他们的语言水平、受教育程度，以及他们的学习动机等；还可能涉及教学目标，比如，学习外语只是学校教育的课程需要，或是为了就业，抑或是为了满足社会的需求，甚至是出于文化认同的目的，等等。另外，即便是在法语国家，法语教师也越来越经常地遇到非同质的班级，也就是说班上既有操本族语（即法语）的法语国家的学生，又有第二代移民子弟，还有初来乍到的外国人。

　　正因为这样，本书不讲那些笼统的原则，也不提供任何现成的答案或者是立等可取的忠告。我们将对对外法语教学的方方面面进行全景式的、批判性的，并且是具体的分析和研究，内容包括各类不同的对外法语教学环境与条件、可供参考的各种理论指导，以及可参照试行的各种教学方法等。这样做的目的是要帮助我们的法语教师能够更好地认知他所处的从来都是独一无二的教学环境，使他们学会因地制宜，有的放矢地进行对外法语教学。

更具体地说，本书同时论述教与学的两个方面，并且指出教应当服务于学。我们不应忘记，人不用教也是完全可以习得一门外语的，其实很多其他东西的习得也是如此。但学是断然不可少的。我们现在认识到，教师不能只满足于教，还应该理解学习过程，促进和引导每一个学习者都参与其中。这一观念的变化深刻地改变了教师和学生各自的职责。

第二个新的深刻变化涉及我们的教学内容本身。从前，我们只讲授纯语言，以为只要足够好地掌握了语言就能进行交际；而现在我们认识到，语言不仅是为交际服务的，而且语言可以通过交际习得。词汇和语法知识需要在真实的言语互动中被唤起、被解释、被开发，否则便成了一纸空文。

第三个变化正在标示着外语教学法进入一个新的阶段，它的着眼点是外语教学法的文化层面。其实较早以来，以历史大事记和文学经典为主要内容的知识文化教学已经让步于我们曾经拒绝接受的那些千姿百态的活生生的生活文化，这些文化与交际紧密相连。不过，文化教学近来发生的真正彻底的变革当属跨文化理念的提出。它被视为一种特殊的能力，可以使我们一方面通过同理心（empathie）与他者和睦相处，另一方面实现自我批评。有人甚至想说，从今以后，跨文化能力将是外语学习的一项前提条件。

本书将根据上述外语教学的新范式展开研究，将按照章节逐次介绍外语教学法的原则及其影响。读者将会发现，本书并非要颠覆那些已经被事实证明的理论和实践，而是想从"学"的视角、"交际"的层面和"跨文化"的理念去探究这些理论与实践，以期达到外语教学理论与实践的一种新的、进一步增强的协调一致性和有效性。

　　本书可有各种读法。您可根据自己的需求和兴趣通览各个篇章，亦可直接阅读与自己相关的章节。我们特别希望本书能够成为大家的工具、旅伴和灵感的源泉。我们还非常希望各位外语同行能够经常地对本书进行补充、说明和修正，使之日臻完善。但如果各位能够从本书里找到某种答案，却没有结合自己的实际情况加以调整，那就大错特错了。

导　论

1. 外语教学法的用途及最新发展

　　毋庸赘言，我们使用外语没有指望老师、教学法专家、教材、语言实验室和多媒体，也没有指望沉浸式的进修学习。我们今天所说的外语教和学的困难让我们忘却了这样一个事实：多语言主义（plurilinguisme）比单语言主义（monolinguisme）历史更悠久，影响更广泛，总之，感觉更"自然"。现代国家的形成迫使我们实行单语言主义，而今天，国际关系、国际机构和国际公司的兴起又重新要求我们必须会讲好几种语言。语言教学法，包括母语和外语教学法，最终探索的是如何更好地理解我们人类在任何条件下均能学会语言的这种与生俱来的本领。懂得人类的这一能力也是为了更好地管控它，并加以更科学的利用。理论上讲，孩童学习母语离不开老师，而成年人学习外语则可以不需要外语老师。因此，外语教学只是众多学习外语的方法之一，而且还不总是最有效的方法……的确，曾有外语教学法专家失望地提醒人们说，外语学习恰恰就是在课堂上进行时才成了问题。

　　语言问题是一个古老的问题，它早在《圣经》里就已出现：巴别塔即将建成之际，建造者们突然开始说起了外语，后来，基督的门徒们也在圣灵降临节[1]那天开始使用外语。这

1　复活节后的第 7 个星期日。——译者注

两个情节有力地说明了多语言主义的政治意义，它既可能促进和谐，也可能引起纷争。早在传教者之前，第一批使用外语的其实是那些为了生活和生存的游牧人、商人和士兵。他们跟着翻译、使臣，还有那些渴望了解世界和语言的饱学之士一起使用邻近村落的语言，或者是其他大陆的语言。至于学习外语的方法，可惜只有少数享有特权的人了解这一与生俱来的学问。不过，人们总是习惯性地认为，使用外语多半靠天赋，而非依赖习得。但是，需求、好奇及人际交往等始终是外语学习最有效的途径，即便是最现代的外语教学法也还没有找到其他任何方法可以取代上述途径。

外语教学法与那些伟大的文化语言——如拉丁语和古希腊语——同时诞生。这些语言或者被强加给被征服的民族，或者被知识分子学习，因为后者希望享用与这些语言相关联的文明。在这些古典语言消亡后的很长时间里，我们还继续讲授它们，这不仅仅是因为这些语言能够丰富我们的文化，也是出于需要用它们进行语言和大脑的练习进而获益的考虑。就在不太久远的过去，既包括外语也包含母语的现代语言教学法（didactique des langues vivantes）其实是拉丁语和古希腊语等死语言的教学法的翻版。那是一种纯书本的教学，几乎全部围绕着语法和翻译展开。直到20世纪，甚至可以说到20世纪50年代之后，外语教学法才以特定的理论和实践形成独立的学科。从那以后，从总体上讲，外语教学法相较于其他教学法和一般意义上的人文学科取得了突飞猛进的发展。

应当指出的是，学习外语的需求与国际关系、人口迁徙以及经济、文化和政治的全球化等同步快速发展。它还和全球及地区冲突密切相关，从一定意义上说，战争对外语教学法的促进作用并不亚于联合国的创立和欧洲一体化的建设。另外，最近数十年来，许多其他学科也取得了重大发展和成就，外语教学法从中获益匪浅，进而发展迅速，有时甚至过于急促。最后，外语教学因其广阔的经济市场和所蕴含的市场利益，成为最先私有化的领域之一，这样的好处是外语教学更加关注其有效性，弊端在于过分强调其效益性。毫无疑问，出版社在推动外语教学方法的更新、外语教材的换代和其他教学材料的问世等方面发挥了非常重要的作用，有时甚至会有点儿过度。

2. 外语教学法逐步获得的学科地位及外语教学的命题

外语教学法看上去似乎不能成为一个真正意义上的科学，因为它既没有明确的研究对象，也无明确的研究方法论，尤其缺乏自身的研究目的。克洛德·海然热（Claude Hagège）[1] 说过，语言不是知识（savoir），只是一种技能（savoir-faire），他断言道："外语教学法只能应用别人的学科，因此它自己不能成为一门科学。"[《会说两种语言的孩子》(*L'Enfant aux deux langues*), 1996] 正是在这种情况下，为了提升外语教学法的学科地位，有法国学者给此名词添加了一个学术性的后缀（-logie），使之变成"外语教学法学"（didactologie）。这里，我们虽然不必就此名称的改变展开认识论的讨论，但应当强调的是，我们今天采用的外语教学法已不再是凭直觉行事，也就是说，我们开始有意识地学习怎样教学，而不仅仅依靠天赋；也不再是凭经验行事，而是边对获得的教学经验加以开发利用，边建构并运用教学法的理论模式；今天采用的外语教学法更非任性随意的，而是比其他教学法更需要不断经受其自身结果的考验。事实上，只要将外语教学法视为一种规划，它就能成为一门学科，它和外语学习的直接关联性，以及它的严谨性能够帮助我们更好地理解并掌握外语学习的规律。

恰恰就是前面提到的外语教学法的跨学科特点给外语教学法在学科的独立性、系统性和认可度方面带来了问题。的确，外语教学法始终围绕着以下三个基本点展开，在外语教学法的历史长河里，这三点在不同的时期被置于不同的优先地位。

---

1 1936 年 1 月生，法国著名语言学家。——译者注

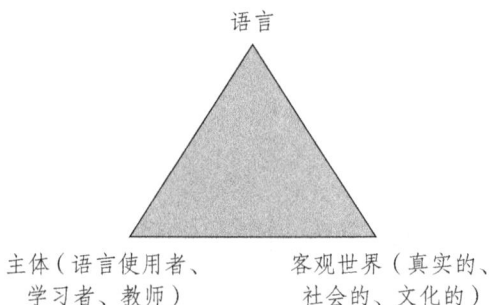

语言

主体（语言使用者、
学习者、教师）　　　客观世界（真实的、
社会的、文化的）

外语教学法没有特有的学科地位，所以它一直和 20 世纪蓬勃发展的语言学、心理学和其他社会科学有着千丝万缕的联系。这些学科的新理论在外语教学领域找到了理想的实验场所，经常被立即原封不动地应用到外语教学中，故称作"拿来主义"（applicationnisme）。

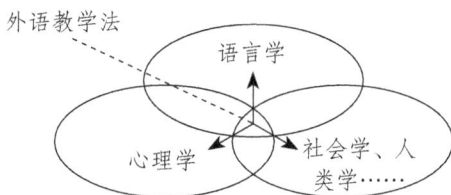

外语教学法
语言学
心理学
社会学、人
类学……

外语教学法，特别是法语作为外语和第二语言（FLES）[1] 的教学法通过深入的学术研究和认识论思考，逐步在各个方面赢得了自己的一席之地。首先从学术研究的视角看，面对其他关联性学科（disciplines connexes）——现在也称作"参与性学科"（disciplines contributoires），对外法语教学懂得将它们的研究成果融入自己特定的方案，但绝不盲从；其次就教学法本身而言，对外法语教学已经成为独立的学科，而此前倾向于等同母语教学；第三，从职业的层面看，对外法语教师已经成为正式的职业，从业者需要接受专门的培训；最后，从体制上说，对外法语在教学条件和环境、教学对象、教学大纲及学校等方面的特

1　出于叙述的方便，下文除特别需要使用全名外，一般统一称作"对外法语"。——译者注

殊性得到了承认。当今外语教学法的显著特点是其方法上的多样性、批判性和整合性。

3. 外语教学法几个术语概念的临时定义

尽管"法语作为外语和第二语言"这一术语颇受争议，但该术语及其缩略词（FLES）却被广泛使用，而且从今往后，它们与"法语作为母语"（français langue maternelle）或者"法语作为第一语言"（français langue première，FLM）的概念明确区分开来。首先，我们不会再将"第二语言"（langue seconde）和"第二外语"（seconde langue, deuxième langue）混为一谈。原则上，法语在下列两种情况下属于第二语言，不能完全被视为外语：一种是它在有些国家被用作教学时，比如在比利时、瑞士和摩洛哥等；另一种情形是法语学习者为久居法语国家的移民，以及双语家庭的孩子。不过，我们还必须要考虑到许多其他因素，用以区分不同的学习情境及其相应的教学法。对此，本书第三章将专门论述。

关于"教学法"（didactique）、"教学方法论研究"（méthodologie）、"课堂教学方式方法研究"（pédagogie）等术语的界定，以及它们三者之间的关系，学界也是众说纷纭。我们不在这里展开详述，仅对这 3 个专业术语做简单区分。当然，这 3 个术语仍需进一步的推敲，但至少目前是清楚和实用的，如下图所示：

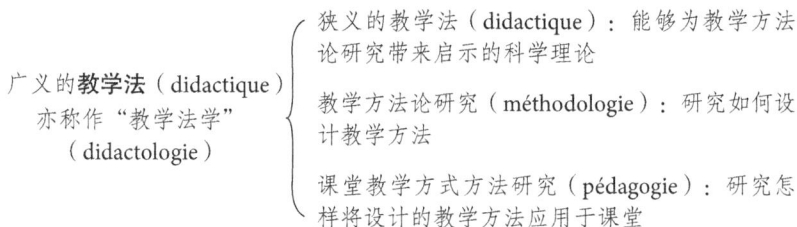

广义的**教学法**（didactique）
亦称作"教学法学"
（didactologie）

- 狭义的教学法（didactique）：能够为教学方法论研究带来启示的科学理论
- 教学方法论研究（méthodologie）：研究如何设计教学方法
- 课堂教学方式方法研究（pédagogie）：研究怎样将设计的教学方法应用于课堂

我们更关注的一项区别是外语教学（enseignement）、外语学习（apprentissage）和外语习得（acquisition）之间的不同，这将在本书的第五章重点论述。多位教学法专家认为，"外语习得"如同母语习得，是自然的（spontanée）、不加引导的（non guidée），甚至是应时的（circonstancielle）和无意识的（inconsciente）行为；而"外语学习"则相反，是一种有意的（intentionnel）、循序渐进的（programmé），并通常在课堂上由学习者自己或者教师操控的（contrôlé）学习方式。"外语教学"则主要发生在课堂上。我们将在本书的第五章详细阐释这样区分的理由，目前姑且做如下的图解：

习得	任何学习或掌握（appropriation）知识的终极目的（finalité）
学习	一切个人的、有意识或者无意识的过程（processus），旨在掌握新的知识、能力和行为
教学	众多的学习方式之一，特点在于有教师的干预、大纲的引领，有操练，还有结果评估等

上述图解的优点在于清楚地表明教学从属于学习，而不是像有些教师依然认为的那样，学习受教学支配。这一图解还说明，没有学习，便无所谓习得。换句话说，不能再像有些学生想的那样，只要上课听讲便能掌握知识。

所谓"目的语"（langue-cible）和"目的语文化"（culture-cible），指的是讲授的语言和文化，在本书里指的是法语和法语国家与地区的文化（cultures francophones）。所谓"源语"（langue-source）和"源语文化"（culture-source），指的是学习者的母语及其文化，不过有时也可指学习者已经拥有的外国语言和文化，因为不论自愿与否，这类外国语言和文化都扮演着中间人的角色。另外，外语教学法学界也将母语统称为第一语言（L1），其他目的语分别叫做 L2、L3……

如同其他学科的教学法那样，外语教学法也将学习外语的人改称为"学习者"或者"学员"（apprenant），而非原先的"学生"（élève，étudiant），这绝不是为了好玩而故弄玄虚，实在是因为今天学习外语的人群千变万化，远远超出了以往的学校范畴。我们又把在校学习外语的学生叫做"俘虏"（captif）。

总之，这些学习者是"讲外国话的人"（allophone），他们作为外国人在一起进行着"语外"（exolingue）交际，也就是说使用的语言不是他们的母语。相反，操本族语的讲话者，或者是操本族语的教师(natif)[1]讲的和教的却是他们的母语。最后，值得一提的是，不论是教师还是学习者，只要是生活在他们自己的国家，或者是他们自己的社群，他们就是"本地人"（autochtone）；反之，则是"外来人"（allochtone）。所谓"初来乍到者"（primo-arrivants），指的是第一次与所在国家及其语言发生接触的人，他们需要尽快融入其中。

4. 外语教学的复杂性与多样性

写一部概括性的外语教学法专著是一次真正的挑战。因为第一，外语学习和母语学习在情境和方式上完全不同，前者可谓千变万化，我们在本书里论及的只能是冰山一角，而后者基本是大同小异，甚至可以说是千篇一律的。的确如此，同样是教 FLES，当你面对的教学对象是年轻的中国工程师，是受教育程度很低或没有受过教育的来自马格里布[2]家庭的大妈，是意大利的高中生，是芬兰的翻译工作者，是

1　此乃套用英语的表达法"native speaker"。——作者注

2　法语为 Maghreb，通常是西北非摩洛哥、阿尔及利亚和突尼斯三国的总称。——译者注

美国路易斯安那州的小学生，是非洲的大学教员，是车臣的政治避难者，或者是荷兰的退休人员，这能一样吗？还有，同样是教 FLES，在法语国家教和在学习者的国家教，在公立学校教和在社会培训机构、互助中心或娱乐中心教，这又能一样吗？所以，十分危险的做法是，以适合某些情况为理由，提出一些绝对的主张和意见，特别是确定一些笼统的规则。其实，建设性的态度应该是留心观察、灵活应变和富有创造性。

第二，在任何一种情况下，外语学习都和许多因素有着千丝万缕的关系。这里毋庸理出一个完整的清单，因为这些因素不胜枚举，且错综复杂。如果说像本书里将要做的那样，为了更好地理解这些因素，值得从方法论的视角试图将它们区分开来的话，那么一定要时刻牢记，在外语学习的过程中，无论是课堂练习时，还是街头的会话中，或是在寻求理解别人和让别人理解自己的学习者的头脑里，很多因素是相互关联、相互作用的。"看情况"，这应该是我们思考上述所有问题时能够给出的首选答案。具体地说，不同的教学法对影响外语学习的因素赋予不同的重要性，组合这些因素的方式也不同。究竟采用哪种方法，这里依然没有统一的规定，有的只是要选择最有利的"营养食谱"：菜单既要多样，也要平衡。换言之，就是要将各种成分包含进一份协调的教学方案里。

教师应该努力地调控而不是控制教和学的各种变量，注意区分他不能左右的因子（如教学的终极目的、教学时间和场地的限制等），和他直接或间接可为的事情（如教学活动和教学材料的选择、学习者学习动机的激发与维持，以及和同事的合作等）。如果说教员在迈上讲台之前尽可能地熟悉其担负的使命并接受尽可能好的培训是十分必要的话，给予他们充裕的自由发挥的空间也是同样重要的，以便他们自然地找到自己的平衡点，而不是要机械教条地、无条件地执行现成的教学纲要。

现有很多分析外语教学情况的考查表，它们的侧重点各有不同，但都具有一定的参考价值。我们依照传统的"七问"（Quintilien）提出了一个外语教学的思考框架（见下图）。这七个传统命题历经数个世纪不衰，始终保持着令人生畏的清晰度和效度，这些其实是任何人面对一种新情况时都自然要扪心自问的问题。教师面对新的学生和新的教学环境也自然会发出同样的疑问。

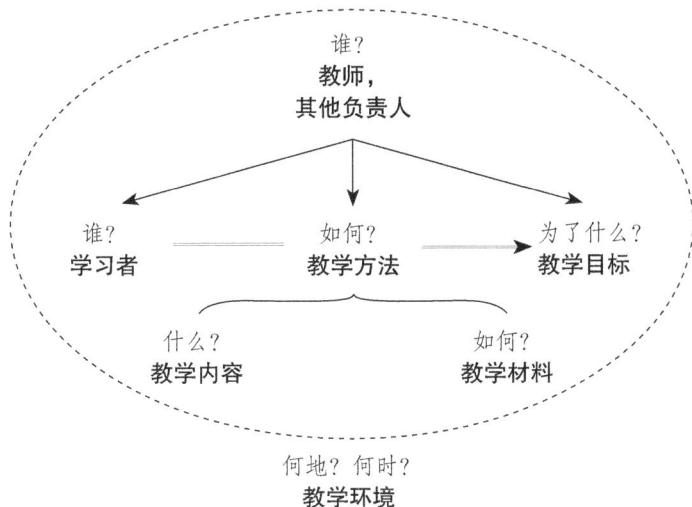

从某种意义上说，本书各章便是试图回答法语教学法中下列最基本的问题：

1）对外法语的教学内容包括什么？

包括语言、交际、文化、文学、科技，等等（详见本书第一章）。

2）谁是对外法语教学的积极参与者？他们各自扮演什么角色？

他们是法语学习者及他们的同学、教师，他们的同行，法语国家与地区的人（操本族语者），教育、行政和政策等方面的负责人（详见本书第二章）。

3）对外法语的教学环境如何？

这里所说的环境包括国家、学校、课堂等，也包括学习者的年龄、课时与课程安排等（详见本书第三章）。

4）对外法语的教学目标是什么？

这里既指法语教学的终极目的，也指学习者期望达到的水平，还包括教师和评估要求学习者应该掌握的知识与能力（详见本书第四章）。

5）对外法语的教学方法有哪些？

本书将论及学习策略、教学方法和课堂教学实践等（详见本书第五章）。

5. 对外语教学法的各种成见和态度

在进入正题之前，我们先请您回答一份小小的问卷，并请您直接或间接地让您的学生也参与回答。这是一份针对外语教学存在的种种成见的问卷，其中有些看法并非空穴来风，它们在不同的条件下，可能帮助或阻碍学习者的学习。最近几年来，人们意识到，学习者——也包括他的老师——对目的语的认识（représentation）、对自己学习过程的认识及对自己作为学习者的认识，对其外语学习的成败具有决定性的影响。比如，倘若认为学习外语需要有天赋，而该生却没有这个天赋，这样的看法对该生学习外语肯定毫无帮助。我们在这里不是要肯定或者否定外语学习者和教师的这些不可避免的意识表征，更不是要将它们消除，而是要阐明这些意识表征，提醒我们在教学中予以足够的重视。

	是	否
1. 超过一定年龄后便不再可能学好外语。		
2. 数学好或者理科好的学生，其外语一般都不好。		
3. 学习外语需要有天赋，这是毫无办法改变的事情。		
4. 如果没有什么特别的理由需要学习外语，比如出国旅行、考试过关等，那是学不成外语的。		

（待续）

	是	否
5. 法语对外国人来说是一门难学的语言。		
6. 我觉得自己有学习外语的能力。		
7. 讲法语的人，如法国人、比利时人和魁北克人是开放型的，他们喜欢外国人，也愿意帮助外国人。		
8. 为了能够正确地说外语，了解说这门外语的人的文化很重要。		
9. 语言不是在课堂上或者是靠书本学会的，语言是在实地通过和当地人交流学来的。		
10. 已经会一种外语的人再学另一种外语会比较容易。		
11. 最好要等到掌握了较多的语法知识和词汇之后，再试着用外语进行交际。		
12. 我觉得很少有外国人能将法语说得绝对地道。		
13. 要当外语教师，这是学不来的，这需要有志向。		
14. 有些语言比另一些语言好学。		
15. 最好一次只学一种外语。		
16. 没有老师是学不好语言的。		
17. 面对外语生词，最好不要总想着要弄清其意思。		
18. 若想获得职业生涯的成功，懂外语是很重要的。		
19. 我不放过任何机会使用我所学的外语。		
20. 人一生不论学什么语言，语言能力都是天生且相同的。		
21. 比利时法语、瑞士法语、加拿大法语、非洲法语和法国南方法语不是外国人应该学的标准法语。		
22. 我用外语和操本族语的人说话时一般会感到不自在。		
23. 学习外语最重要的是词汇。		
24. 女人比男人更适合学外语。		
25. 法语不见得比我喜欢学 / 教的其他语言更美丽。		
26. 我觉得法语国家的人一般外语讲得都不好。		
27. 会说不止一种外语的人通常很聪明。		
28. 学外语可以不需要什么特别的理由，只要高兴就可以学。		

（续表）

	是	否
29. 计算机不久将能够用外语翻译、说话和写作。		
30. 世上没有真正的双语人。		

答案：

我们很快就能明白，上述每一个问题都几乎不可能有一个绝对的答案。对于每一个问题，我们只能回答"看情况"。您将通过阅读本书知道究竟"看什么情况"。

第一章

法语作为外语和第二语言的教 / 学
客体研究：学什么？教什么？

近些年来，不论是为了确定外语教材的主要内容，还是为了制定外语教学大纲，外语课程的教学客体引起了无数的讨论。过去，有明确规定，外语课堂只教语言，具体地说，就是先教语音，然后系统地教词汇和语法，可能的话，也教会话，最后逐渐过渡到课文和文学。至于文化，则仅限于几堂文化、历史和艺术课。这种古老的课程格局不但一直受到质疑，而且今天连课程名称所指也不同了。人们的语言观（conception de la langue）、语法观（conception de la grammaire）和文化观（conception de la culture）早已发生了很大变化。首先，语法教学被彻底诟病，乃至被摒弃，致使教师有时感到困惑，不知该不该只教学生口语会话，或者只搞文化活动。这之后，刮起一阵阵回潮风，不少人主张回归"过去的好方法"，重走语法、词汇加严格操练的老套路。如今，语言、文化和交际这三者之间的博弈变得比较平和，比较均衡。正如日常生活那样，也如母语教学那样，外语教学从此更加注重将语言、文化和交际三者联系起来，语言涵括文化，反之亦然，二者又深深地融入到交际之中。不过，出于论述的方便，我们将在本章分别讨论这三个要素。

在此之前，有必要先阐述三个关于外语教学内容的基本问题，这也是外语教学不同于其他教学的特殊性所在。

第一，我们可以支持这样的观点：外语课自身无固有的特定内容，除非是语言学课。我们甚至可以说，只要是用外语上课，一切都可以讲，什么都可以说。无论怎样，外语课不应像地理课或者数学课那样，以其教学内容来定名。

第二，外语课经常处于一个左右两难的境地：教师和学生都会混淆所学语言究竟是学习的对象（langue-objet），还是学习的工具（langues-instrument），因而会不时地纠结如下问题：是要将所学语言说得正确（correctement），还是要将所学语言说得真实（vraiment）？

对于上述这两个问题，有学者主张：注意区分"用法语教学"（enseignement en français）——即用法语教另外的科目，和"进行法语本身的教学"（enseignement du français）。我们则认为两者具有很强的互补性，应该将它们结合起来。

第三，语言用于交际时，除了它涵括的文化内容外，还离不开它的人文、个人和情感等因素。语言不同于其他客体，因为人在使用它的同时也全身心地投入其中，即使是外语亦不例外。不论愿意与否，我们在说语言的时候也是在说自己，外语学习者在他没有完全掌握所学外语的时候尤其关注自己展示的形象。语言客体（langue-objet）引导学习者主体（sujet），转化成主体，同时改变学习者主体，所以有人感叹："语言，就是人！"我们将在下文进一步探讨言如其人的问题。对于这一现象，在外语学习的过程中，教师有时需要阻止，有时则需要鼓励，但现在我们在介绍语言的技术层面，也就是语言的功能及运作机制时，应当考虑到人这一因素。

一般来说，在讨论某一内容时不可能不考虑如何讨论，所以，讨论的方式方法与内容的选择同等重要。

1. 语言

即使我们现在强调必须将语言重新置于它的文化和交际背景下，但语言始终应该是外语教学的首要任务；对于那些使用语言的人来说，语言更是学习文化的优选途径和进行交际的主要手段。在任何情况下，外语教师都不应该代替技术员、艺术评论家、导游或者社会工作者。即便学习者遇到很多问题，有时甚至是很痛苦的社会融入问题，作为教师，对他们最好的帮助乃是卓有成效地教好他们语言。

1.1 语言的功能、用途和形象

教师要想教授语言仅仅会语言还不够，还需要懂得社会语言学，以便确定教学目标，选择教学方法，分析学习者的语言素质及他们所学习语言的语言条件和环境。学语言对他们有何用？这门语言能有什么样的地位？社会对这门语言的印象如何？这些便是本节试图回答的问题。先要说明的是，下文的主要思路深受路易丝·达贝娜（Louise Dabène）教授那部非凡的著作《从事外语教学所必备的社会语言学常识》（*Repères sociolinguistiques pour l'enseignement des langues*，1994）的启示，我们建议感兴趣的读者参阅。

1.1.1 语言的功能

语言具有的功能不仅是语言学习的目的，也是语言学习的动力，我们只有在使用语言时才学习语言。课堂如同工厂和家庭，构成社会的缩影，语言的互动必然促使或者说至少鼓励人们现学现用。当我们将一种语言脱离其所有用处呈现给你的时候，或者当我们不再使用这种语言的时候，这个语言就将是一个抽象的、无活力的和无用的物质，就有可能消亡。但是，要在课堂上使用一种语言，我们还应该知道，这种语言在社会上有何用处。

关于语言的功能，社会语言学家列出了很多清单，一个比一个详细。但语言的下列 6 个功能则几乎概括了语言的所有表现形式，而且这 6 项功能还经常地相互组合。

1）交际与信息功能

语言可用于传递和交流信息。这是语言特有的功能，但必须指出的是，"交际"有多个意思，包含多个层面，包括多个其他功能。因此，有学者将之细分为信息功能（informer）、表达功能（s'exprimer）和交际功能（communiquer）。还应指出的是，语言同样可以用于杜撰、说谎和指责。

课堂上传递的信息应该是实实在在的，这样才能使语言的信息功能起到真实可靠和刺激的作用。有时我们会要求教师只向学生提问那些他们自己也不知道答案的问题。即便教师不可能总是这么做，但这样的提问练习也能让教师们意识到有些口语交流贫乏无聊，特别是那些用作机械性语法练习的对话。

2)社会、融入和人际关系功能

语言可用于划分族群中各个生活层次的人群,描绘他们的特征,将他们组织起来,维系在一起,使他们融入其中,并且将他们再细分成子群和个人。孩子说话首先是为了参与家庭生活,然后是为了参与社会生活。语言的这一功能有一个负面作用:它可用来压迫、孤立和排斥那些与本族群的价值观和语言不相同的人。

语言的社会功能对外语学习至关重要。首先,它对班上同学形成的组群产生影响,而班上组群的互动发挥着非常重要的作用;其次,它对更广泛的法语国家人群或者说当地人群产生影响,外国学习者渴望尽早地融入其中。这对外来移民来说尤其如此,他们主要关心的就是融入当地社会。

3)启发性(heuristique)或者(自我)参照(auto-référentiel)功能

语言可用于发现、理解、分析、学习和教导世界,其方法可以是直观的、实用的,也可以是科学的。世界和语言是一种相互决定的关系:现实规定词语的使用,反过来,词语规定人对事物的看法。这里暂且不论二者的产生谁先谁后,我们只想说它们无处不在,不可分离。

我们学习外语,不是在学习用另一种方式翻译世界和生活,而是在给予世界和生活另一种诠释。外语为我们提供的不仅是发掘新领域的一种机遇,也让我们能够对一些我们自以为司空见惯的事物感到惊奇。我们必须充分认识到语言的这一功能极其重要,因为它让我们发现新事物,体验身处异地的感觉,进而形成一种强大的学习动力(详见本书第167页)。

另外,语言还可用来谈论它自己,这是语言的元语言功能,它经常运用于外语教学,但和语言习得没有直接的关系,我们将在后面展开进一步的讨论。

4）语用或工具功能

正如语用语言学（linguistique pragmatique）已经明确指出并经过了最近 20 年交际法的实践证明的，语言不仅用于交际和理解世界，还能影响世界。一个指令、一个提问、一句陈述，乃至一个手势都能改变事物，使形势发生变化，或者影响对话人。诚如奥斯汀（Austin）所言："说，就是做。"[1]（详见本书第 88 页）

我们将在后文深入地讨论语言的这种唯意志论特点，特别是它对外语教学法的深刻影响。不管怎样，我们可以想见，语言的语用功能是对外语教学的推动，它促使外语教学从具体明确的行动入手，瞄准可操作性的目标，并且以学生获得的能力而非完全以知识去评估教学结果。

5）象征或想象功能

不论是对个人，还是对族群，语言可用于建构身份认同的意识表征，也可用于建构他们与他人和世界的那种特殊、想象和神话关系的意识表征。从一定意义上说，我们每个人都源自出生时就学会的语言，并且从那时起一直用它来认识世界、改变世界，认识社会、改变社会，认识并改变生活在其中的我们自己。

按照这一思路，我们若改换语言，必定会付出代价。学习另一种语言，使用另一种语言，学习者个人便不可避免地、不同程度地变成另一个人。这一现象对双语者来说是一个丰富自我的绝好源泉，但有时却令外语初学者感到局促不安，因为他们在学习外语的过程中，势必要相对地重新审视某些原则、思想和态度。

6）美育（esthético-ludique）功能

语言还可被无理由地使用，即为了高兴而使用，为了体验掌握一门语言的愉悦而使用，或者为了挑战语言的其他功能而使用，等等。不把语言当作工具，这种使用方式见诸语言游戏、诗歌创作、幽默笑

1　法语是：Dire, c'est faire. ——译者注

话等活动，实际上，在思想、美学和元语言层面蕴含着很多重要的语言次生功能。

准确地说，外语教学法经常利用语言的这种可自由运行的特性去讲述抽象的语言体系，并且能够让学习者进行纯粹的语言练习。此外，寓教于乐也是外语学习的一个中心理念，这里的"乐"意指通过文字游戏、搭积木游戏、社交游戏、角色游戏和滑稽搞笑游戏等，引导学习者学习操纵语言，进行语言的机械练习、社交练习、模拟练习和娱乐性练习。

1.1.2 语言的地位

根据以上介绍的语言功能，同一个族群的成员在他们的家庭生活、社会活动和职业领域中使用的一种或者多种语言拥有不同的地位。同一种语言可享有几种不同的地位；反之，数种语言共有一种地位或者共有几种不同的地位时，它们的关系就会时常处于竞争状态，有时甚至是冲突状态，这对相关人群语言能力的发展，他们总体的受教育程度，以及他们学习其他语言的能力等必将产生一定的影响。

1）本地话（langue vernaculaire）

这是指一个人从出生起便通过与父母的接触，一般指和母亲的接触就学会的第一种语言。它是初始的社会融入语言，其实就是融入其所在家庭的语言。它将终身伴随讲这种语言的人的情感发展，讲这种语言的人将完全自然地使用该语言（零距离），除非他因日后接受严格的、规范的语言教育而影响了他说这种语言的自如度。本地话肯定会对其后的外语学习有重要的影响，主要体现在人际互动关系的处理上和语音方面，这些都将打上本地话的烙印。

2）参照语言（langue de référence）

这是指学校的语言，也就是不论我们会否使用，都在学校学习了使用规则的语言，是遵从语法、讲究书写和传播一般知识的语言。因此，它的使用更有意识，也被更严格地监控。它是我们走出家庭的第二步——融入社会不可或缺的语言。学校是走出家庭的第一步，在这里，学习者的母语可能失去地位，甚至被禁用。参照语言将成为学习其他外语的明确基础，这尤其体现在元语言方面。

3）归属语言（langue d'appartenance）

这是最具象征价值的语言，操这种语言的人首先认可它为自己的语言，而不在乎这是他掌握得最好的语言还是他用得最多的语言。阿拉伯语、意大利语和波兰语对那些第二代或者第三代年轻移民来说，就拥有这样的地位。尽管他们既没有在家里也没有在学校里学习这种语言，而且通常情况下他们原先是排斥这种语言的，但却要把它视为自己的语言，以此强调自己的文化身份认同。比如，那些阿拉伯移民的年轻后代用法语交谈时，经常夹带着阿拉伯语的词语和表达法。相关人群对新语言的意识表征和他们学习新语言的动力跟他们的归属语言密切相关。

4）通用语言（langue véhiculaire）

这是指能让操不同母语的人或族群相互沟通的语言。当然，为了公平或为了保持政治上的中立，也可选择其他语言进行交际。继拉丁语和法语之后，英语成为当今使用最广泛的通用语（亦称 lingua franca），其使用人数远远超过以英语为母语的本族语人。英语作为世界首屈一指的教学外语，无论在教学法领域，还是在语言学领域，都无可争辩地充当着人们学习其他外语的标杆。有时候，在用任何其他语言都无法实现沟通的情况下，人们可以用英语学习外语。

外语教学的环境和条件千差万别，所以外语教师总是越了解自己学生的语言素质，才越利于理解他们在学习外语的过程中可能出现的各种各样的困难、干扰和障碍。关于这一点，需要及时指出的是，会讲多种语言的外语学习者不一定是最有优势的；会几种语言，但若学得都很浅，又很少使用，这对那些每种语言都只是刚刚能应付的人来说反而是有害的，我们将这一现象叫做"削减性多语现象"

(plurilinguisme soustractif)。关键的问题在于，面对一个决定学法语的人，必须知道法语在其已有的语言资本中占有或者说应该占有什么样的地位，必须知道法语和他已经会的其他语言将是什么关系，法语将对他的个人、社会和家庭生活带来什么变化。

1.1.3 母语、外语和第二语言

我们主要根据人和语言维系的亲密度来认定所谓的"母语"、"外语"和"第二语言"。这样的术语多少显得不那么自然，甚至可能引起误解，成为外语教学的障碍。另外，这样的界定也已不符合法语国家和其他地区通常更加复杂的个体与社会状况。

1）母语

学习和使用母语的极端重要性自不待言，因为它决定着每一个人的情感发展、认知能力和社会融入，并因此影响到他以后学习其他语言的动力和能力。然而，必须指出的是，所谓"母语"，不一定都指母亲的语言，也不总是指学会的第一种语言，更非当事人掌握得最好的语言。我们已在前文强调了语言地位和语言状况的多样性，我们这里还想说，母语失去影响力、被放弃并最终被它的使用者遗忘的情况在全世界绝不少见。另一种情况是，母语仅限于口头和家庭使用，从而使得家庭成员在家内和家外实行功能主义的双语制。有时候，在一个混合的家庭里，母语可能有多个，而且无法分清主次。由上可见，不论是从教学过程来看，还是从教学的终极目的来看，很难将母语当作学习另一种语言的模式。

但是，我们曾经常将外语学习和母语学习联系在一起。或将它们对立，认为外语学习是人为的行为，母语学习是自然的习得，而实际上，不论学习的先后顺序，对于不同的语言，人类生来具有同样的学习能力。或将它们进行比较，希望能够把学习母语的方法移植到外语学习中去，因为我们总觉得母语学习简单高效，外语学习费力低效。我们将在另一个章节深入探讨这一复杂但十分有教益的比较研究（详

见本书第五章第 1.4 节），主要是为了得出结论：这两种学习在原理上差别不大，更多的不同反映在学习条件上。

我们也曾不时地指责母语对外语学习的"毒副作用"，因为它带来了干扰。按照某些现已受到质疑的理论，只有将学习者头脑里的所有其他语言——首先是他们的母语删除干净，哪怕是暂时地消除干净，才可能学会一门新的语言。为此，课堂上绝对禁止使用母语。那时，我们认为每一种语言都是一个自主的、世上独一无二的系统，任何的干扰都可能使该系统紊乱，所以外语学习必须从新的语言基础开始。现在，我们知道这样的"洗脑"是不适当的，其实也是不可能的。学习者在学习一门新的语言时，很幸运，不必从零开始，他们会自觉不自觉地，主动或被动地运用语言学习的迁移方法，多快好省地学习新的语言。

如果一种母语或者是另外一种已经熟练掌握的外语使学习者在使用目的语时，在语音、句法、语义、语用或言语等方面形成自己的习惯做法，这便是语言的相互影响。与其百般徒劳地驱除这些影响，不如一方面通过比较两种语言的共同之处，利用两种语言间的积极影响帮助学习外语，另一方面通过提炼重点、分析讲解和专门的练习，预防和抵消那些容易使学习者犯错的消极影响。学习者的这类错误后来被称作"语际偏误"（erreurs interlinguales）。语言间的这种迁移还可发生于深层次——语言共相层面，如逻辑、句法和语用等深层结构，这些都是所有语言共同的特征，我们将在下文论述语言的原理时展开进一步的讨论（参见本书第 213 页）。

2）外语

从历史的角度看，法语教学一直是针对外国人的，或者更广义上说是针对非法语国家与地区人群的，尤其是那些布列塔尼人的孩子[1]、

1　指今天的法国布列塔尼地区。——译者注

奥克语种族的后代[1]、比利时的瓦隆人和非洲人等被强迫学习了法语。但是，我们为此采用的教学方法却是简单套用法语作为母语的教学法，或者我们上文提到的拉丁语教学法。那时的人们几乎不做任何区分，因为大家认识不到教非法语国家与地区的人学法语还需要专门的教学法，既然教的是同一种语言，当然应该用同一种教学法。"对外法语"（FLE）这一概念直到 20 世纪下半叶，第二次世界大战结束后才发展起来。那时，英语蒸蒸日上，有人开始担心法语在世界上的地位，同时开始明白，法语的国际推广需要有政策支持和特殊的法语教学方式方法。于是，法语中心纷纷在国外落户，并由此产生了对外法语教学法，与法语作为母语的教学法相对应。

　　然而，"外语"一词引起的争议并不比"母语"少。首先需要提醒的是，一种语言只是在外国人眼里才叫外语，而对其他人则始终是母语。其次，这一名称并不意味着外语是一种专门针对外国人的语言变体，换言之，并非是操本族语的人所用语言的简化版，虽然说世界上有一种所谓的"国际英语"（anglais international），但"对外法语"不是这种情况。第三，在同一个国家，人们在有些时候讲法语，或者有些居民讲法语，比如在加拿大、比利时和摩洛哥等，这种情况下还能将法语叫做"对外法语"吗？另外，当学习者处于当地人都讲法语的国家，而他自己却是外国人时，此时的法语还叫"对外法语"吗？总而言之，因为"外语"这个词本身有多重含义，使用的语境也多种多样，所以这一名称很少有令人满意的时候。正因为如此，很多人更喜欢称之为"第二语言"，这正是我们下面将要讲到的，当然，法语也可以是"第三语言"和"第四语言"。不过，我们现在还是暂且保留"外语"这个很不完美的名称。

　　法国学者路易丝·达贝娜（1994）重新描述了外语的判定标准，它们成为判定一种外语具有哪些人们感知的和切实存在的奇特性的依

1　指说朗格多克语、普罗旺斯语和加斯科尼语等奥克方言的法国人。——译者注

据。其实，对确定一门外语的标准展开分析倒是挺有教益的，因为学习者的学习态度和学习动机与此密切相关。且看下列分解：

—— 语言的实际距离：目的语的地理距离遥远、外语学习者和操本族语人难以建立个人的或国家间的关系，这些都可能对外语学习者的学习态度和动机产生很大影响，即便是在互联网的时代也不例外。

—— 语言的文化距离：目的语国家不同的生活方式、社会经济环境、意识形态、宗教信仰、意识表征和人际关系等都可能制约外语学习。

—— 语言的心理距离：外语学习者会和操本族语的当地人发生个人的或集体的人际关系，这会对他们学习外语的情绪产生积极的或消极的影响。

—— 语言的语言学距离：除了上述标准以外，按照语言所属的谱系和使用的族群（详见本书第54—55页），各个语言之间多少是有区别的。必须指出的是，这些区别一方面可能体现在语音、词汇、句法、话语、语用和书写上，而且它们之间没有什么必然的关系，另一方面也可反映在学习外语的难度上，并不是说目的语和学习者的母语相差越大就一定越难学，因为我们知道，两种语言过于相似反而让人混淆不清。

常人一般都会混淆这些概念，譬如以为地球另一端陌生人有不同的风俗，写的是另一种形式的文字，讲的也必定是一种难学的语言。其实话说回来，如果所学语言和自己的母语真的相差很远，或者觉得相差很远，这在那些喜欢受不同语言和文化刺激的人眼里反倒是一个学习外语的有利因素，因为他们将这视为一种挑战或者是一种额外的好处，还认为这是满足他们乐于发现、喜见异国风情心理的机会。法语和其他语言一样，会得益于一些人的积极反应，但也可能因另一些人的消极态度而受到损害。

3）第二语言

"法语作为第二语言"是一个介于"法语作为母语"和"法语作为

外语"之间的词语，也是一个新近出现的概念，它同样与具体的历史环境和时代有着紧密的关系，这便是法语殖民地国家的独立所致。在这些先后独立的国家中，法语虽然面临当地民族语言和其他国际语言的竞争，但依然是当地知识分子和社会精英使用的语言，所以继续保持着一定的影响力。不过，"法语作为第二语言"这个概念的提出却是为了适应这些国家与地区非常复杂多样化的法语形势，其共同特征就是法语在那里既不能称作母语，也不能算作外语。现在，"法语作为第二语言"甚至进入了研究和教学领域，而这些领域过去或者属于对外法语的范畴，比如在法语国家进行的浸入式法语教学，或者属于法语母语教学的范畴，比如对那些文盲和文化程度很低的人来说，书面法语和讲究的法语语体几乎等于外语。

将法语作为第二语言使用和教学的情况非常之多，无疑极大地促进了"法语作为第二语言"这一概念的发展与普及。它的含义几乎无所不包，导致界定的标准没有更加明晰，反而是愈发模糊了，乃至现在很难提出一个举世公认的确切定义。我们只能择其特征概略地说，法语作为第二语言的学习者在学习法语前和学习法语期间已经或者正完全处于法语的环境中，教师应当注意激活他们既有的知识和经验，要充分利用这种浸入式的法语学习条件。另外，语言形势可能变化很快，比如在非洲，只需一代人法语便从几乎是母语的地位变成第二语言，最后成了外语，国家的各级教育机构甚至来不及适应。还有，如果按照其他标准，上述三类法语（母语、第二语言和外语）又可重新划分。这些其他标准包括：学习者的状况（年龄、受教育程度……）、学习目的（社会方面的、职业方面的、学校教育方面的……）、学习条件（在学校、在继续教育中心、个人爱好……），等等。关于这一点，在比利时，"法语作为第二语言"的教学针对的人群大多是社会和经济条件不好的穷人，如贫困的、基本没有文化的甚至是不识字的外来移民，而非针对来自世界各地的中层干部或者外国留学生，以至于比利时人将这类法语叫做"穷人的法语外语"（français langue étrangère du pauvre），这类法语教学在比利时也的确很少得到资金和教学法上的支持。

1.1.4 语言的意识表征和悟性

能否选择自己想学的外语（如果学习者真能自己做主选择的话）并学有所成，这取决于学习者及其所属族群对目的语、目的语承载的文化及使用目的语的人群持有的积极的意识表征（représentations positives）或消极的意识表征（représentations négatives）。这些意识表征可以激励学习者，也可能使他们失去学习的勇气。我们现在来介绍这些意识表征赖以建立的 5 个征象（indice），它们有的是真实存在的，有的是假设的，但总是相对的（参见路易丝·达贝娜，1994）。

—— 目的语的功利性：指所学语言在日常生活、学校教育和就业等方面有无用处，能否用于科学技术、国际关系……

—— 目的语的难易度：指所学语言在发音、书写和语法上的难易程度，例如，德语有性、数、格的变化。

—— 目的语的美丑：这里也指所学语言的发音是否悦耳，还包括与该语言相关的艺术创作是否具有美感，例如，歌剧会驱使人们去学习意大利语。

—— 目的语的声誉：其中包括讲这种语言的人及国家的声誉，以及由此为该语言的学习者带来的声誉。从这个意义上说，语言可充当学习者的社会护照。目的语的威望还取决于目的语国家在世界上的文化影响（比如法语），以及地缘政治的分量（比如俄语），今天尤其要看经济实力（比如英语）。

—— 学习者的好恶度：这里主要指学习者对目的语国家的人是怀着友好友善的态度还是反感厌恶的心境，这与历史相关联，特别是和殖民地历史相关联，也与现实的国际政治有关系。

世人对法语有各种各样的刻板印象（stéréotype），有的甚至是相互矛盾的，这跟学习法语的人源自什么样的国家有关。在很多人看来，法语是一个优雅、细腻、精妙的语言，因此也是一个难学的语言，有很多复杂的规则和无数的例外。由于历史和文化的原因，法语也常被视为贵族的语言、谈情说爱的语言、富有女人味儿的语言，与之相联系的不是荣华富贵，便是高级时装和美食大餐，或者是奢侈用品，还有很多的诱惑。有些知识分子始终保留着18世纪以前法语作为传统主义和世界性文明语言的形象，其他知识精英则认为法语是法国大革命的语言，是人权语言，是所有解放者的语言，是民主和多元化的语言，这正是今天的法语国家与地区努力弘扬的精神。遵循这一精神，法语在冷战期间成为不结盟的语言，令人想起它在世界上曾经拥有的外交语言的地位。但是，在原法属殖民地国家，法语一直充当征服者的语言，这成为整整一代北非知识分子痛苦的悖论，因为他们以思想自由为名义进行了争取独立的斗争，使用的却是压迫者的语言——法语。关于法语的用处，在外国人的心目中，法语在经贸、科技和通讯等领域根本不能和英语相提并论。虽然说法语既是阿丽亚娜火箭和高铁的语言，又是凡尔赛城堡和让-保罗·萨特的语言，但对许多学习者来说，法语始终是文化的语言，他们选择学习法语多半出于心仪，而非理性使然。

常在人们论及母语学习和外语教学时被提及的影响语言学习成败的另一个因素，确切地说，是心理语言学因素，是语言学习者在学习中被激活的语言悟性（conscience linguistique），它可以促进语言学习。这种悟性包含多方面的意识，了解它们是有益的：

1）语言的意识

指学习者能够意识到语言有一种独立于现实生活的自身存在，所以语言是任意的。双语的孩子从小就能感知这一点，但从未接触过一门外语的孩子则需要花费很长的时间才能剪断词语与世界之间的"脐带"。

2）元语言意识

指学习者能够意识到语言都有明确和系统的运行规则，人只要开口讲话就在运用这些规则，这些规则虽然在各个语言中不尽相同，但都是可以描述和学会的。没有上过学和不识字的外语学习者对这一点浑然不知。

3）规范意识

指学习者能够意识到语言是有规范制约的，这些规范除了方便理解外，也是为了区分哪些是正确的和可接受的，哪些是错误的和不可接受的。在实际生活中学习语言却没有教师辅导的人一般对规范无动于衷。

4）社会语言学意识

指学习者能够意识到需要根据不同的交际场合、说话对象、讨论主题，变换语级和话语方式，有时还要变换不同的语言。那些特别注重语言的准确性、只知道按照课堂介绍的标准情境行事的在校学生很容易忽视上述这个问题。

5）人类文化语言学意识

指学习者能够意识到语言在其使用的族群里有一种象征意义，对于某些话语者来说，人们赋予语言和语言某些方面的社会角色可随着族群的不同而发生变化。与外界接触不多的学习者很容易低估这一点。

1.2 语言的运作机制：各种不同的理论

语言以其功能、相应的地位和形象显示出它的特征，语言还可通过其运作机制表现自己的特点，这正是本节探讨的主题，分析语言的运作机制毫无疑问对外语教学法至关重要。语言学发展迅速，仅仅是在 20 世纪，它就经历了很多革命性的变革，人们构建的许多语言观念也随之发生了改变。我们将在本小节按照大体的时间顺序，简要回顾那些最重要的语言学理论，但将着重阐释每一种理论的现实意义。这不仅是为了方便语言科学工作者，他们经常让那些大家认为已经过时的旧理论焕发青春，也是为了帮助正处于外语教学折中主义时代的语言教师，希望他们能够根据自己的需要，从我们介绍的这些语言学理论中得到这样或那样的启示。

1.2.1 语言表现世界

法国 17 世纪的波尔－罗亚尔（Port-Royal）唯理语法学派认为，语言是有理据的，也就是说语言的组织和运作机能类似于人的理智和世界的组织与机能。这些唯理派语言学家深受法国笛卡尔哲学思想的影响，坚信语言、思想和现实世界这三者按照同一种自然的、普遍的逻辑构成。在同一个活动中，思想在说话和认识；词用于描述推理和事物，语言通过词的顺序显示推理的顺序和事物的次序。这些语言学家主要引证法语的"主语＋谓语"的句法结构，尽管其他语言，如拉丁语和德语——被称作"可改变词序的语言"（langues transpositives），遵循不同的模式。因为十分重视语言形式，所以语法成了当时科学中的科学。语言学后来在 20 世纪也莫名其妙地获得了这一殊荣，那时，结构主义语言学在人文科学中占据统治地位。

19 世纪的历史语言学和比较语言学，以及后来 20 世纪的结构主义语言学彻底否定了唯理语法学派的语言表现世界的观点，相反地，他们认为，语言具有约定俗成和任意的特性，它的运作机制是完全独立自主的，我们只能从语言自身寻求语言机制运作的答案。不过，这并没有阻止其他语言学家（如乔姆斯基）和现在的神经语言学家将语言和普遍的、天生的思想联系在一起，也不影响语用学家和社会语言学家将语言和物质的或社会的世界联系在一起。争论始终存在，它的结果尤其会令外语教学法家感兴趣，我们将在后面介绍外语学习的环境和方式时再做探讨。

1.2.2 语言是一堆规则的汇编

19 世纪的语言学家受到外界的浪漫主义思潮的启示，特别是受浪漫主义关注过去的时代和遥远的国家的影响，纷纷成为历史学家和比较语言学家。正因为如此，他们对波尔－罗亚尔唯理语法学派鼓吹的语言普遍性和永恒性提出了质疑。因为语言可随着时间的推移、空间的改变而发生变化，所以可对语言进行特定的研究。因此，19 世纪的语言学家一方面开始描写主导语言运作的一些语音规则和词法规则，另一方面对比研究外国语言的词汇和语法，以便确定它们分属的语言谱系，并追根溯源到一种假定的原始语言。

传统的语言教学，又称"语法－翻译法"，曾长期用于外语教学，不论教授的是活的语言还是死的语言，都采用以下两个途径：1）一章接一章地系统学习语法规则，如性数配合、动词变位等；2）将目的语和母语进行几乎是语史学的对比，如把外文译成本国文字（version），或将本国文字译成外文（thème）。这有时让人觉得语言就是一系列的强制法规，虽然因有很多例外而并不总是很讲逻辑，但重在系统执行；违反法规，即犯语言错误，就要受到责罚。这样的外语学习必定要一丝不苟，同样要服从规约。

1.2.3 语言是结构

随着索绪尔的《普通语言学教程》（*Cours de linguistique générale*）的发表和传播，结构主义语言学在 20 世纪中叶掀起了一场名副其实的认识论大革命，以至于人们一度认为语言学将可能成为一门客观科学、精确科学、几乎等同于物理和化学那样的实验性科学。语言学当时成就斐然，对其他人文学科影响很大，人类学、社会学、心理分析、历史学等都借助语言学的方法论。它还在很多领域，如计算机、控制论、教学等，得到了广泛的应用。从那以后，人们在充分肯定结构语言学的贡献的同时，也批评了一些打着结构语言学的旗号，将语言学过于简单化的行为和抱有的一些不切实际的幻想。

结构主义语言学的原理在于将语言视为一个结构紧密、自给自足的组织，因此跟世界、思想或其他任何一种语言没有任何关系，语言的各个要素，如音位、语义、句法等，只因为保持着严格意义上的内在相互关系才具有价值。这一语言学研究的机械论方法牺牲了语言的人文因素和语境因素，实际上是将语言视为一种相对抽象的搭积木游戏，因为人们首先关注的是语言形式的绝对正确，而几乎不考虑语言在现实世界中的实际应用，用索绪尔的术语说，就是"话语"（parole）。

外语教学法显然深受结构主义语言学的影响，而且至今依然如此。有人甚至一度认为结构主义语言学催生了科学的、完美的外语学习方法。即使这期间我们已经发现，口语交际不同于搭积木那样将各个词语堆积在一起，但直到今天，为了让学生掌握语言的某些语法形态，我们还一直有效地采用语法讲解和机械性语法练习。结构主义语言学家通常以句子为基本的研究单位，鲜有例外，人们也偏好以句子为语言学习的基本单位。

1.2.4 语言是交际的工具

这一语言观与上一小节讲的结构主义语言观并不互相对立，前者是对后者的补充。这一语言观突出了语言的功能，也就是人们最先概括的严格意义上的信息传播功能，同时强调了语言的每个相关要素在交际中的作用。这种相关性既取决于说话者对语言要素的取舍，也要看这一取舍对信息总体意义产生的影响。但是，这一语言观视域下的语言始终是一个形式系统，仅仅并纯粹用于将相关信息编码（encoder）再解码（décoder）。这种将语言视为交际工具的语言观随后在语言学和教学法领域取得了重大发展，我们将在下文展开更广泛的分析（参见本书第 87 页）。

1.2.5 语言是社会活动

陈述语言学（linguistique énonciative）和社会语言学对结构主义语言学提出了质疑，它们批评后者只看到语言内在的和抽象的运作机能，而在实际生活中，语言有赖于使用语言的交谈者，也有赖于语言使用的场合。在日常交际中，这些事关人、语境和社会环境的因素叫做陈述的条件，它们不仅使陈述得以发生，而且还能决定陈述的特征，使陈述具有意义。事实上，语言学家和结构主义教学法家喜欢研究的语言的运作机能只部分地解释了交际的原理；心理语言学其实已经清楚地表明，交谈者为了相互理解，会努力地进行一系列的推理性解读，这早已超越了句法结构和语码运作的范畴。

语言是社会活动。这一语言观极大地扩展了交际概念的内涵，对外语教学法的震撼绝不亚于这之前的结构主义语言学，因为人们认识到，会遣词造句还不足以能够进行交际。另外，人们也开始关注话语，关注被定向的、不断变化的复杂语言结构，其句子不过是原材料。人们还开始研究词义之外的意义，将言外之意（sous-entendus）、隐含意义（connotation）及其产生的效果置于语言使用的情境或文化当中去分析。再者，这一新的视角和这些新的方法使语言具有了人文特性，说话者和学习者主体重新成为语言教学关注的中心，而在结构主义语言学时代，他们都在一定程度上与语言相剥离。

1.2.6 语言是行动和互动的工具

语用学（pragmatique）促使语言学发生新的转变，它最终让语言的掌握和使用回归学习者主体，因为语用学研究符号与符号使用者之间的关系，探求语言的运作机制与功能之间的关系，讨论词与它所能描写或修饰的世界之间的关系。述行语（performatif）[1]——如"谢谢您"这样奇特的陈述句，具有人在说话的同时就完成了所述行为的特性。通过对述行语的研究，奥斯汀明确指出，任何话语，不论是肯定、疑问、命令，还是允诺或致意，都代表行动。因此，说话不单纯在于遣词造句，不只是在交流意思，它也在而且是更主要地在作用于对话者，作用于世界。言语行为（actes de langage）的概念于是很快得到了外语教学界的公认，它又称作言语功能（fonctions langagières），现在的大多数外语教材都以此为主线条逐次展开。

保罗·格赖斯（Paul Grice）1979 年在符号学杂志《通讯》

---

1 又译作"施为句"。——译者注

（*Communications*）第 30 期上发表论文《会话的逻辑》（Logic of Conversation），揭示了会话者进行言语交际遵循的合作原则，也就是表达的一方和努力听懂其表达的另一方都按照一定的默契规则行事，这些默契规则构成"话语契约"（contrat de parole）。安伯托·艾柯（Umberto Eco）在其著作《读者的角色》（*Lector in fabula*, Paris, 1985）中描述了文学领域中同样的现象。凯尔布拉－奥雷基奥尼（Catherine Kerbrat-Orecchioni）通过其著作《言语互动分析》（*Les Interactions verbales*，1990，1992，1998）深入地阐释了通常已经仪式化的会话过程中发生的言语互动。奥斯瓦尔德·迪克罗（Oswald Ducrot）和让－克洛德·昂斯孔布尔（Jean-Claude Anscombre）则在他们《论语言的辩论术》（*L'Argumentation dans la langue*, Bruxelles, 1983）里强调了言语的论证特性，指出言语除了向对话者传达信息之外，更多的是向对话人表达信念，因此主要是为了影响对话人。所有这些研究着重讨论了言语的主动作用，进而推动外语教学法产生了一种更强劲的意志主义和参与性理念。

1.2.7 语言是表达的工具

确切地说，这是一种文学的语言观，它含有选择、游戏、情感性和释义性等概念，这对外语学习来说并不陌生，比如，外语教学中的模拟练习和写作坊等。交际和表达从外语学习一开始便结合在一起，表达或许比交际更能证明外语学习成功与否。曾几何时，语言游戏和文学篇章被认为会干扰外语学习，或者会使外语学习者灰心丧气，因而被逐出了外语课堂，如今它们又回归课堂，因为这不仅有助于激发学习者的学习动力和参与的积极性，还有利于缓解学习者的紧张焦虑，并唤醒他们的元语言能力和跨文化能力。令人好奇的是，有学者曾将理解外语所采用的策略与阅读诗文所需的策略进行过比较研究，比如，如何把握隐晦的含义，怎样辨别显性信息和隐性信息、语言信息和文化信息，等等。

我们开始就讲过，上述这些不同的语言观现在共存于外语教学的方式方法中和教材里，也共存于外语教师和学习者的头脑里，对他们产生着程度不同的影响。因此，值得注意的是，我们应该知道学习者的语言观是否与教师的语言观相一致，是否与教师提供给他们的教材的语言观相一致，以免出现学习者不喜欢、无兴趣和不信任的局面。下表可资参考：

兴趣点 / 关注点是……	相应的语言观是……
规则、句法、词汇场、语音	形式主义的、结构主义的
词的意义、信息内容、文化价值	语义的、文化的
使用条件、交际情境、实用性	交际法的、功能主义的
人际关系、社会生活、文化交流	互动的、社会的
个人情感、艺术性的表达	表达的、文学的

1.3 语言的领域

了解语言的另一种方法是把语言分解成不同的部分，并分为各个不同的领域展开研究。根据具体情况，可对语言的这些不同领域进行单独的或者整体的、连续的或者同时的学习。过去，语音、词汇、语法和篇章在外语教学中是相对独立的，而今多倾向于四位一体，正如它们在语言的日常使用中不可分割一样。但是，我们将在本节分别介绍语言的这四个方面，以便明确它们在教学法上的重要含义和概念。

1.3.1 语音

我们知道，婴儿能够发出所有语言的所有音，但他们只记住了其母语的发音，而忘记了其他语言的发音。于是乎有人觉得应该尽早学习外语，因为外语学习主要在于激活那些被遗忘的语音能力，甚至是广义上的语言潜能。这些潜能之所以被遗忘，是因为人在孩提时代没有对其加以发掘。有人还说语音是年长的外语学习者最难学会的，因此，即便语言的其他方面已经熟练掌握，语音也是外语学习最难突破的关口。从某种意义上说，语音是一门语言最具特性、最内在，也是最难掌握的组成部分。今天，我们已经相对弱化了这样的语音观念，即认为语音和语言的其他组成部分一样，通过特定的练习是可以学会的，而且如果学得非常优秀，甚至能够掩盖一些更紧要的语言能力的不足。

结构主义语言学家对语言的发音进行了根本的区分，提出了音（son）与音素（phonème）的不同。前者是人发出的语音性质（phonétique）的声音，有无穷的细微差别和变体，后者指一种语言为了实现其交际的功能而具体使用的声音，确切地说，是具体使用的声音示例，它们构成一个系统，叫做音位系统（phonologie），其中的各个音素相互对立。例如：[s] 和 [z] 在法语里是两个不同的音素，因为它们可以用来区分单词，如 casser 和 caser，但芬兰语的音位系统只有一个擦辅音。相反，我们读法语 [a] 音时，即使有人发成前 [a]，有人发成后 [ä]，法语仍将它们视为同一个音素，而芬兰语则区别前 [a] 和后 [ä]，如 takki（大衣）和 täkki（鸭绒压脚被）。懂得区分音和音素对于外语学习来说很重要，如果说要训练学生模仿标准的法语发音（如让一名西班牙学生发出标准的法语前 [r] 音），则更应首先引导他们识别法语的各个不同的音素，这是用法语交际不可或缺的知识（如让西班牙学生学会辨别 [v] 和 [b] 这两个音素）。

声音是由人的发音器官发出的。事实上，只有元音才是音（son），辅音是声（bruit）。外语学习者要通过重复跟读，同时借助图片和镜子等工具了解以下的发音器官及其机能：

——声带：可振动，只需将手放在喉结处便能感知；

——咽和小舌：收缩时可让少量空气流向口腔和鼻子；

——舌（舌尖和舌背）：可上／下置、前／后置，也可置于齿间、齿下或者抵齿，还可抵上前腭或上后腭，还可弹舌（一些非洲语言有弹舌音）；

——牙齿：可咬紧，也可叠合；

——嘴唇：可收紧、变圆、抿紧、控制气流等；

——口腔、鼻腔：可发出共鸣声。

一个音素可从以下三个层面加以区分：发音点，或称发音部位；发音方式，或称开口度；共鸣类型。我们根据这三点制作了一份法语的音素表，但没有把半辅音包括在内。其他学者有另外的制作法。

元音和辅音音素表

	后：软腭	k, g, ch, j; ou, o
1. 发音部位	前：齿和齿龈	t, d, s, z; i, u
	唇和唇齿	m, p, b, f, v
	闭塞	p, b, t, d, k, g
2.a. 发音方式（辅音）	摩擦	f, s, ch, j, v, z
	流音	l, r
	闭口	i, u, ou
2.b. 开口度（元音）	半闭口	é, eu (œufs), au
	半开口	è, eu (heure), o
	开口	a
	清音	p, t, k, f, s, ch
3. 共鸣类型	浊音	元音 + b, d, v, g, z, j, r
	鼻音	m, n; in, un, on, en

语音纠错（详见本书第 271 页）的方针之一就是按照上述三点进行音素对比（opposition），例如，将 bain 中的 /b/ 和

——daim 中的 /d/，以及 gain 中的 /g/ 对比，按照发音部位可见：唇 >< 齿 >< 腭；

——vin 中的 /v/ 相比较，按照发音方式可见：阻塞 >< 摩擦；

——pain 中的 /p/ 相比较，按照共鸣类型可见：浊声 >< 清声。

语音纠错的另一个方针和上述的对比法正好相反，在于"视同"（assimilation），也就是为了帮助学习者纠正一个有问题的音素，教师把

其他不同相似度的音素放在一起形成一定的参照。比如，对于一个不会发法语 [y] 音的外国人来说，在 [t] 或 [d] 音后更容易发出这个音，如 tube、dur，因为 [y] 和 [t]、[d] 这两个音的发音部位相同。对于 sache 中的清擦辅音 [s] 和 [ʃ] 以及 patte 中的闭塞音 [p] 和 [t]，也是同样的道理。

除了上述音素的辨识之外，还需知道法语口语表达的其他向量：

—— 连音：法语的连音一般跟随"辅 + 元 + 辅 + 元"的顺序，如 C'est un homme allemande [c'es/t'un/n'ho/mm'a/lle/mand]。根据情况，法语连音可引起联诵和元音的省略（élision）。元音前后相接时，中间没有停顿，如：J'y-ai-été。

—— 音高：音高在法语里只表示感情色彩，但在汉语里却有意思的不同，因为汉语有四个声调之分。

—— 音长：音的长短在法语里很少表示意思的不同，如 pattes><pâtes，比利时法语中的 ami><amie，但芬兰语却完全不一样：tuli（火）；tuuli（风）；tulli（海关）。

—— 重音：法语的重音始终在最后一个音节上，用于表示词或词组的结尾，起一种语法功用，但在某些语言里，重音可用来区分词形相同的词的词义。例如，在西班牙语中，término 指"期限"，termino 意为"我做完"，terminó 表示"他做完了"。

—— 节奏：法语中的节奏具有感情色彩和语法意义，用于构成词组。同时，它还有语用作用，表示谈话中的轮次。

—— 语调（旋律曲线）：语调不仅表达感情，也有语用意义，比如，可表示断言、命令、疑问等。语调还能起到语法作用，表示句子和段落的构成。学习者在没有学会使用相应的句法手段之前，完全要靠语调说话。

所有这些向量以及各种语音的变体等也能反映出社会语言学的影响因子，比如语级问题，说话人的年龄、出生地、社会地位等。这些也都是要让学习者慢慢熟悉的。

因此，每一种语言都有一套自己特有的音位系统。学习者的母语里可能没有法语的音素，或者是没有法语使用的口语现象；还有可能是学习者的母语里有这个音素，或者存在这种现象，但不属于法语的同类关系系统。这解释了人可以使用多种不同的语言而不将它们混淆。从另一个角度看，学习法语的困难在于法语的音位系统和书写系统不一致。比如包括 y 在内的 6 个元音字母，却有 14 个元音音素相对应，其中包括鼻化音 /in/；[s] 音也有 6 种写法（s, ss, sc, c, ç, t）。所以，为了避免相互干扰，有人建议的方法是先学法语的音位系统，然后再学拼写，否则，学习者（尤其是儿童）可能会机械地读出他们看到的字母（详见本书第 66 页）。

1.3.2 词汇

传统的外语教学赋予词汇和语法同等重要的地位，有人甚至认为语言就是二者之和。但那时词汇和语法是分开教学的，前者以词汇表的形式进行，后者则按照语法规则逐条展开，犹如建造房屋，词汇是砖石，语法是施工图。当代语言学对这种二分法的语言观提出了批评，指出词并非独立于语法结构，简单地说，它应该融合于语法之中，尽管语法先于词汇，或者说大于词汇。当代语言学还指出，我们既要按照词汇的形态和语法要求学习词汇、理解词汇和使用词汇，也不能忽视词汇的语义特性。事实上，我们甚至可以说语法不过是以归纳的形式表现了词语间的相互组合。不管怎么样，将词汇和语法截然分开在语言学上和外语教学法上都是没有道理的（参见本书第 284 页）。

另一方面，外语教学也对词汇与社会现实的关系提出了疑问。这是老生常谈，我们几乎可以肯定地说语言和世界相互限定。比如，因纽特语中指称雪的词语，其数量是由讲这种语言的人的生活方式所决定的，因纽特人的孩子或者外国人一旦学习因纽特语，就将以某种方式"真切地"见到那么多种类的雪。另一个同样经典的例子是，意大利人、德国人或者丹麦人学法语后将或多或少地改变他们对自己身边世界的看法，如下表所示：

法语	意大利语	德语	丹麦语
arbre（树）	albero	Baum	trae
bois（木头） （小树林）	legno	Holz	skov
	bosco	Wald	
forêt （森林）	foresta		

　　这张表还显示，这些词的词义不是直接源于它们在现实生活中的所指（当然，就像我们可以观察到的那样，现实总是相对的），而是根据各个词之间不同的关系确定的。这些不同的关系构成词汇的系统，其构成方式类似音位系统。由此可见，说一门外语不等于用另外的词翻译客观世界，而是促使我们用另一种眼光看世界。词汇也因此成为一种社会文化的筛分机，充当我们的过滤眼镜（详见本书第 72—73 页）。

　　心理认知学家关注的是我们每个人头脑里拥有的心理词汇，根据不同的见解和情况，据说可达 2 万到 10 万个词。这样的心理词汇在学习母语或者外语的过程中得以构成，也是通过社会生活的经验积累起来的；其中的概念和词语按照各种各样的分类法（如涵括、剔除等），也按照各种各样的语词关系（如语义场、同义词、反义词、近义词、换喻、隐喻等），相互组合在一起。毫无疑问，这样的心理词汇总有一天能够为外语教学所用。同样很有意义的是，要弄清楚在交际过程中，不论是理解还是表达的时候，这样的心理词汇是如何发挥作用的。我们期待这些正在进行的研究能够取得成果，但现在我们可帮助学习者确立自己常用的熟记单词并能加以运用的学习策略，同时按照上文提及的词语分类法和词义关系分类法向学习者建议其他学习词汇的方式方法。

　　词语之间一经接触便建立起的关系同样十分重要。这需要先学习区分脱离语境的词义（sens），即字典上的定义，和联系语境或者句中的词义（signification）。为了解释两者的区别，语义学家把词分解成一系列鲜明的语义特征，类似于构成原子的粒子，他们称之为"义素"（sème）。其中的某些义素是不变的，因而构成词的基本含义，但其他义素却会根据词语使用的语境有相应调整。当若干个词发生相互接触时，便会产生一种类似化学反应的过程，各个不同词的义素将根据各自的兼容性重新组合，形成意义网络，有如原子化合成分子。

由此可见，理解就是在连续的词的义素中选择那些跟句子、篇章和交际的意义相关联的义素。这种语义织网的工作在以下两种重要场合尤其明显：一是阅读诗篇，诗歌的复杂性和模棱两可性要求读者必须学会解读词外之意；二是学习外语，学习者缺乏信息，不得不利用自己有限的词汇建立理解的假设。事实上，有些语言学家现在认识到，上述这一直觉的、自然的解读过程是一切理解的基础，是语言的系统解码和句法解构的前提和极其重要的阶段。所以，我们不需要等到"认识所有单词"后才去理解句子、篇章和交际，因为交际的意义超过了每一个词义加起来的总和，一般都能够填补语言的空白，克服语言的障碍。语言及其使用和学习，既需要逻辑，也需要直觉；我们在语言教学中切勿低估了学习者的直觉作用，而过分地强调逻辑。

还不应该忘记的是，词除了它的本义之外，还可能隐藏有其他的文化类含义或者词语使用的语境意义。这里，我们首先要谈到词的"隐含意义"，它是一种特别的含义，通常带有主观色彩，是对词本来的实指意义（dénotation）或曰客观意义的添加，甚至替代。例如，按照字典的解释，Ecossais 即指苏格兰人，但对法国人来说，也指"小气、吝啬的人"，而面对完全不知该词转义的外国人，就必须加以解释。词的暗含意义（implicite）主要不是来自每个词本身，而是源自它们的组合和使用语境。例如，在比利时，理发店的门上写着"每周一开门"（Ouvert le lundi），这意思是说一周的其他日子也照样营业，但外国人可能会理解成只有星期一开门。这两个例子再次证明语言和文化相互错杂，你中有我，我中有你，另外也说明在交际中，那些言下之意有时候甚至比词语本身明确和直接表达的含义更重要。所以，我们在教外语时，一定要既教语言能够说出的内容，也要教语言没有言明的内容。

总而言之，词汇的词义与下列因素有关：

—— 与之构成一个系统的其他词，例如，关于饮食的系统词汇：在法国，早、中、晚餐分别叫做 petit-déjeuner、déjeuner 和 dîner，但在比利时，则分别为 déjeuner、dîner 和 souper；

—— 在句子、篇章和交际中与之组合在一起的其他词，它们构成一种语义网；

—— 该词使用的情境，包括使用场合和对话者，比如家庭谈话、报刊文章、学术讲座，等等；

—— 与之相关联的文化，包括某一特殊族群的文化、某一社会阶层的文化、一个国家的文化，或者某个法语国家或地区的文化，等等。

还有许多其他因素需要外语学习者能够敏感地意识到，而不要盲目地依赖字典。

1.3.3 语法

语法曾经长期地成为语言学和外语教学法关注的中心，仿佛它就是语言的根本，语言的其他成分似乎都建立在语法的基础之上。当然，语法受到如此重视也是因为它很讲究逻辑性或规范性，而这正是语言学和外语教学希望在语言中发现的，或者说希望赋予语言这样的特性。不管怎样，语法曾长期地被视为学习任何母语或外语的根本、目标和大纲。不过，也有另外一些教学法反对语法至上，指责语法阻碍了语言学习，因而将其逐出了外语课堂，取而代之的是让学生交际、表达和互动，但不讲语法。这之后，语法以"元语言活动"（activités métalinguistiques）的形式重返课堂，它本来是应该为培养学生交际能力服务的，但有时却跟传统的语法讲解和练习几乎一样。

其实，问题不在于是应该先学语法规则然后运用到交际中，还是应该通过使用语法规则去学习语法。我们将在本书的最后一章（参见本书第 219 页）深入探讨这个问题，不过现在就可以明确的是，无论是儿童学习者，还是成人学习者，他们实际上都在"学"语法，都在"遵循"语法规则，否则的话，他们的语言能力就只能停留在他们最初听懂的那几句话上，而事实上他们很早就能够在原有的基础上理解更多的句子并造出更多新的句子。因此，必须牢记，使用语言不可能不用语法，正是语法使人类的语言及其习得拥有了区别于其他交际系统的特殊性。一切都在于如何教这些语法规则：使用明示法还是暗示法？使用演绎法还是归纳法？是按部就班还是随机应变？（详见本书第 245 页及第五章第 2.4.6 节）

1）语法的类型

我们有必要先就语法的定义达成共识，因为它的界定多种多样：

——规范性语法（grammaire normative），甚或称作"规定性"语法（grammaire prescriptive）：这类语法是大家正确说话和书写必须遵守的规则大全，它一般只认可一种语言是正确的，这不可避免地意味着不允许"错误"（faute）；

——描述性语法（grammaire descriptive）：这类语法对语言的构成要素进行系统的研究，包括语音、词汇、格式和程序等；记录千变万化的用法，但对这些用法不作任何评判；

——解释性语法（grammaire explicative）：这类语法不局限于记录语言事实，而且还会用抽象的范例阐述语言的机制原理；

——比较语法（grammaire comparative/contrastive）：这类语法分析两种或者若干种语言的异同，可以让说其中一种语言的人帮助学习或者翻译另一种语言（当然要注意区分语言的正负迁移）；

——普遍语法（grammaire universelle）：这类语法假设世界上的所有语言拥有共同的原理，并建立语言共相，换言之，一些语言的普遍现象可用作学习任何外语的基础（详见本书第 211 页）。

上述最后四种语法属于语言学范畴，因此可以说是语言学研究的成果。

　　—— 个性化语法（grammaire personnelle）：这类语法指的是某个语言使用者（操本族语者，外语学习者）掌握的相关语言的显性和 / 或隐性知识，我们可对这样的知识构成及发展进行描述；

　　—— 教学语法（grammaire pédagogique）：这类语法是一种方法，用于学习和教授语言的运作与使用，它在语法素材的展示、选择和进度安排等方面重视学习者的学习过程。

　　上述各类语法都与外语教师有关，教师的任务就是要在其教学工作中努力地综合运用这些语法，同时要考虑到用法的规范和多样化，要注意所教语言和一般语言的基本规律，还应关注学习者的进步和所采用的这种或那种教学方法的逻辑性。

　　2）语法的领域

　　关于语法涵盖的领域，可谓见仁见智，有些观点还需重新评估。

　　——按照传统的观念，语法包含下面两个子项：词法和句法。

词　法	句　法
研究单独的词，而不考虑句子： —— 词的构成 —— 词 的 分 类 或 词 类（parties du discours） —— 词的变化（性、数和格的变化，动词变位）	研究句子（phrase）中词的组合： —— 词序 —— 词组的构成 —— 支配关系（rections）（词形的相互依存关系及词形变化） —— 词和词组的功能

　　过去，传统的外语教学法从词汇教学开始，然后是句法，认为这样比较符合逻辑，就像学习下棋那样，先认识各个不同的棋子，然后再看如何摆放到棋盘上。学习词法要练习记忆词汇的形式，如词的单复数、代词表、动词变位表等；学习句法则要练习造句和解构句子：这两种情况下都要首先讲解相应的规则。结构主义教学法恰恰相反，是先学句法，在句法中通过一系列的操作，让学生学会辨别词的变化并能举一反三，而不需要讲解明确的规则。

　　——乔姆斯基后来扩展了这一语法观，使语法涵括语言的各个方面，体现并保证语言的基本运作。乔氏的"生成语法"（grammaire générative）有 3 个组成部分：语音、语义，以及连接两者的句法。乔氏的句法，更确切地说，是指句法的深层结构，包含规则系统（重写规则和转换规则），能够把人的思维转译成词语，反之亦然。请看下图：

生成语法

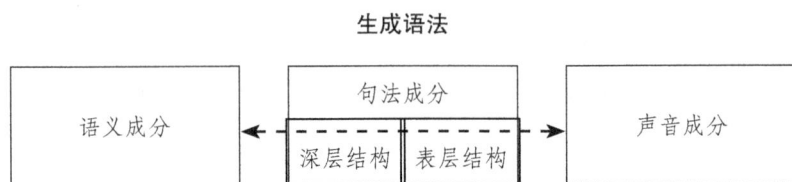

乔姆斯基认为，生成语法可能具有一种普遍的、天生的理论基础。乔氏的有些假设后来得到了心理认知主义学家的证实。按照乔姆斯基的说法，我们生来就有一个"语言习得装置"（Dispositif d'Acquisition du Langage，简称 DAL，详见本书第 213 页），里面既包含所有语言共同的普遍定律，比如与世界的关系准则，与对话者的关系准则等，也有一些参数，比如词的顺序、时间系统等，这些参数可被某种语言开发利用，可在学习语言时被激活。

—— 语用语言学和交际教学法（méthodes communicatives）却降低了语法的地位和作用：它不再被视为和情境、文化、话语等同等重要的交际能力的组成部分，我们将在后面对此展开更加深入的讨论（详见本书第 92 页）。支持这一观点的人说，虽然语法通用规则（règles d'usage de la grammaire）能够让人理解并造出正确的语句，但是，交际活动同样要求，或许还更加要求说话人熟练掌握语法的实际应用规则（règles d'emploi de la grammaire）——它们能够使人理解并造出与说话人的主观意愿、语境和话语体裁等相符合的语句。

3）语法的理论依据

尽管大多数语言学理论和外语教学法除了各具特色和彼此对立之

外，在描述语言的机能方面不外乎遵循两条主线：线性组合和层级组合，根据情况，各有侧重。我们教孩子和外国人语法时，最终的任务是要告诉他们词如何前后贯连，怎样有序排列。

① 线性组合

词和音素不同于音符和画上的彩色点子，它们只能一个接一个地依次出现。不同的顺序使它们具有：

—— 不同的性质（试比较：la ferme le voile 和 le voile la ferme[1]）；

—— 不同的功能（试比较：le lion tue le chasseur 和 le chasseur tue le lion[2]）；

—— 不同的语用意义（试比较：tu viens 和 viens-tu ?[3]）。

传统语法要根据这种顺序决定性数配合，比如宾语前置时一些过去分词要与宾语进行性数配合。不过，还是结构主义语言学家将词语的组合及其对语言运作机制的影响研究推进到了极致，并提出了短语序列（ordre syntagmatique）的概念，马丁内（Martinet）功能语法的主要依据便在于此。比如，副词的定义不是按照它意义上的细微差别去确定，而是只看它在句中的位置是否自由，如（Hier,）le chasseur（,hier,）a tué（hier）le lion（hier）[4]。同样，由介词引导的名词状语在句中也是自由的，如（**Dans** la forêt,）le chasseur tue（**dans** la forêt）le lion（**dans** la forêt）[5]。

为了研究与英语相去甚远的美洲印第安人的语言，美国结构主义

---

1 前一句中，la ferme 是名词，在后一句中用作动词。voile 在前一句中是动词，后一句中是名词。——译者注

2 前一句中，le lion 作主语，在后一句中为宾语。le chasseur 在前一句中是宾语，后一句中作主语。——译者注

3 前一句为陈述句，意为"你来"。后一句为疑问句，意为"你来吗？"。——译者注

4 hier（昨天）既可以用在句首，也可置于句末，还可放在主语 le chasseur（猎人）的后面，或者置于动词 a tué（打死）的后面。——译者注

5 dans la forêt（在森林里）可置于句首或句尾，也能放在动词 tue（打死）的后面。——译者注

语言学家如布龙菲尔德（Bloomfield）、萨丕尔（Sapir）和博厄斯（Boas）等人提出了一套工作方式。这套方式跟人们初次接触一种完全陌生的语言时所自然采用的做法差不多，具体地说，就是将语链分解成单个的词，将经常前后贯连的词记录下来，分析哪些词或词的变化导致出现哪些其他的词或变化，进而发现一种词序可以转变成另一种词序，但其传达的信息意义却没有丝毫的改变。结构主义语法一直运用这套方法解释语言并设计相关的语言练习。这套方法主要包括：

—— 解构 / 合成 [(dé)composition]，比如用于分理出语言单位和构成词组：

Le-président-de-l'assemblée-délivrera-un-long-discours
[Le-président-de-l'assemblée][délivrera-un-long-discours]
[Le-président] [de-l'assemblée][délivrera] [un-long-discours]
[Le] [président] [de][l'] [assemblée][délivrera] [un][long] [discours]
[定冠词阳性单数]-[主席]-[介词 de]-[定冠词阳性单数]-[大会]-[将发表]-[不定冠词阳性单数]-[长篇]-[演说]
························· *[dé][livrle][ra]* ·························
·············· [前缀，表示强调]-[释放]-[将来时第三人称单数词级]

—— 分配（distribution）标记，比如用于对比口语和笔语的复数标记体系，笔语显然比口语累赘：

	Leur	cheval	vient	
	Leurs	chevaux	viennent	
笔语	≠	≠	≠	× 3
口语	=	≠	≠	× 2

	Son	livre	reste	ouvert	
	Ses	livres	restent	ouverts	
笔语	≠	≠	≠	≠	× 4
口语	≠	=	=	=	× 1

——替换（commutation），比如用于判定句法或词汇是否具有兼容性：

Pierre（皮埃尔）	mange（吃）	une pomme（苹果）
~~Pierre~~	~~mange~~	~~l'amitié~~（友谊）
~~Pierre~~	~~mange~~	~~beau~~（美丽的）
Pierre	mange	vite（快）

—— 转换（transformation），比如用于解释代词化、被动态、不定句等：

Pierre donne une pomme à Marie ⟺ Pierre *la lui* donne
（皮埃尔给玛丽一个苹果）　　　　　（皮埃尔给她那个）

Le pain est cuit par Pierre ⟺ Pierre cuit le pain
（面包被皮埃尔烤好了）　　　　　（皮埃尔烤好了面包）

La réponse est arrivée par courrier ⟺ ~~Le courrier arrive la réponse~~
（回复通过邮件来了）　　　　　（邮件来了回复）

Je pense que j'écrirai ⟺ Je pense écrire
（我想我会写信的）　　　　　（我想写信）

~~Je veux que j'écrive~~ ⟺ Je veux écrire
（我要我写信）　　　　　（我要写信）

Je pense que Pierre écrit ⟺ ~~Je pense Pierre écrire~~
（我想皮埃尔会写信）　　　　　（我想皮埃尔写信）

Je vois que Pierre écrit ⟺ Je vois Pierre écrire
（我看见皮埃尔写信）　　　　　（我看皮埃尔写信）

② 层级组合

语言单位通过相互连接和相互组合构成词组，这些词组又按照一种连续的聚合机制构成高一级的语言单位：

ch

ch+at（猫）

Le + petit + chat...（小猫……）

Le petit chat + se cache vite (+) dans son panier
（小猫很快地躲藏到它的箩筐里）

Le petit ... panier + dès que le chien approche.
（狗一走近，小猫就……）

Le petit ... approche. Il est prudent car...
（狗一走近，小猫就……它小心翼翼，因为……）

等等

音素
词
短语
句
语句
段落
篇章……

由上可见，线性组合掩盖了词和词之间、词组和词组之间的并列关系、从属关系和嵌套关系，也掩盖了它们的层级关系，而层级的构成与重构决定着语言的运作、言语的产生和理解。结构主义语言学和

结构主义语法采用的上述这套扩展法（procédés d'expansion）可让我
们灵活地运用这些句法结构，而不需要考虑它们的意义。例如：

> le rôle paternel[1]（父亲的角色）　　　　　　　　　复杂化
> le rôle du père（父亲的角色）
> le rôle qui incombe au père（归于父亲的角色）

> le rôle de la famille（家庭的角色）　　　　　　　并列
> le rôle du père et de la mère（爸爸和妈妈的角色）
> le rôle du père et de la mère et des frères（爸爸、妈妈和兄弟的角色）

> le rôle du grand-oncle（叔祖的角色）　　　　　　从属
> le rôle de l'oncle du père（爸爸的叔叔的角色）
> le rôle du frère de la mère du père（爸爸的妈妈的哥哥的角色）

每一级的词组既显示出它们的向心关系特征，从而确保其内在结
构紧密，又具有一种离心关系特性，将它们与上一层级的词组连接在
一起。下图展示的是短语和句子的连接：

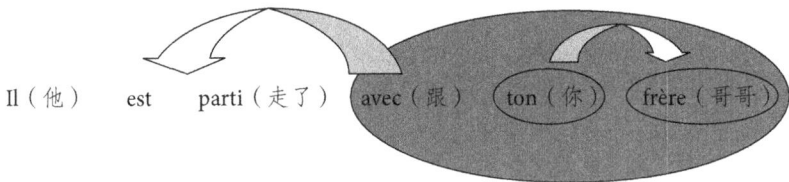

Il（他）　　est　　parti（走了）　　avec（跟）　ton（你）　frère（哥哥）

有些语言学家，如吕西安·泰尼埃尔（Lucien Tesnière），将动词
置于句子金字塔的塔顶，随后分别是与该动词相连接的第一、第二和
第三施动者（actants）[2]以及状态元（circonstants），即传统语法所说的
主语、直接宾语、间接宾语和状语，如下页图所示：

1　paternel（父亲的），是形容词，下一句中的 père（父亲）是名词。——译者注
2　国内有学者译作动词的"首元、次元和第三元"。——译者注

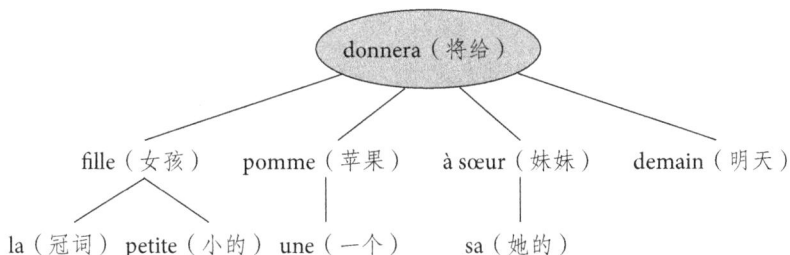

乔姆斯基提出的不是这样一个重心图，而是一个总的模型，能够让我们理解并造出无穷的正确的句子。图示如下：

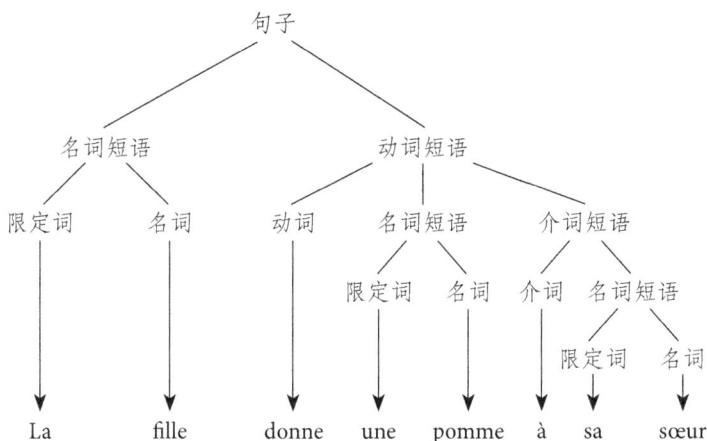

4）按照语法的种类对语言进行的分类

若干世纪以来，语言学家一直努力地从词汇的层面对世界上众多的、各种各样的语言进行词源的比较研究，他们还特别在更可靠的形态句法方面展开比较研究，希望能够找到一种人类最早的统一的语言（参见本书第 34 页和第 212 页），或者至少能够揭示人类语言共有的基本原理——无论这些原理在这种或那种语言里是如何具体实现的。我们在前文提到，乔姆斯基认为语言的一些运作机制具有普遍性，而且这可能与人的"语言习得装置"（详见本书第 213 页）的先天性相关联。我们期待乔氏的这些理论假设能够得到证实，并且能够为外语教学法服务，无论如何，比较语言学已经能够梳理出语言之间的基本差异。将世界上的语言分成几大类型，经过对比最终研制出更专业的语言类型图表，这些对外语教师和翻译工作者都有帮助，使他们能够预见并预防语言转换过程中的困难。

我们这里只向大家介绍冯·洪堡特（von Humbold）的传统语言类型划分，虽然他的这一分类模式经常受到质疑并被修改，但对学习和研究法语却始终是有用和贴切的，因为它阐明了法语不同于其他语言的许多特性，同时指出了法语对于非母语学习者可能产生的障碍。不过，先要说明的是，曾经有人以为洪堡特的语言类型是按照语言的进化程度划分的，但其实纯粹是语言学上的不同取舍，这些取舍既行之有效，又准确无误，而且还区分细致。另外，我们也想借此机会重申，世上所有的语言，不论操这些语言的族群经历怎样的文化、社会和科学技术的发展，其总的复杂程度和精妙程度都是一样的，只要这些语言是当事人的母语，或者因为克里奥尔化（créolisation）[1] 而变成当事人的母语。这是语言学的一个基本而又非同寻常的原则。

冯·洪堡特把世界上的语言划分为五大类型：

—— 孤立型语言（langues isolantes）：比如在汉语中，每个词只有一种形式，不可改变；词法关系和句法关系要用其他额外的词表现，或者通过词序表明。

—— 黏着型语言（langues agglutinantes）：词法（性、数）关系和句法（功能、语式）关系可通过添加词的后缀表示，所以词的顺序比较自由，因为每一个后缀只表示一种形态句法意义。例如，在芬兰语里，auto = 汽车，autossa = 在汽车里，autossani = 在我的汽车里，autossaniko = 在我的汽车里吗？；在土耳其语中，ev = 房子，evler = 这些房子，evlerim= 我的这些房子，evlerimde = 在我的这些房子里。

—— 屈折型语言（langues flexionnelles）：这类语言的运作机制和

1　原意为"混合"，用以泛指所有的"混合语"，但也特指世界上那些由葡萄牙语、英语、法语以及非洲语言混合并简化而产生的语言。——译者注

黏着型语言一样，但其词尾可同时包含多个语法或语义信息。例如，拉丁语的 -arum 可同时表示名词 / 形容词 / 代词、所有格、阴性和复数。

—— 多式综合型语言（langues polysynthétiques）：基本与黏着型语言形同，但加在词干上的成分是多元组合的，因此在句中不再能够看得出来是单词。例如，格陵兰语的 kavfiliorniarumagaluarpunga（我想煮点咖啡）。又如，kivungo 语[1] 的 näikìmlyïïa（他为了她把他吃了）。

—— 分析型语言（langues analytiques）：法语、英语和西班牙语等都属于分析型语言，主要特点是词在句中的顺序是固定的。除此之外，这类语言还喜欢用介词表达功能关系，用代词指示人，这是为了弥补格的消失给词法造成的损失。

读过史蒂文·平克（Steven Pinker）的著作《语言的本能》（L'Instinct du langage，1999）之后，我们将会发现，划分语言类型并非易事，同一种语言可能分属若干不同的类别，比如，法语可以同时是：

—— 分析型语言，因为它的词序可以表明功能。试比较：le chien mord l'homme（狗咬人）和 l'homme mord le chien（人咬狗）。而拉丁语、德语、芬兰语等则恰恰相反，它们的词序比较自由。

—— 在分析型语言里，法语遵循着"主语 S+ 动词 V+ 宾语 O"的语序，这一语序被称作"进行式语序"（ordre progressif），古典时期又叫做"逻辑语序"；而日语和盖耳语（gaélique）[2] 则相反，分别是"主语 S+ 宾语 O+ 动词 V"和"动词 V+ 主语 S+ 宾语 O"。

—— 孤立型语言，因为有些法语词，如副词是可以变换位置的，但其功能和意义却不会改变。

—— 黏着型语言，因为法语有些词缀可以相互添加，如 accept – abil – ité –s（可接受性），arrive – r – ai(e) – nt（到达）= 将来时 + 过去时 + 第三人称复数。

1　非洲卢旺达一个部落的语言。——译者注

2　属凯尔特语族，包括苏格兰和爱尔兰的凯尔特语。——译者注

——屈折型语言，因为法语的词尾可以表示多个意义，比如 arriv-ent，同时表明时态（现在时）、语态（直陈式）、人称（第三人称）和数（复数）。

1.3.4 话语和篇章

语言学在很长一段时间里只满足于研究句子层面以下的语言现象，结构主义语言学家尤其认为，言语及使其得以进行的语言交际归根结底就是不断延续或不断扩展的句子。只是在最近这几十年人们才意识到，句子层面的分析，包括句子层面的音位分析和语义分析，难以从整体上反映语言的运作机制。另外，人们现在也认识到，句子不仅是一个被任意隔离的语言单位，还是一个纯理论的语言单位，因为在真实的语言交际中，也就是说在某一特定的情境下，为着某种特定的意图，和某一特定的对话人进行交际时，我们交流的不是句子（虽然传达的信息是由语句构成的），而是具体、真实的语言表述（énoncés），它们属于说话人特有的行为和能力，远远超越了词汇认知和句法规则掌握的范畴。

概括地讲，语言学和教学法摆脱了句子研究的局限之后开始向着两个方向发展。一些语言学家特别关注语言表述的发生条件，分析由表述构成并参与的话语（discours）之特征及类型。另一些语言学家则着力从篇章（texte）的角度研究语言表述的建构方式，分析篇章的运作机制、产生过程和理解机制。

1）话语

结构主义语言学抽象地研究语言的运作机制，我们在前面提到的陈述语言学和语用语言学则重新将语言的研究回归到语言的使用语境中，也就是语言的表述过程中，正是语言的使用语境或表述过程使其具有了现实感、实用性和特殊性，也成就了它的话语地位。简而言之，话语就是一种交际行为、一种言语活动，它离不开特定的情境，如学校、教堂、广播新闻等，也离不开特定的人，如教师、政治家、医生等；其特征是反映某种人际关系，如保密、从属、诱惑等，和某种文化和思想内容，如科学的、持不同政见的等，并且一般都和某些活动和社会族群相关联，前者如教学活动、司法活动等，后者如草根阶层、青年人等。

由此可见，陈述语言学和语用语言学阐明了话语跟说话人、说话意图和说话情境间保持的那种复杂多样特别是不可避免的关系，没有这些便不成为话语。陈述语言学和语用语言学还阐释了话语之间同样是错综复杂、无可避免的相互关系，正是这些关系构成了话语间的你来我往，使我们在每天的日常生活中主动或者被动地加入其中。幸运的是，这些海量的话语可以归纳成几个统一的模式：朋友间的谈话模式、新闻报刊模式、同事间的会议模式、医院看病模式、亲密情感交流模式、与上级领导晤面模式、课堂交际模式、历史小说模式，等等。

学习这些话语体裁（genre）有助于我们以适合当事情境和当事话语者的方式展开交际，相关的话语者也就能够料想到可能的交际结果。我们和老板谈自己的健康问题时采用的方式肯定有别于跟自己的发小或自己的医生。前面列举的不同话语体裁各有自由的地方，也少不了限制性，每一种体裁下都有可以涉及或不应涉及的话题，都有优先考虑或尽量避免的某种语级和语言风格，都有其特定的礼貌用语或会意的手势，也都有可表达或需隐藏的意图等等，不一而足。我们每天都能发现，话语所归属的体裁对我们听说读写的方式有着非常重要的影响。因此，话语实质上是一套参数，是一个我们必须懂得解码和遵守的规则系统。这正是话语这一概念在外语教学法上的重要意义所在。

2）篇章

话语在体裁的框架下还必须用一定的形式去构建具体的、有组织的和功能性的表述，这样才能进行语言的交际。语言学真正关注口语或文字篇章问题的时间不长，然而，篇章却是我们在交际中切身体验到的第一个，甚至可能是唯一的语言单位。一个篇章不单纯等于一系列句子的汇编，也非一段话语，而是按照一种典型的统一模式塑造的一个语义连贯、组织严谨的整体，它确保循序渐进地实现一个目标，表达清晰的意图，即达到某种目的。

结构主义语言学研究音素、义素和词在句子中如何相互组合。篇章语言学（linguistique textuelle）——也叫篇章语法学（grammaire textuelle）——采用同样的研究方式，但分析的是句子、话题（topiques）和其他成分如何在篇章中相互结合。篇章语言学的研究视野不仅扩大到情境（contexte situationnel），而且也涉及上下文（co-texte），即严格意义上的语境（contexte linguistique）。我们因此得以在下文介绍篇章的两个基本的运作原理，它们决定着对篇章的正确理解，也是外语教学应当予以重视的。

——一方面，篇章借助一系列的连贯机制逐句往前推进，思想也由此逐步展开，一系列的连贯机制保证了篇章形式上的衔接（cohésion）。这些连贯机制包括我们曾经深入研究过的复指法（anaphore）和冗余法（isotopie），前者可用于指代句子，后者则构成意义网；也包括我们广泛研究过的主题渐进法（progression thématique），它支配着新旧信息之间的语法关系；还包括引向某种结论的论证法（argumentation），等等。

——另一方面，篇章又是按照等级次序有机构成的。它如同搭积木，各个语言形式单位和语义单位堆积在一起，按照一定的模式相互结合。这一定的模式保证了篇章语义上的连贯（cohérence），我们通常据此划分出 5 类典型的篇章：描述性篇章、解释性篇章、叙事性篇章、论证类篇章和会话类篇章。这五类典型篇章模式既决定着篇章的输出，也影响着篇章的接受，特别有助于读者筛选、预设和记忆有意义的信息。我们应该训练法语学习者掌握这五类篇章。

需要指出的是，一个特定的话语里可能含有几种不同类型的篇章。例如，在律师的话语（法律话语）中，即使论证占主导地位以说服陪审团，也会有叙事的段落（事件发生的时间顺序）、描述的成分（介绍地点和被告）、解释的内容（分析证据）和对话的言语（询问证人）。

篇章语言学的研究成果让外语教学法同时在语言学和教育心理学两个方面获益匪浅。它尤其使我们更好地理解了为什么外国学生认识一篇文章的单词和句子，却看不懂整篇文章。这是因为他们没有能够使阅读去线性化，也就是说没有学会配合运用篇章的两个基本运作原则：同时关注篇章语义上的连贯和形式上的衔接。另外还要学会把握不同类型和体裁的篇章，以便更好地理解、筛选和预设线性化接连出现的信息。参见下图：

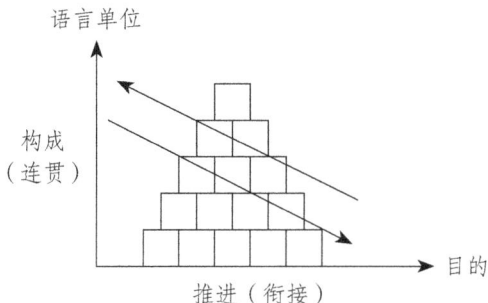

认知主义学家还告诉我们，篇章的衔接取决于人的短期记忆里存储的有限的几个信息，而篇章的连贯则有赖于人的长期记忆里通过筛选和组织存储的相关信息，这些相关信息首先借助短期记忆得以记住。

在教学实践中（详见本书第 273—276 页），我们要让学生练习篇章的衔接，特别是要让他们按照"蓝精灵语（langage Schtroumpf[1]）"的模式做完形填空练习（texte lacunaire ou à trous），这可以培训他们学会

---

1 Schtroumpf 是比利时漫画家贝约（Peyo）创作的一系列人物形象，汉语译作"蓝精灵"。其实，schtroumpf 是漫画家本人早先自创的一个名词。据传他跟朋友吃午餐的时候，想请朋友把盐瓶子递给他，但一时想不起"盐瓶子"怎么说了，情急之下蹦出了 schtroumpf 这个词。此后，这种表达形式发展成为蓝精灵特有的语言，即根据上下文，用 schtroumpf 的各种变化形式，替代一切想指称的名词、动词、形容词和副词等，如：Je vais me schtroumpfer dans un coin et piquer un petit schtroumpf !（我要在一个角落里躺下，小睡一会儿。）——译者注

利用篇章中很多语义、主题和逻辑上的冗余信息，填补所缺词语。学生还应该多做有关篇章整体语义连贯的练习和篇章类别的练习，比如让他们为文章添加大标题、副标题和各个段落的标题，也可要求他们将事先打乱的文章段落重新排序，还可让学生假想事先去掉的文章的开头或结尾。

1.4 千变万化的语言

人类语言是共同的和唯一的，但它却以各种不同的形式出现在这个星球上。同样，某一特定的语言本身也会有形形色色的变体，有时候变化之多、差异之大，令人们不禁怀疑这是否还属于同一种语言。的确，正像社会并非同质一样，人们使用语言的方式也不尽相同，包括我们使用的语言本身也是有差异的，索绪尔用"话语"加以区分。所以，可能我们从现在起就应该坚定地说，我们教的不是一种假想的单数的法语语言，而是一个复数的法语语言，或者说是世界上和社会上各种用法的法语。事实上，语言总是被两股矛盾的力量所改造，正是这两股矛盾的力量决定了语言的变化，这也是我们外语教学必须关注的。这两股力量是：

——一方面，离心的力量会促使语言走向多样化，这些离心力包括语言所在地的地方特性、社会的成层、千差万别的语言使用情况、社会习俗的变化、科学技术的进步，等等；

——另一方面，向心的力量会促使形成某些共识，这些向心力包括某些自发的统一现象，如讲不同方言的人之间的相互理解、相互交流和媒体的影响等，还有政府部门的强力措施，如法律法规、教学、宣传等。

我们在本节里将先从地理语言学和社会语言学的视角介绍语言的这种千变万化及其对法语教学的影响，而后讲述口语和笔语的差别，这对法语教学同样非常重要。

1.4.1 地理语言学和社会语言学上的语言多样化

1）变化的种类

我们不在这里讨论语言的"历时性变化"（variations diachroniques），因为外国学生，除非是研究文学史的，一般情况下不会遇到这样的问题。然而，需要指出的是，通俗的话语，如行政语言和法律语言等都含有许多需要加以解释的古旧词语和表达法。词源学可能也会引起一些学习者的极大兴趣，因为这可使他们与自己的母语进行比较，成为他们的记忆手段。

地理语言学上的语言多样化不仅显著地表现在各个法语国家与地区——越来越多、越来越庞大的比利时法语词典、魁北克法语词典和非洲法语词典的问世便是有力的证明，这种多样化还体现在同一个法语社群里，关于这一点，我们提醒一下，巴黎法语和马赛法语的差异大于巴黎法语和布鲁塞尔法语之间的区别。在同一个城市，这个街区和另一个街区的法语也会因为街区居民来源不同而有所区分。现在，甚至有一门所谓的"城市方言学"蓬勃兴起，专门研究年轻人使用的各种新用语的产生和发展，这些新的说话方式一方面受到年轻人原籍语言及移民背景的影响，另一方面也受到盎格鲁－撒克逊文化全球化的影响，当然还有新传播技术进步的影响。从事对外法语教学的老师不应该对这些语言的变体熟视无睹，更不能不屑一顾，这是因为他们的学生可能经常接触，或者说来自那些使用法语变体的环境。

社会语言学理论下的语言多样化更是不胜枚举，可分为 3 个类型：

——社会差异造成的语言变化（variations sociales），也就是"社会方言"或"社会阶层语言"（sociolectes）。它特指某一具体社群的说话方式，比如大众阶层的人讲的是"通俗法语"（le français populaire）；它也指某一年龄段人群的说话方式，比如青年人有"青年人法语"（le français des jeunes）；它还可特指妇女群体的说话方式，等等。

——情境差异造成的语言变化（variations situationnelles），也就是

"语言格调"或"语级"（registres）的变化。这是指同一个人不论谈论什么话题，总是根据交际的语境调整自己的说话方式。例如：在咖啡馆和朋友聊天，给行政机关写一封正式的信函，在一个公开的仪式上致辞，等等。因受载体限制而发生的语言变化也属于这个类型，如电子邮件、电话、面对面的交谈等。

——功能差异造成的语言变化（variations fonctionnelles），也就是"话语体裁"的变化，或者说是"行话"（jargons）。这里指同一个人根据谈话主题和社会文化或职业活动（体育、科技、医学，等等）所采用的相应的说话方式。

上述三大类语言变化当然是相互关联的，但教师应该能够在其课堂使用的各类教学材料中发现这些语言变化，并且能够意识到这些变化也存在于学生课外参与的各种交际中，以及他们自己的表达方式中。更全面地说，我们还应该补充一类语言的变化，那便是"个人习惯语"（idiolectales），没有经验的外国学生只能慢慢地发现它与其他几类语言变化的不同。

2）变化的方面

地理语言学和社会语言学上的可变性影响语言的所有方面——从语音到话轮（tour de parole），从词汇到句法。请看下列几类典型例子：

——重音和语调：地中海人、魁北克人和法国北方人的口音，平头百姓（populo）和巴黎 NAP（Neuilly-Auteuil-Passy）[1] 居民的腔调，喜欢咂嘴，等等。

——语音：比利时人区分 brin 和 brun，mangerai 和 mangerais；在加拿大魁北克，人们把 [t] 读成 [ts]；在比利时东南和法国东北部的阿登高原地区，当地人发 [r] 音时弹大舌。

—— 词汇（表现在词语的选择、等级和丰富度等方面）：drache 倾盆大雨（比利时法语），boubou（非洲人穿的）长袍、présentement 现在（非洲法语），grave 神经错乱的（流行语），mézigue 我（行话），dodo 睡觉（儿语），rhinite

---

1 这是巴黎最富裕人群居住的地区，当地人形成自己特有的腔调。——译者注

鼻炎（医生用语），une personne délicieuse 一个迷人的人（矫饰语），等等。

—— 句法：je sais（= je peux）venir 我可以来（比利时法语），j'veux pas 我不愿意（通俗语），négatif 不（军事术语），à plus 再见（年轻人的用语），vous le plaisez 他喜欢您（海地法语），je veux（= je vais）tomber 我要跌倒了（瑞士法语）。

—— 话语：句子的复杂度和暗指的使用取决于说话的场合。

—— 语用和互动：对话人的性别、社会文化出身，以及对话人之间的上下级关系等因素决定着用"您"还是"你"，也决定着话轮次序和语言的安全感。

—— 副言语（paraverbal）：对话人之间的关系和讲话的场合影响着他们讲话的语速和声调，也影响着他们之间保持的身体距离、他们的手势和手势语。

—— 人类学：不同的族群和对话人的地位决定着不同的谈话禁忌、话语权、语言的格调，以及意识表征（哪种情况属于"话匣子"？哪种是"明智的缄默"？）。

3）规范

面对自然发展起来的语言多样化，应运而生的同样是自然形成甚至是无意识形成的规范，或者说一系列的规范。它们使来自不同地域和不同族群的对话人能够相互理解，特别是同一个人能够在同一天里数次改换规范。我们应该将这些相对性规范（normes relatives）与制度性规范（normes institutionnelles）进行区分。制度性规范是绝对化的规范，是我们随时随地必须遵守的规范。所以，规范可以分为：

——描写性规范（norme descriptive）：这是形形色色的规范之一，仅需记录在案，并根据一定的条件自由地采用；

——指示性规范（norme prescriptive）：这是一种由政府当局、教育机构或者知识权威强制规定的社会标准，或者说理想标准，全体社会人都必须将它作为唯一正确和可接受的规范加以遵守。

这后一种规范符合社会的规约化需求和人为的标准化需要；它们成为价值标准，用以监控人们交际的流畅、准确、清楚和公平，保证交际的透明性和效率。但是，如果在这方面过于保守，则可能带来负面效应，如语言上的精英主义、强烈的语言优越感、（自我）审查、不安全感、封闭，还可能造成语言的"坏死"，也就是以保护语言之名，行阻碍其发展之实。

各个语言的规范类型及作用各不相同。比如，英语和西班牙语更乐意随着时间和空间的变化而变化，法语则尽显法兰西的中央集权和霸权之本色。其实，法语规范已经出现并还在出现新的版本：

——法国本土精英主义法语（le français des élites métropolitains）：在几个世纪中，人们先后争相模仿过法国凡尔赛的宫廷法语、上层有教养的中产阶级法语和巴黎的知识分了法语，等等；

——作家法语（le français des écrivains）：文学（更确切地说是某些文学）一直都是很多法语教师和法语词典的样板，尤其是格氏（M. Grevisse 和 A. Goose）的《正确法语》（Bon Usage）；

——大众法语（le français de tout le monde）（？）：这其实是法国小资这一特殊的社会文化阶层特有的法语，但却长期成为对外法语教学使用的标准法语，这使得法国小资阶层的生活方式和表达方式得以广泛传播和流行；

——无所谓规范的法语（le français de personne）：面对区域、社会和法语国家与地区多样性的现实，人们现在认识到，所谓的"标准法语"(le français standard) 只是一种理论的语言，它的规范公分母小到不足挂齿。

尽管我们可以质疑"标准法语"的真实存在（其实"标准法语"本身也不这么认为），但标准法语的中性文化和教学用途还是值得肯定的。一方面，"标准法语"破除了将语言分成三六九等的旧观念，而按照横向的旧语言观，各种社会方言、语言格调及话语体裁是社会生活选择的结果。事实上，各种语言变体之间没有优劣之分，关键是要与交际的环境相适应。掌握一门语言并不是说要在任何时候、任何场合都用典雅的语言讲话，而是能够根据情况变换不同的语体，包括变换到标准法语。

从某种意义上说，标准法语是其他不同语体的基准点。

另一方面，对外法语教学既需要依据一种规范，哪怕是最传统的规范，也需要知道语言的多样性，即便是五花八门、千奇百怪，也值得了解。一切都在于不死守某一种观念以适应教学的要求、交际的环境和语言的实际使用情况。一般情况下，特别是在初学阶段，大多选择与学生语言能力相符的比较标准的法语。这些学生通过学习教师提供给他们的材料，或者通过沉浸式（immersion）教学，很快能够发现各种不同形式的法语，并意识到他们所学的规范是相对的。这时候再从原理上（因为他们知道自己的母语里也有同样的现象）和多样性上向他们介绍法语的各种变体，但应该重点介绍学生们现在和将来走入社会后都要使用的法语，包括在法语国家和地区日常生活中使用的以及广播电视和报刊中的法语。

由此可见，为了推广一种语言，只教授中性的内容和脱离现实的东西是完全不可取的。正因为这样，所以一定要以学习者的文化为出发点，以他们将来需要面对的操本族语的当地人为出发点，针对学习者的学习目的开展教学。学习目的包括融入目的语国家的社会、接受高等教育、从事专业活动，等等。我们可以区分一下语言的各种变体，一部分为外国学生可以忽略的，一部分是他们只需要辨别的，比如粗俗表达和通俗表达的不同，还有一部分是他们应该学会自己运用的，比如懂得在工作场合遵守语言交际中的等级关系。因此，我们要采取不同的练习步骤：进行听力和阅读理解训练时，重点要让学生接触各式各样的法语用法；进行语言输出（表达和写作）训练时，则应强调使用标准语言。

最后需要指出的是，这种语言规范相对化的思路不再绝对地将法语分成"好法语"和"差法语"，这就意味着需要以另一种角度看待学习者根据自己目的语掌握的水平和源语干扰的情况输出的语言变体（参见本书第 223 页关于"中介语"的论述）。我们不可总是简单地将学生的这些输出视为"错误"而加以排斥，实际上有些类似的用法已经被证明出现在了社会上或法语国家与地区的某时某地。因此，我们在规范问题上要切忌走极端：既不要在语言上墨守成规，也不可在语言上过于特立独行；对教师而言，既不必过于讲求语言的纯洁性，也不能太过宽容；对学生而言，既不要处处谨小慎微，怕犯错误，也不能随心所欲，我行我素。这样才能防止作茧自缚，又避免学成洋泾浜外语（sabir），或者形成瓶颈制约，停滞不前。

1.4.2 口语和笔语

对外语教师来说，最重要的语言变体当属完全不同的口语和笔语。在外语教学法史上，这两个语体的重要性不停地变换着。传统的外语教学法只注重教课文和笔语，口语仅在朗读课文和做一些语法练习时有所涉及。与之相反，结构－行为主义教学法效仿母语习得的模式，强调口语在外语教学中的重要意义，强调口语在高声、系统重复语句及成套句型时的重要性，主张在一定时间内先不学笔语，因为这会干扰学生的基础学习。但是，这些教学法都荒谬地认为口语不过是笔语的朗读，完全没有认识到口语的特性。另外，它们也未足够重视语言交际的环境，以及对话人、情境和互动时可能产生的影响。结构－行为主义教学法将口语视作外语学习的一种载体和方式，而非一个独立的有自己特定的形式、需求和策略的事实存在。口语成为话语和语用学的研究对象之后，语言学越来越关注口语，尤其重视分析会话形式、口头互动形式和社会语言学的口语变体形式。在教学法领域，我们即将谈到的交际教学法则十分看重交际环境要素，强调它们的多样性及对表述形式的影响，还有对信息解读的效果。至此，我们终于能够系统地描述口头语言的特性，进行专门的口语教学，并学会运用口语。

目前，现代语言学和心理学正在深入研究口语和笔语的根本区别。有学者特别注意到，言语疾病在口笔语中的表现可以是各自独立的，而且是互不相同的，另一方面，在母语习得中，口笔语的学习分属不同的方式和能力，可能还分属大脑的不同部分。可是，我们绝不能因此下结论说口笔语是两种各不相同、互为陌生的语言。在教学上把它们完全割裂开来，或者长时间地分离开来也同样是不可取的。有些教学法便是这样做的，它们主张只学习口语的形态句法，而不理会大多从笔语入手的其他语法。口语和笔语在教学法上呼唤一种既互补又有区别的教学路径，这一路径特别需要全面考虑教学的各个向量，如学习者的综合情况、教学条件、学习目的，等等。

作为提示，教师在从口语教学转向笔语教学时需要警惕下列几点口笔语不对称的问题：

—— 首先，就交际环境而言，口头交际时，我们不仅可以借助对话人声调的变化、手势和表情来帮助沟通，还通常会利用我们和对话者共享的语境（电话交流除外），但在笔头交际时，所有这些超语言和副语言信息源都应记录在文本之中。学习口语比较容易的一个主要原因在于，语言总有其他言语形式的伴随、解释和说明，而这些言语形式是学习者更容易理解的。在笔语中，无论是阅读理解，还是书面写作，说话者总有可能按照自己的节奏工作，他可以倒回去重来，也可以自我修正，而在口头会话中则鲜有这样的自由度。

—— 其次，在语言形式上，毋庸赘言法语的拼写和读音常常不相一致，许多字母在单词里不发音，比如 sept（七），其他的可能读不同的音，比如 attention（注意），有的音则可有多种拼写法，比如 en, an, em, am, aen, aon, 等等。英语也几乎如此。但西班牙语和芬兰语则相反，它们的拼写基本就是语音拼写，所以没有必要做听写练习。

—— 再次，从语言形态上看，法语性、数变化的标记在口笔语中也不尽相同：阴性形容词 vert（绿色的）书写时要在词尾添加 e，但在口语里却要读 [t] 的音；同样，il mange（他吃）的复数形式为 ils mangent（他们吃），但在口语中复数形式和单数形式发同样的音，听不出复数的标记。否定标记，如 il vient **pas**（他不来），以及程度标记，如 il est **trop**（= très）sympa（他很讨人喜欢），在口笔语中也是不一样的。另外，法语口语很少用简单过去时和现在分词句，等等。

　　—— 还有，在句法和话语表达方面，口笔语各有自己特有的说法和用法，它们在句子的构造和前后照应上，在论据的递进和强调手段上，在段落逻辑和论述的组织上，无所谓哪个更正确、更精确，或者更丰富多样。

　　—— 最后，关于词汇问题，前面已经说过，口笔语的语级可以有相当大的差别，这和使用的篇章体裁有很大关系。总而言之，口语更乐见词汇的创新，更容易受时尚和标新立异的影响。

　　在本节结束之前，我们想强调说明，不可再将笔语简单地视为口语的笔录，也不应再把口语看作是单纯的书面语的朗读；恰恰相反，我们应该系统地对比分析口笔语的运作机能和功能，以及它们的应用文化环境。此外，我们还想提醒说，电子邮件、网上聊天以及手机短信等新媒体及载体的发展正在形式上和角色上改变着口笔语的关系。

1.4.3 话语体裁

　　其实，关于口笔语的区分，应该在话语体裁，或在社会中以及社会形成的语言实践这样一个更广泛的背景下进行，因为话语体裁或语言实践最终包括并主导了所有语言变体。鉴于我们已经在前文详细介绍了语言变体（参见本书第 61 页），这里只着重说明，自从语言学开始不仅研究抽象的语言和孤立的句子，也关注语言的使用、表述和交际等问题之后，语言学便得以一方面分析形形色色的语言活动（话语）和语言产物（篇章），另一方面阐释由此提炼出来并加以组织的话语类型。这些话语类型，亦即话语体裁，在不同情况下多少具有一定的强制性、人为性和有意识性，它们变得不可或缺，不仅是因为它们规制着言语的交流过程，更因为它们完全使言语交流成为可能，变得可以理解。"体裁"这一文学概念，特别是在巴赫金[1]之后，应用到了整

1　巴赫金（Bakhtine，1895—1975）：苏联著名文艺学家、文艺理论家、批评家，世界知名的符号学家，苏联结构主义符号学的代表人物之一，其理论对文艺学、民俗学、人类学、心理学都有巨大影响。——译者注

个的语言输出研究之中，如友好的谈话、报刊文章、教师的课程、明星访谈、广告短片、医疗问诊、填字游戏、商务谈判、流行歌曲、政治演说，等等。

这些话语体裁既有其内在特性，又有其情境特征，是我们必须引导学习者了解的主要内容：

体裁的内在特性	体裁的情境特征
——谈论的主题（科技的、实用的、情感的……）； ——目的（感动、告知、说服、强加）； ——使用的言语风格（典雅、通俗、民间）； ——形式（诗句、对话、完整的口头报告……）； ——次序组织（故事、描述、论证、解释、对话）； ——话语引证（语录、参考文献……）。	——对话者的个性、身份、人数，以及对话人之间的关系（平等的、支配 / 被支配的、陌生的……）； ——地点（家里、工作场所、街上……）； ——交际时刻（早晨、周末、圣诞前夕……）； ——使用载体（面对面、电话、邮件、报纸……）。

当前在语言学界和外语教学法领域普遍认同的原则是，使用语言，包括教和学一门语言，不能脱离交际的情境，因为正是交际情境激发交际并证明交际的必要；使用语言也不能不遵循某一属性模式，以使交际变得真实可认并得以有机地进行。

2. 文化

关于文化的概念、内涵及应用，特别是关于文化（culture）和"文明"（civilisation）、"意识形态"（idéologie）和"意识表征"（représentations）的关系，学界一向是众说纷纭，而且人类学家、社会学家和历史学家几乎都是各执一词。外语教学法专家也参与了关于文化定义和文化在外语教学中定位的讨论。外语教学法的历史表明，文化教学不论是作为文化课程，还是作为日常生活概况课程，抑或是用来鼓励学习者发现他者，都不是一件不言自明的事情。这里，我们依然不去详细回顾文化教学的历史，也不深入讨论上述概念的是非，而将重点讨论不同的文化观对外语教学的具体影响，以及文化在外语教学特别是法语教学中的功用。

总体而言，当今的外语教学正经历着文化教学的热潮，可是在结构主义教学法时代，文化却被视为语言教学的辅料。相反，在其他教学法思想指导下，或在其他一些国家，文化教学则优于语言教学，语言是文化教学的媒介。文化经过这样的冷热阶段之后，现已成为外语教学不可或缺的组成部分，这是因为：

第一，从教学的层面看，我们切实认识到，文化是语言学习的起源、动力和终极目的。学习语言直接或间接的目的就是要和他者相遇并由此引起自我反思。没有文化，我们当然也可以正确地讲出语言，但不论是私下交谈，还是工作中的交际，都将是空洞的语言。

第二，最近数十年的语言科学（参见前文）不断证明，交际已经远远超越词语和句子结构的范畴，文化通过词句的转义、言外之意和蕴涵之意等形式超越、浸润和操纵着语言，以至于现在很难亦无必要将语言和文化严格地区分开来。

第三，当今的国际政治形势表明，在国际关系中，人的语言能力不可或缺，但更需要具备文化能力，才能促进人与人之间和各国人民之间的联系。语言教学既可造福于和平，也能助推战争的爆发，但理应伴随外语教学的文化教育却可以阻止战争，促进和平。对于从事外语教学的人来说，不论其地位多么低微，文化的因素都不能忽略。

2.1 文化的定义、功用和运作机制

2.1.1 文化与文明

即使我们看问题可能过于简单化，也不妨先为文化下一个不太

有风险的定义。文化是一个根据不同情况可以混杂也可以统一的总和，它包含知识、价值观和判断（如按照"真、善、美"三个标准判断是非）；它也包括同一个族群成员在不同情况下，或多或少有意识和一致共享的那些意识表征、情感、神话、态度、行为举止、所作所为，以及具有象征意义的物品等。正是这些要素使一个族群有别于另一个族群。虽然文明和文化很难截然分开，但文明主要还是指文化的具体层面，指文化的显性形式和看得见摸得着的具体产品，如社会机构、艺术、科技、政治体系，等等。从某种程度上说，文明可以视为文化的表现形式，是我们访问一个国家、接触其人民时依稀看到的表现形式。

现在的问题是，语言应属于什么范畴？一方面，语言的形式、规范、习惯使用（话语），以及语言的机构、语言教学及其专题文献似乎应该属于文明的范畴；但另一方面，日常的语言实践、应用和标准似乎又应该属于总的文化范畴。至于"交际"，按照最新的界定（参见本书第二章），几乎相当于广义的文化的同义词，这是因为，不管怎样，每一次的交际经历都牵涉到文化的整个方面，而且从符号学上讲，文化归根结底就是一个庞大的交际体系。尽管这些不同的概念很难在理论上和实际的交际与教学中得以明确区分，但作为外语教师，为了能够在课堂上和日常生活中做到心中有数，依然有必要分清楚何谓语言、文化、文明和交际。

2.1.2 文化、群体与个人

为了使文化应用于教学和语言实践，讨论文化的功用特别重要。文化最本质的功用在于建立"我"和"他者"的关系，以及"我们"和"其他人"的关系。文化是黏合剂，也是分离器。从社会的角度说，文化可帮助构成任何性质、任何结构和任何规模的群体，如一个国家、一个族群、一个企业、一个社会阶层、一所学校、一个协会、一个俱乐部，等等。文化可帮助我们辨认出不同的群体，可以确保群体的持久存在，因为这当中传统、调适和创新不断地相互妥协着。从个体的层面讲，文化为每个人提供了相对自由或强制的行为方式和模式，个人可以遵守或者不遵守，但不管怎样，个人总要参照这些模式宣示自己的个性。这样的行为方式和模式可使个人加入到与之有同样选择和某种相同文化的群体中。需要补充说明的是，文化在群体和个人之间建立的关系经常是竞争性的关系，这种关系通常会变成一种力量对比的博弈，一方总是试图借助社会、经济和政治力量压倒另一方。富有战斗性的文化于是成为人们所说的一种"意识形态"。总而言之，用功能主义的观点分析，文化是循规蹈矩的，因为它宣告、强制和维护一种身份认同及价值观，但文化同时又是不满现体制的，因为它可以重新审视和选择，培养人的批判精神。文化既有向心力，它使人联合在一起，形成群体；文化又有离心力，它将人分类，并产生歧视和排斥。

不过，具体地说，一种文化怎样将构成该文化的各个不同的个体联合在一起？又如何使这些个体有别于其他个体？亨利·贝斯[1] 受布尔迪厄（Bourdieu）社会学的启发指出，从文化上说，一个族群得以成立并得到其成员的一致认可，一般具有下列三个因素：

—— 惯习（habitus）：这是一个源自社会化的感知、判断与行动体系。换言之，这是一个将个体融入群体，且首先融入家庭群体的体系；

—— 刻板印象：这里指通过对照同一文化族群的其他成员，出于习惯、方便或盲从而选定的那些约定俗成的形象、思想和看法；

—— 筛子（crible）：这是一种过滤器，它决定了我们对外部世界和另一种文化的感知能力，它就像音位学上的一种筛子（对我们自己语言里特有的音素很敏感，而对其他语言的声音全然听不见），使我们对有些行为举止、有些态度和情感特别关注，而对别的行为举止、态度和情感漠然视之。

---

1 亨利·贝斯. 培养多重的身份认同意识. 载于《法语在世界》（Henri Besse, «Cultiver une identité plurielle», *in Le Français dans le monde*）第 254 期，1993. ——作者注

这三个文化的构成元素也是人的社会生活不可或缺的，我们可以将之分别比喻为"集体的房子"、"成衣"和"过滤眼镜"。它们也可能成为影响我们理解他者文化的障碍。因此，了解一种外国文化不仅要知道任何一个群体中和每一个个体身上都存在着上述惯习、刻板印象和筛子，也要知道这三个要素的运作机理，而且还应该注意避免绝对化地看待它们的重要性和相关性。所以说接触外国文化必然会引发对本国文化的自我批判。

2.1.3 一种文化与多种文化

作为个体，我们可同时参与多个以各种方式连接的文化，它们不同程度地影响着我们。这些文化有的与我们的族籍和社会文化出身相关，有的与我们所属的时代相关联，或者和我们接受的教育与智力成长有关，有些则反映了我们的哲学和政治信念，显现出我们所属的社会职业和地位、住所，以及各种各样的正式的或非正式的协会或关系网络，包括我们的娱乐、体育爱好、义工活动，等等。我们因此可以把一般意义上的文化想象成一系列的圈子，其中有些非常亲近，比如家庭圈子，有些比较广泛，比如西方文化圈子。这些圈子把每一个人围起来，代表着他所属的群体，个人处在群体的中心或者边缘。由此可见，我们一定是浸润在多个特定的文化当中，在不同情境下，这些特定的文化相互叠加、相互包容、互为交错，要么和平共处，要么冲突四起。因此，我们应该牢记，文化反映在个人和群体身上都具有下列三个特性：

——相对性，甚或模棱两可性：因为文化会随着我们所属的、曾经归属的，或者现在希望归属的群体和子群体的不同而发生改变（我们还会根据交际对象和场合，采用不同的思维方式、行为手段和说话逻辑）；

——多重性，甚或混杂性：因为文化如同语言，是各种环境和势力相互作用的结果（一种文化的特征更多地表现为它对环境及环境与势力相互作用的态度）；

—— 多变性，甚或不稳定性：因为文化会出现此一时彼一时的现象，就像各代人有所不同一样（这是我们给青少年教授文化时需要特别注意的地方）。

语言是多样的、可变的，文化亦然。所以，一个群体或者个人所经历的文化从根本上说是复数的和杂交的。每当出现危机的时候（代际冲突、社会阶层矛盾、艺术流派的争论，等等），我们会对此感触特别明显。我们在外语教学中接触外国文化的时候，采用多文化和跨文化的思路，其实归根结底就是突出强调了文化的各个方面，体现了文化的发展进程，而这都是在同一种文化内自然地、不可避免地呈现出来的。

在这种情况下，我们认识到，教授一种标准的文化比教授一种标准的语言更站不住脚。恰恰相反，我们应该充分利用文化具有的向心与离心的活力，因为正是它们主导着个人和群体内的不同文化关系。我们既要千方百计地满足学习者对新事物的向往，对身处异地的新奇感和对差异的兴趣，也要满足他们对统一性、简易性和重复性的需求，因为前者激励他们去发现一种奇特而又陌生的语言和文化，后者则促使他们逐步地熟练掌握这种语言和文化。为此，外语教师要有计划地开展教学。在这方面，法语国家与地区是学习者了解各种不同文化经历的一个得天独厚的平台。如果将之"封闭"在对外法语教程的附件里，仅介绍法国、比利时、瑞士等法语国家和地区，同时美其名曰是为了不增加学习者的负担，那可真是白白地"糟蹋"了这个平台！

2.1.4 （跨）文化关系

两个人或者两个群体相遇时，他们会对比各自不同的文化背景，寻求志同道合的地方，同时保持自己的个性特征。他们寻找能够建立彼此对话的共同领域，不论是为了表达一致还是为了针锋相对，其方式都如同在寻找一种共同的语言。虽然我们的国籍不同，宗教信仰各异，学识也不一样，我们却可能在一起从事相同的职业，拥有相同的家庭观念；或者我们都非常喜爱足球，尽管我们支持的可能不是同一个球队。另外，接触一种外国文化不是单纯的对比，还会引起下面三个更为有意义的现象：

第一，两个人或者两个群体在一起时，为了寻找共同点，他们会自然地让自己跳出来审视眼前的文化环境，以便双方建立更相近的价值观。归根结底，当我们觉得彼此文化相距甚远时，我们就会通过寻求普世的人性来保持沟通。

第二，这种文化上的距离将促使每一个人展开对自己本民族文化的反思。他者，因其不同，因其惊诧，因其疑惑，从一定意义上说倒成了我们的一面镜子，让我们看到他者眼里的自己。资深的外语教师可以作证，与外国人交往不仅激发我们的好奇心，还让我们变得头脑清醒。

第三，文化不仅开阔人的视野，使我们的观点避免绝对化，而且还能帮助我们建立新的观念。当交际的一方全盘接受了另一方的文化，即所谓的"涵化"（acculturation），即使他完全掌握了对方的语言，即使他居住在对方的国度里，这样的交流也不能算作是成功的。恰恰相反，成功的交流是双方在交流的过程中彼此文化的新视域和新前景得到了发展和丰富，并且持续得到发展和丰富。

这正是文化教学和语言教学的区别所在。文化教学不是为了模仿、掌握和实现自动化，而是为了理解、比较和创新，尽管语言教学和文化教学都能唤起学生对自己母语和母语文化规则有益的意识。不是说一个外国学生因为努力地模仿一个里昂人、蒙特利尔人或者列日人发音并且使用同样的表达法，他就必须跟他们一样地感知、思维和做事。关于跨文化关系的问题，我们可以总结说，它始终牵涉三种文化：（我发现的）他者的文化、（我重新发现的）自己本民族的文化，以及我们在与他者的交流中共同构建的新文化。

为了阐明上述跨文化现象，我们可再次借用化学反应的比喻。我们曾在前面（参见本书第43—44页）用此比喻说明单词在句中的组

合，说明多样且杂乱的词的语义特征如何组合，进而构成新的意义，
这些新的意义是任何一个单独的词所不具备的，也是它们的简单相加
所无法解释的。人类社会关系的运作模式有如化学反应，基础在于兼
容性、互补性和创造性。外国文化在相互接触的过程中相互比较各自
的构成元素，有学者参照语言学名词"义素"和"音素"将之称为"文
化素"（culturème）。这些文化素根据不同情况可能相协调、相对立，
或者实现中和，但也可能在这些关系的倍增效应下构成新的分子组
合。外语教学正应该对这类文化运作机制加以利用，并有所作为，以
培养外语学习者的跨文化能力。

2.2 不同的文化观

我们今天在外语教学法上大力倡导的跨文化观经历了很长时间才
得以确立。事实上，最近 50 年来，文化教学法如同语言学理论一样层
出不穷，一直在外语教学中占有一席之地。这些文化教学法没有一个
可以先验地加以否定，恰恰相反，我们鼓励外语教师博采众长，运用
各种各样的方法，只要在整体上构成一个协调的教学方案即可，目的
在于培养学生的换位思考能力，亦即同理心（empathie），以及在学习
上必不可少的自我批判能力。现在我们简单梳理一下各类文化教学法。

2.2.1 教化式文化教学法（approche civilisationnelle）

我们曾长时间地认为，教外国人学法语是为了"教化"他们。这
样的观念在那时不足为怪，因为自 17 世纪起，人们都坚定地相信法
语的世界通用性、法国启蒙思想的普适性、法国物质文明和政治文明
（法国大革命、《拿破仑法典》、法兰西共和国）的广泛性。而今，我
们虽然还在讲所谓的"法兰西民族的特性"，但那种"六边"帝国主
义[1]雄风不再，首先是因为法国——特别是她的首都巴黎——已经不

1　即法国帝国主义。法国国土是六边形，故法国在法语中也叫"六边形"（Hexagone）。
　　——译者注

再是法语国家与地区文化的唯一代表，其次是因为在对外关系中，法语及法国的那种优越感和思想或观念的灌输意识已经让位于相互尊重和相互交流。尽管如此，学生和教师依然还是倾向于膜拜伟大与崇高的文化，比如重要的历史人物和事件、艺术代表作、著名的机构、名牌商品（高级时装、美食等）、国际影响力，等等。我们可以接受这样的做法，同时要利用其他途径平衡师生对目的语国家文化的片面追求。此外，文化帝国主义不论是偏向法国，还是偏向法语国家和地区，或者是偏向其中某个国家，有时可能会对希望融入目的语国家的外国人群表现出一种家长作风，这同样是不可取的。

2.2.2 文学文化教学法（approche littéraire）

文学文化教学法的基本理念是，文学是了解外国语言和文化的独特窗口。这一方法曾在结构主义教学法时代受到抵制，后来又被跨文化教学法重新重视。今天，我们不再将文学看作是最佳的语言学习模式，也不再把文学翻译当作最好的练习提供给外语学习者，尤其是外语初学者，虽然这是过去和现今在拉丁语和古希腊语教学中一直在做的。但是，如果选材精当且利用合理，文学却非常有利于增加外语学习者的学习动力，也非常有助于学习者理解目的语文化，因为在最理想的状况下，文学既有普遍性，又有特殊性，因此能够在外语学习中构成一座连接已知和未知的桥梁，也是沟通知识和感觉的桥梁。这里不需要像教化式文化教学法那样，炫耀"美丽"的语言，或者言必称几个"伟大"的作家，而应该将文学

——特别用作日常生活和外界人群思想状况的"见证"；

——或者用作进行社会学思考的资料，以便分析文学作品经常反映出的问题和危机；

——尤其在跨文化的视域下，用作激发学习者对他者的同理心，因为文学阅读能够激起个人的情感体验，而即便是资料非常翔实的报导性专题讲座都很难做得到这一点。

所以，要根据不同的教学目的、学习者的文化素质和兴趣选择相应的文学作品用于外语课堂教学，同时还要结合其他类型的素材、资料和个人的经历进行呈现和评析。

2.2.3 日常生活文化教学法（approche quotidienne）

这一教学法的理念是：真正的文化属于从早到晚、日复一日的实际生活，所以应该让学习者深入到目的语国家当地人的日常生活中，就像他们将要在最短的期限内在目的语国家生活一样——这的确也是一种可能，这样才能使他们认识到学习外语的必要性，从而激发他们学习外语的动力。这一教学法的优点在于文化的概念实际具体，内容都是重复的行为，因而能够自然地驱使学习者进行文化对比，甚至激发一定程度的认同，因为我们大家或多或少都面临着同样的日常生活问题。这一教学法的局限在于容易将文化庸俗化、脸谱化和统一化。不是涉及饮食、学校、办公室、购物、探亲访友等主题，就是"地铁、工作、睡觉"三点一线式呆板生活的介绍。从一定意义上说，这样的文化教学见树不见林。更为严重的是，将这样的日常生活用作样板，会让学习者误以为这是所有讲法语的人或所有学法语的学生的生活状态，而事实上远非如此。这就提出了和所谓的"标准法语"同样的问题："标准文化"。结构主义教学法采用的便是这种模式的文化教学，文化被简化到最低限度，为的是不要干扰语言学习这个中心。交际法出于其他理由和另一种思路，也系统地运用日常生活中有口语互动的情景，特别是使用有名的"真实语料"（documents authentiques），如电影票、菜单、地方报纸、广告、列车时刻表，等等。这些现场收集的素材直接用于课堂教学，试图重构实际生活的场景，至少让学习者感觉身处真实的语境中（详见本书第 288 页）。与结构主义教学法不同的是，交际法时代的文化教学突出了文化的多样性、自然性和文化对语言活动的积极影响。

2.2.4 社会学的文化教学法（approche sociologique）

为了避免上述文化教学法中的夸张性、主观性和整齐划一性，有些教学法专家、教材编写者和教师更喜欢借助民意测验结果、调研资料和数据统计等来客观系统地描述法国社会和法语世界，比如"29%的法国人在……行业工作""1/5 的巴黎人投票支持……""1/3 的魁北克人认为……""比利时人的平均收入是……"。有的著作整部都是这类统计数据，也有很多教材将这些数据编入附录或插页里。在外语课堂教学中使用这些材料确实使介绍更加明确具体，有助于消弭偏见，也有利于与其他国家进行对比。不过，需要指出的是，民意测验的结果与测验的场合及随后的解读密切相关。因此，我们也不可滥用这些数字、报表和原型图，虽然它们可能有一定的教学价值，但往往太无个性，过于笼统。它们几乎不会唤起学习外语所需要的同理心，还可能因为总是用平均数论事，导致人的真实形象走样，也难以全面反映人的生活方式，特别是人的真实思想。

2.2.5 人本主义的文化教学法（approche anthropologique）

这类文化教学法要求对日常生活的细节和不确定的统计数据保持适当的审视距离，认为这样才能将文化对比以及由其唤醒的同理心和自我批判意识建立在一些不变量的基础之上，而这些不变量在某种程度上就是人类共同的文化基石。事实上，任何人、任何社会都离不开现实生活，离不开时间和空间；都要在其中组织家庭和社会生活，安排子女的教育，保证自己的生存；都要进行贸易往来，等等。这些人类生存的基本问题使那些看起来相距甚远的文化之间的差异——但主要还是共性——变得显而易见。这一人本主义的文化教学法触及到了文化的本质，但它要求我们审慎地对待文化间的异同，否则会犯两个极端的错误：要么为了激发学习者的学习动机而过分地夸大异国趣味，要么为了方便学习者熟悉外国文化而过分地强调文化的普适性。因此，在讲述文化主题的时候（这是我们下面将要谈及的内容），我们要不断地从一般过渡到特殊，从共性过渡到个性。

2.2.6 符号文化教学法（approche sémiologique）

符号文化教学法非但不回避刻板印象，反而认为人的意识表征，无论其依据为何，都是文化不可或缺的组成部分。这一教学法还认为，意识表征在文化上发挥的作用胜过毋庸置疑的事实，不管怎样，透过意识表征既能了解那些具有相同表征的人，也能获得那些独一无二的历史或统计真相。的确，事实真相有时会被集体意识形成的印象所掩盖，这一集体印象又因为人的自我暗示现象而最终影响、替代或者成为了事实真相本身。法国圣女贞德真正做了什么对她同时代的人和我们今天的人来说并不重要，重要的是我们认为她做了什么壮举。符号文化教学法效法罗兰·巴特的《神话学》（Roland Barthes, *Mythologies*, Paris, Seuil, 1957, « Points»），对刻板印象、老生常谈、英雄人物、神话传说，以及象征等符号展开分析，这些都是文化培育的结果，同时又构成了文化的特征。另外，这一文化教学法高度关注那些具有深刻内涵的词语——罗贝尔·加利松（Robert Galisson）称之为"大众共有文化词"（les mots à charge culturelle partagée），以及习语、谚语和俗语等，这些语言表达反映着目的语国家民众深植于内心的思想认识。该文化教学法也很注重开发应用目的语国家的广告、幽默和大众文学等素材，其中的常用套话成为文化教学的原材料，或加以挖掘利用，或被改编成讽刺故事。

2.2.7 语用文化教学法（approche pragmatique）、功能文化教学法（approche fonctionnelle）

这两种文化教学法虽然没有那么雄心勃勃，但更加具体实在，它们首先关注的是对交际过程、交际形式和交际内容产生直接影响的那些社会文化环境。当交际涉及某一特定的职业领域时，比如商务法语、旅游法语、外交法语等，人们更喜欢用"功能文化教学法"的术语。这类文化教学探讨人的身份地位，关注交际者相遇的时间和地点、他们的态度和肢体动作，以及他们在交际中的反应。这些要素我们每个人并非总能意识到，却很有可能造成误解误会，尽管交际各方流利地说着同一种语言。我们已经在前文指出，当代语言学将其研究的领域扩展到了上述的"社会语言规约"，这些规约的含义有时比讲话内容本身更丰富，例如：相互问候与赞美，说话人之间的恰当距离，话语时间的分配，等等[1]。现在，大多数外语教学法专家都将熟练把握这些非语言和副语言要素看作是语言文化交际中的一项基本能力，与熟练掌握语法知识和百科知识同等重要。

2.2.8 跨文化教学法（approche interculturelle）

这一教学法已在前文做了广泛的介绍，它是目前主流的外语教学法。在此基础上，人们还试图将其他教学环境下采用的其他文化教学法组合成一个有机的整体。概括地说，跨文化教学法对源语文化没有一味地吹捧或者棒杀，在引入目的语文化的时候采取了同样的做法。它通过对比两种文化的运作机能，消除各自的成见和偏见，最终使学习者认识到广义上的文化内涵。所以，它的目标主要不是向学习者教授一种不同的文化，不是帮助他们去理解这一别样的文化，不是鼓励他们学会宽容，而更多的是要培养学习者在多文化环境和多文化情境中生活的能力，以及他们积极参与建构通过相互接触和交往形成的新的文化形式的能力。跨文化教学法其实采用了一种普遍与特殊的辩证法，使文化差异得以协调并被超越。因此，从根本上说，这一文化教学法具有批评性、自我反思性、互动性和建设性。它的指导思想是，为了让世界更美好，必须倡导文化的多样性和人与人之间的相互理解，而这些都是能够在课堂上学到的。

虽然说上述逐一介绍的各种文化教学法是相互重叠、相互渗透的，并且目前在教学中和教材里一直都是组合运用的，但我们依然能够就文化教学法赋予文化的定义和作用梳理出其在外语教学中的发展，直

---

1 参见：霍尔.《无声的语言》（E.T. Hall, *Le Langage silencieux*）. 巴黎，Seuil, 1971；凯尔布拉－奥雷基奥尼，1990，1992，1998）——作者注

至现在的主流文化教学观：

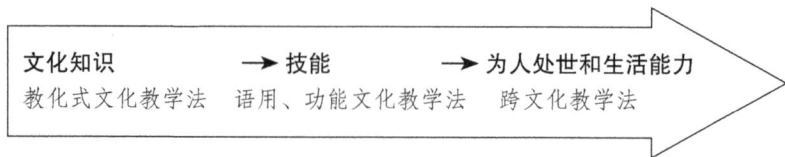

文化知识　　　➡ 技能　　　➡ 为人处世和生活能力

教化式文化教学法　　语用、功能文化教学法　　跨文化教学法

2.3 文化的内容和表述

若想列一份文化内容的清单，那肯定是冒险之举，因为文化按照其最广义的解释，可以包含我们社会生活的所有方面、所有事实和行为、所有的客体，小到地铁车票，大至印象主义的代表作，从最微不足道的偏见到最宏大的哲学体系，从餐桌上的礼仪到阿丽亚娜火箭，从电视节目单到政治纲领，从韦辛格托里克斯[1]到阿斯泰里克斯[2]，等等。虽然对外法语教师在讲到文化的时候会遭遇选择的尴尬，但他至少有一个基本的主线条，使自己的文化教学设计在以下5个方面具有系统性和相关性。

2.3.1 在人本主义方面

从最宽泛的人本主义视角入手，外语教师可求教于人类学家，努力将各种不同的文化资料、数据等分门别类整理出来。这样的案例很多，我们在此仅举一个加以说明。美国跨文化研究专家爱德华·T.霍尔（1971）将人类的活动分为10个不同的类别，并根据语言学的标准将之冠名为"初级交际系统"（Systèmes de Communication Primaire，简称SCP）。这些系统相互连接，都有一个生物学的本原，具体是：

　　1）互动系统（主要指通过语言与世界和他人的互动）；

　　2）结盟系统（集团、社团）；

1　韦辛格托里克斯（Vercingétorix，约公元前72—前46年）：高卢部落阿维尔尼人首领，公元前52年领导反对罗马人统治的起义。——译者注

2　阿斯泰里克斯（Astérix）：法国连环画《高卢英雄历险记》的主人公，未被恺撒征服的高卢人，以机智、勇敢、幽默著称。——译者注

3）生存系统（食物、获取食物的手段、工作、经济）；

4）同异两性性行为系统（生殖、区分两性、两性分工）；

5）领土权系统（空间的管理、所有权）；

6）时间性系统（时间的管理、生命周期、一天的节奏）；

7）获得知识系统（教育、教学，以及它们的目标和方法）；

8）游戏系统（竞赛、幽默）；

9）防卫系统（战争、医疗、宗教、法律）；

10）开发环境系统（科学技术、工具、钱）。

2.3.2 在日常生活方面

从一个比较小的范围入手，如果外语教师站在学习者的日常生活角度讲文化，下面的一份表格可有助于他组织一些与学生直接相关的活动，而不用担心他们的年龄和语言水平。比如，让他们将自己的生活状况和当地人的进行比较，引导他们反思自己的实际生活经验。

存在（个性特征）	认知的：知道 情感的：（通过五觉）感知 语用的：（会）做 人际关系的：交流 身份认同的：（自我）认同 等等
做（行为）	日常生活的行为举止 工作、上学和娱乐活动 家庭活动，社会活动…… 创造性活动，艺术活动…… 过去的活动，计划…… 等等
想（观点）	哲学、精神和宗教上的信念 政治观点，思想观点 艺术品位 自己的形象，他人的形象 记忆，未来展望 等等

2.3.3 在语言方面

外语教师一定会更加关注语言中文化的各种直接表现形式，以及文化在话语中相互衔接的机制。我们在此仅对语言中的文化功用做扼要说明，因为前文已对相关概念进行了介绍。

—— 在语言的实指意义上，文化对语言切分世界发挥着决定性的影响，它还决定着语言对具体、抽象、真实和想象的事物的指称；

—— 在语言的内涵意义上，文化根据词语使用的语境赋予词语特定的、额外的含义；

—— 在语言的隐含意义上，文化提供暗示、言外之意和预先假定，这些是显性的言语运作的基础，但经常被省略；

—— 在语言的百科意义上，文化包含着关于世界的所有知识，而这些知识既养育着语言，又为语言所创造；

—— 在语言的话语体裁上，文化向人们提供人们进行交际的话语模式、表述机制和篇章类型；

—— 在语言的规矩上，文化管理着交际环境和语言互动，以及它们与社会生活其他方面的关系。

2.3.4 在批判精神方面

尽管文化无处不在，但它还是在一些特定的场合下表现或者说显现得更突出。外语教师可利用这些时机向学生讲解文化，更确切地说，是要让学生置身于文化环境中，这些文化环境包括：

—— 一些特殊资源，如政治演说，因为它具有论战性；广告，因为它懂得操纵外界的刻板印象；幽默，因为它善于调侃习俗；特别是文学，它经常描写面对社会现实生活的个体。上述这些资源用在外国文化教学中都是很有价值的。

—— 一些特殊时机，如在发生社会冲突时、在危机时期和出现非同寻常事件时，往往随之产生了或者预示了人的生活方式和思维方式的改变。文化，确切地说是各种文化，就是在这样的时刻冲破惯性的阴影，光明正大地表达出来，并可能产生对抗。这些时机不论是属于历史还是属于现在，都是对我们关注的日常生活文化的有益补充。

—— 一些特殊人群，如青年人、外国人、艺术家，还有些专门研究该领域的知识分子等，正是他们通过对某个社群文化展开质疑或批评，使该文化得以最充分地展现，这主要是因为他们在适应这一文化的过程中遇到了困难，或者是因为他们抱有不同的观点。他们的经历对于我们学会用（自我）批评的眼光看待自己所在的社会和他人的社会至关重要。

2.3.5 在自我批判方面

我们已强调过，外语教学的所有向量都将在学习者的心中形成因人而异的意识表征。教师也会受到这类意识表征的影响，所以也要学会足够地重视学生心目中的意识表征，因为它们决定着甚至可能干扰着教学活动。这类意识表征通常涉及：

——广义上的语言：有些人认为语言只具备工具价值，而另一些人则认为语言具有内在的重要性并在语言上投射了各种各样的价值，比如，各种语言具有不同的特性、语言象征着智慧、语言也有社会标记的作用，等等。另外，我们也在前文（参见本书第 30 页）介绍了学习者可能对语言产生的不同印象和观念，以及这些印象和观念对外语学习的影响；

—— 学习者自己的语言和文化：有人在与外国文化接触之后，比如通过学习法语认识了法语文化，可能出于自我保护会更加看重自己的母语及其文化，有人则可能相反，在某些情况下，他们还会觉得热爱目的语文化有助于他们融入目的语国家；

—— 广义上的国家、人和外国文化：有些人、有些文化自然地倾向于开放，而另一些人、另一些文化则不那么习惯，需要更多的时间和策略；

—— 目的语，尤其是目的语文化：关于这一点，我们也在前文谈了大多和法语及法语国家与地区相关的刻板印象问题，这类刻板印象可因为学习者的国籍不同而有很大的不同；

　　—— 外语的教与学：在有些国家，外语教学观和外语学习观基本上还是学校的应试教育那一套，所以这些国家的人在学习外语时喜欢刷题做练习，习惯有明确的要求；而在另一些国家，人们则倡导参与性的外语教学，也就是更鼓励发挥学习者个人的主观能动性，鼓励交际（参见本书第 104 页关于学习习惯的论述）。

　　教师应当努力分析各种相关的刻板印象，允许学习者保留自己的刻板印象，同时也要要求他们尊重别人的刻板印象，因为这类刻板印象很少属于个人的自愿选择。对于那些不利于语言和文化学习的刻板印象，我们既要承认它们的客观存在，又要通过建立学习者的自信心和自我意识逐步加以消除。

2.3.6 语言班级文化

　　最后，我们可以说外语教师同时调制着 3 种不同的语言班级文化，而且他个人也参与其中，所以他必须注意协调处理好下列文化之间的关系：

　　—— 各个源语文化：这里指学习者拥有的丰富多彩的文化背景——特别是在一个多元文化的班级里，还包括每个学习者对目的语文化的印象；

　　—— 各个目的语文化：这里可以指教师拥有的文化，所以教师要懂得选择目的语文化中那些与学习者的源语文化相同和 / 或相异的方面，包括师生从中形成的对学习者源语文化的印象；

　　—— 班级文化：这是一种混合文化、媒介文化，由课程的参与者根据源语文化和目的语文化，以及真实的和模拟的交际情境一点点建构而成。那些真实的和模拟的交际指的是学习者之间的交际，也包括学习者与外在世界的交际。

　　这样的班级文化无论多么微不足道，都应该建立在跨文化原则的基础上。教师必须从一开始就引导学习者认知跨文化的基本原理，特别是在非同质化的班级里，学习者的语言和文化种类多样的情况下。

3. 交际

交际是当今外语教学法和外语教学界的主角，不过严格地讲，它不是外语教学的内容，而是一种理念，现在已成为一种方法。我们将在后面几章深入讨论这一主题。但这里需要强调指出的是，尽管交际包含语言和文化两个向量，但交际的理解与促进不单是二者的相加，而更主要的是对二者的体现及加以运用。交际的观念引入语言学和外语教学法领域之后已经有了很大的发展，我们将在本节通过介绍交际的发生条件和参考因素分析如何在交际中体现并运用语言和文化。

3.1 从语言到交际

若想理解从语言到交际的发展过程，必须从结构主义语言学遭遇的危机说起。那时，人们诟病结构主义语言学的研究方法过于简单和机械，指出结构主义语言学将句子和其使用者、话语及语境（场合）割裂开来，而这些恰恰是言语活动中最重要的方面。人们还明确指出，语码系统不足以解释语言的运作机制。在外语教学法领域，传统的语法翻译法和结构主义教学法让人以为只要有语言知识，掌握了语法规则和基本的句法结构，并且熟记最常用的词汇表，就能在日常生活中进行表达，而现在我们也不得不承认这是完全不够的。

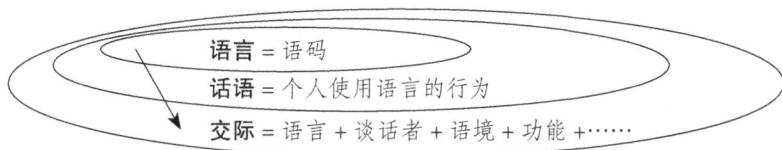

语言 = 语码

话语 = 个人使用语言的行为

交际 = 语言 + 谈话者 + 语境 + 功能 + ⋯⋯

研究语言的路径逐渐扩大，从结构主义语言学只研究语言发展到社会语言学关注话语，再到陈述语言学和语用学对交际进行的讨论。这里，我们不再重复已在前文综述过的各种语言观（参见本书第 32—38 页），也不再赘述前文讲过的各种社会语言学的观点（参见本书第

60 页），只重点介绍那些超越了结构主义语言学的局限并革新了外语教学法的主要理论。

在法国，以本弗尼斯特（Emile Benveniste）提出的著名的"陈述"（énoncé）和"陈述行为"（énonciation）这一组相对应的概念为标志，法国的陈述语言学向世人证明不能脱离语言的使用去研究语言，同理，研究陈述——也就是结构主义语言学提出并研究的理想的、孤立的、惰性的和无特征的句子，也不能脱离陈述行为，即个人和语境的行为：一个"我"在某一时刻（比如现在）和某一特定的地方（比如这里）同一个"你"说话。个人和语境的行为是句子产生的本源，将影响人们对句子的理解，它还在一个结构紧密且有关联性的语言活动框架下将一个句子和其他句子组合起来。陈述是结果，即言之所在 (le dit)；陈述行为是过程，即言之经过（le dire）。这二者的关系是：没有陈述行为便无陈述，换言之，要想产生陈述，必须有陈述行为；同样，没有陈述便无陈述行为可言，这就是说，若要分析陈述行为，必须有陈述。陈述语言学致力于研究的正是语言的这组不可分割的陈述与陈述行为的关系，特别是陈述行为遗留在陈述中的那些或明或暗的痕迹，如指示词、语态和主观性等。陈述语言学还对形形色色的陈述行为的环境进行描写，这些环境影响着相关陈述的内在特征，以及陈述的意义、价值和影响。因此，我们不再单纯抽象地研究语言的运作机能，而开始探讨语言在社会中各种各样和千变万化的用法，这就是我们所说的话语研究（参见本书第 56 页）。

在英美等盎格鲁－撒克逊国家，是英国实用主义哲学家奥斯汀首先在研究语言的使用环境时开始修正他 1955 年提出的结构主义解释。读出词语和构造句子只是语言活动的一个方面，语言活动的要义也在于并尤其在于提出语言行为，而语言行为尤其取决于它所在的场合。证据是：同一命题内容的陈述可能具有奥斯汀所指称的不尽相同的"言外之力"（forces illocutoires），例如"他来"这句话可以表示确认、疑问、承诺、指令等。这其实也是外国学习者常常产生误解的缘由，他们听懂了信息的内容，却没有理解对方话语行为的属性。

格赖斯在 1975—1979 年间向我们展示说，对一个谈话人说话不单纯是向其传递明确和完整的信息，对方也不会满足于接受信息，受话人的积极参与是必不可少的，而且他的期待与反馈对信息的产生具有直接的影响。格赖斯对语言交际的运作机理进行了解释，指出语言交际得以实施既有赖于显性规则，也离不开隐性规约，这是一个潜规则系统，以一种"话语契约"的形式呈现在交谈者的面前。因此，交谈者说话时应该做到表述完整、真实、清楚和有关联性，如果乍一看，交谈者没有遵循这些规则（比如在诗歌里，在幽默中等），我们则可假定他会在交际的另一个层面，也就是更隐性的层面按章行事。后来人们便运用格赖斯的这一会话原则分门别类地分析各种话语篇章。历史著作、报刊文章、小说等都有各自特定的"话语契约"，制约着作者和读者。

在美国，D. 海姆斯[1] 对当时盛行的乔姆斯基理论提出了质疑，认为实现交际，只了解语言即语言系统还不够，还必须懂得根据社会语境运用语言系统。由此，他开美国社会语言学之先河，后对外语教学法产生了很大影响，尤其是他的 SPEAKING 模式，我们将在随后的"交际模式"一节中专门论述。

目前，语用语言学彻底颠覆了语言和交际的方程式：词和结构只是语言的一部分，语言可用来表达内涵意义、隐含意义、预先假定、蕴涵之意等；语言只是交际的一部分，交际还包括很多非语言的要素。斯珀伯（Sperber）和威尔逊（Wilson）[2] 甚至认为应该将语言和交际分离开来，因为语言可以被无理由地使用，而交际在没有言语活动的情况下也可以存在。不管怎样，人在交际时总会注意到谈话对象透过其

1　海姆斯.《文化和社会中的语言》（D. Hymes, *Language in Culture and Society* ）. 纽约，1964. ——作者注

2　斯珀伯，威尔逊.《关联性：交际与认知》（D. Sperber et D. Wilson, *La Pertinence: Communication et cognition* ）. 巴黎：Minuit, 1986. ——作者注

话语表现出的各种征象，必要时还会留意他们的手势和其他表情，交际各方还会关注他们共有的情境、文化和经历。对于这些各种各样且千变万化的征象，其关联性要靠语境来判断，交际者根据这些征象，不断地假设着对方的说话意图，设想着自己如何回应对方的话语，以及应该从中得出怎样的结论。交际正是以这种方式逐渐促使交际各方相互调整各自的认知环境，在互动中寻求最佳的付出与回报的关系比，这就是为什么人在交际中会采用省略、修辞和其他话语手段。在这样的情况下，语码，更确切地说，语言的编码和解码——主要是句法的拆分——在上述的推论进程中有时只占很小一部分，这一点后来被心理语言学关于阅读与理解机制的最新研究成果所证实。我们人类的思维远比结构主义语言学假想的要迅速、直观和发散，而非单纯的线性、渐次和累积。

总而言之，我们可以说，语言陈述这一概念曾经在结构主义的手术台上遭遇麻醉、截肢和解剖，现在则从上下文（在相关段落之前和之后的语言陈述）、情境、人际交谈和语用意图等四个层面进入研究的大雅之堂。我们只要在真实语境下进行交际，陈述的这四个层面便会发挥功用，产生互动。

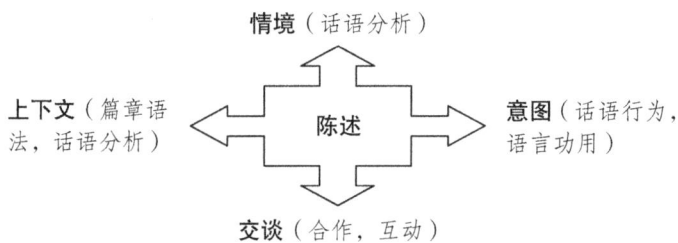

3.2 交际的模式

语言学和人类学对交际问题进行了很多研究，甚至自然科学的一些专门学科也对此展开了研究，但我们在这里就不能细说了。本节将简要介绍对外语教学有用的那些常规交际模式。

3.2.1 电报模式

最传统的交际模式当属香农（Shannon）和韦弗（Weaver）在 1949 年创建的电报交际模式（modèle télégraphique），它很大程度上启发了结构主义语言学。该模式将交际看作是纯粹的信息传递：每一个想法对应一个语码，反之亦然，只需把它们编码然后解码以进行交际。这样的信息传递有时会受到各种障碍和困难的影响，比如噪音，但言语固有的冗余信息却可以克服这些问题。

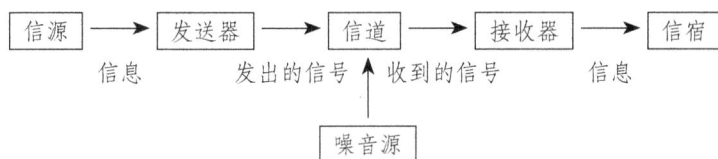

这一线性的、机械论的交际模式只看到了交际的言语方面，而没有考虑到交际的其他形态和语境的影响，以及交际者的积极作用。这种交际模式是理性的、专断的，完全忽略了现代语言学已经证明的言语运作机制中直觉和暗含的成分。它信奉行为主义心理学的"刺激—> 个体—> 应激"这一过于简单化的图示，在很长时间里主宰着外语教学法：外语教学不过就是训练学生将别人的话语——至多还包括别人的想法——翻译成另一种语言，因此也就是用一种语码替代另一种语码而已。

3.2.2 交际的语言图示

R. 雅各布森（R. Jakobson）丰富发展了上述电报交际图示，使之成为一个包含各个不同方面的系统，并在此基础上提出了语言的不同功用：授话人说话，如"我"；受话人被招呼，做出回应，如"你"；于是产生语境，词语所指的对象也被指定，如"他"或"这只狗"等；开始建立联系，如"喂？你是哪位？"；于是语码被激活，信息即被传达。参见下页图示：

```
                          语境（contexte）
                          （指涉功能）
授话人（destinateur）  →  信息（message）  →  受话人（destinataire）
（情感功能）               （诗意功能）           （意动功能）
                          建立联系（contact）
                          （应酬功能）
                          语码（code）
                          （元语言功能）
```

雅各布森提出的这些语言交际要素在任何交际里都存在并相互作用着，而不尽相同的侧重点构成了话语特征。比如，在家门口跟邻居的几句闲谈肯定是寒暄式的；学术论文则多半是旁征博引；广告词为了让人过目难忘，总在信息而非产品本身上下工夫，所以它具有丰富的想象力；语法课使用的是元语言；知心话属于情感性的；而政治演讲却非常具有意动功能，因为它力求说服，而不是传递信息。因此，外语教师可以借助雅氏的这个图示，向学生解释清楚交际的这些基本要素和各类话语的特征。

然而，随着语言学研究领域不断扩大并增添了交际学的其他向量，雅各布森的上述图示显得越来越狭窄。凯尔布拉 - 奥雷基奥雷尼对之进行了更新，补充了能力、决断和制约等要素，指出这些也都是影响交际实现、理解和成功的条件，因此应该属于外语教学的内容，参见下图：

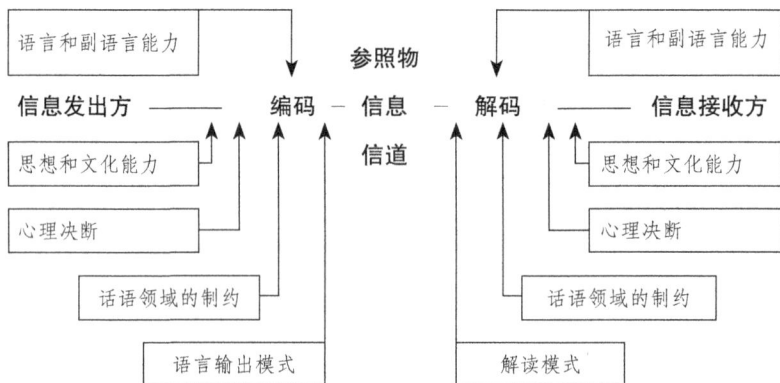

```
┌──────────────┐                               ┌──────────────┐
│ 语言和副语言能力 │         参照物                 │ 语言和副语言能力 │
└──────────────┘                               └──────────────┘
信息发出方 ──────  编码 – 信息 – 解码 ──────  信息接收方
                       信道
┌──────────────┐                               ┌──────────────┐
│ 思想和文化能力   │                               │ 思想和文化能力   │
└──────────────┘                               └──────────────┘
┌──────────────┐                               ┌──────────────┐
│ 心理决断        │                               │ 心理决断        │
└──────────────┘                               └──────────────┘
    ┌──────────────┐                       ┌──────────────┐
    │ 话语领域的制约 │                       │ 话语领域的制约 │
    └──────────────┘                       └──────────────┘
       ┌──────────────┐                 ┌──────────────┐
       │ 语言输出模式   │                 │ 解读模式      │
       └──────────────┘                 └──────────────┘
```

3.2.3 交响乐团模式

到目前为止，不论我们介绍的各种交际模式多么完美，它们都是线性的和机械论的。而这一设计理念恰恰是现今的交际学所质疑的，因为一方面，人们意识到，交际的过程牵涉多种多样的要素，它们不同程度地影响着参与解读这些要素的谈话人，而其中的语言要素并非总是最重要的。作为参考，海姆斯将这些要素分为四大类（语言类、非语言类、文化类和社会类）并在此基础上制定了一个表格，亦即所谓的 SPEAKING 模式。通过它，我们应该能够全面地研究所有的交际行为。

S	Setting：交际的时间和空间
P	Participants：交际参与者
E	Ends：交际目标
A	Actes de parole：交际的话语行为
K	Keys：交际的语级
I	Instrumentalities：交际渠道
N	Normes：标准
G	Genres discursifs：话语体裁

一些新的学科问世，以研究从前被忽略的交际的其他方面。比如，身势学（kinésique）研究人在讲话时用来替代、补充、细微区分言语或者改变言语含义的手势、动作和姿态。又如，空间关系学（proxémique）研究交际各方根据不同的话语类型（知心话、交谈或宣告）应该保持的适当距离。互动语言学（linguistique interactive）则特别注重研究交际中的话轮节奏、沉默的时长，以及交际者在谈话中无意识的言语习惯等。这些问题对外语教师来说都是非常重要的，因为文化不同，其表现形式便有所差异，由此可能造成一些误会，这些误会而并非语言本身的原因。

　　另一方面，人们发现交际是整体化和循环性地运作，也就是说上文讲的各种要素不是孤立存在的，也不等于算术上的相加，而是形成一个个复杂多变的构型，它们在其中随着交际的进行，随着不断的互动，才具有相对的功用。通过互动过程，参与交际的要素被交际改变着。不论是交际的内容、意图或是条件都不会一成不变，正相反，它们在交际发生的过程中建构、协商和变化，因此交际具有推测性特征。这种推测性重在建构语义，而非传递语义；我们甚至可以说它的推测过程比推测结果更有意义。这样，交际作为乐队的指挥，指挥各种不同的乐器演奏，这些乐器相互配合、相互衔接，指挥也得时常地看乐谱，这个乐谱就是交际者在默契中达成的话语契约。

4. 外语教学的其他内容

　　外语教学还涉及其他一些内容，比如在学校用外语学习其他科目（用外语上有关国家的历史课）、用外语学习其他专业（用法语学习法国美食），等等。这些论题已不再是法语教学，而是用法语教学。两者可以和谐地互为补充、相互加强：用法语学习一门专业，既为法语学习增添了一个直接的动因，也让专业学习多了一份收益。这正是沉浸式外语教学的主要优势所在，但这种教学模式仅有教师的积极性还不够，它更需要有关部门甚至是国家语言政策的支持。我们将在后面对此进行专门讨论。

第二章

法语作为外语和第二语言的教 / 学主体研究：谁在学？谁在教？

人的因素

任何教学都必须重视与之直接和间接相关联的人的因素，这里包括学习者、教师和其他合作对象。这一点在外语教学上尤其如此，因为人的因素在外语教学的诸多方面发挥着至关重要的作用。

我们在上一章里看到，语言、文化和交际不像数学、自然科学和历史那样属于被界定、被结构化和可被理解的对象。如果说语法和词汇在过去还能算是客观、静态的知识的话，那么时至今日，当我们将之从语言在交际中的使用角度考察后，这种情况已不复存在。目的语及其文化是一种活态的、已被体验的和将被体验的经历，与以它们为母语和母语文化的人们关系紧密，后者正是通过它们感知、思想和生活。语言教学不再是为了语言本身，而是成为一种实用的、真实的建立人际关系的工具。

不论是母语还是外语，我们都和自己所讲的语言有一种人际关系。有时，我们的说话方式会比所言之物更重要，更容易惹是生非。学习一门外语不单纯是认知行为和智力活动（像学习数学或地理那样），还需要学习者投入全部身心，其中包括：

　　——社会化的能力（学会参与、融入、开放和包容）；

　　——心理情感因素（感动、想象、自信、好奇心和娱乐精神）；

　　——身体条件（发音、仪态、举止）；等等。

学习一种外国语言和文化，会促使人们反观自己的语言和文化，也就是自己的身份认同；讲不同的语言，会让我们的思维和生活方式也有所不同。因此说，学习外语不仅要习得新知识并达到熟练使用，也要培养学习者的同理心和自我批评意识。关于这一点，我们已在上一章做了很多论述。

自从交际法和认知法问世以来，教师和学习者的关系在各自的身份、角色和责任方面发生了深刻的变化。师生成为积极的合作伙伴，共同负责交际和学习，他们之间的合作关系决定着教学的成败。另外，学习者通过与操本族语的人建立联系（是否身处目的语国家学习均可）（参见本书第 137 页），从而真实地、直接地认知目的语世界，即目的语国家的语言和文化，也是外语课堂教学成功的决定性因素。保证外语教学成功还有其他一些重要因素，如学生家长、家庭（一些文化程度低的成人学习者重视与否）、学习者的用人单位（认可外语学习与否）、学校的领导、同事（参与校外教育的积极性、是否有共同计划、是教授法语还是用法语教授其他专业等）、教育机构的领导、语言政策的制定者，等等。

伙伴关系

基于上述原因，外语教学必须建立在教师、学习者和操本族语者三位一体的合作关系基础上。即使是操本族语者做不到亲临课堂（除非教师本人就是母语者），我们也绝不能忘记他的重要性，而且要尽可能地通过各种途径，如邀请访学、集体出游、视频、远程交流等，使其加入到外语教学中。其实，我们可以像观看一出三人戏那样，通过考察教师、学习者和操本族语者的不同角色，以及他们之间的相互关系，追溯外语教学法的历史（参见本书第 246 页）。在传统教学时代，无处不在、无所不知的教师很少让学生和操本族语者有讲话的机会。在这些传统教学法课堂上，唯有语法或文学尚存一席之地，那是为了让学生操练和用作范文。在结构－行为主义教学法时代，教师将话语权交给了录音机，学生被要求重复由其他老师或目的语国家的演员所朗读的句子，而教师本人仅满足于制订教学计划。这种教学只注重让学生习得非常刻板的所谓标准语言，完全脱离生活实际。直到交际法时代，活生生的、积极的和富有创新意识的操本族语者才正式进入外语课堂，并因为他"原汁原味"的特性而成为外语教学的新宠。操本族语的外教尤其要组织学生的交际，而交际会自然地启动外语学习。与此同时，学习者开始受到关注，其作用也最终得到认可。再也不能向学习者灌输一种不适合他的、他被动接受的教育：交际法要求学习者积极参与教学，认知法则要求教学为学习服务。教与学、师与生关系的颠覆性改变使得有些教学机构——特别是私立学校或重点学校——鼓吹"顾客是上帝"的办学原则，因此变成监护人和辅导员的教师必须得满足学生的需要和要求。如今，这些极端做法已经得到一定的纠正，教师开始重回讲台的中心，但不再是过去的"先生"（maître），而是各个不同教学主体间的协调人，比如要妥善处理好课堂教学与课外学习的关系，因为今天的课外环境提供了远比他们前辈的时代更多的语言学习机会。

我们因此可以把教学主体间的关系比作一场戏剧或一部小说，其主人公在追寻一件珍宝，这里指在教师的监管下掌握一门语言。在寻宝的曲折过程中，由于得到了各种人物和工具的帮助，他克服了所遇到的语言、文化以及后勤等方面的困难。符号学根据这类故事提炼出的下列人物行动图示清楚地表明，外语学习的动态确实有如一场探险：

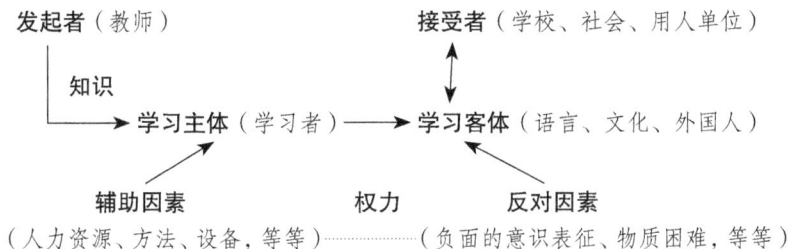

发起者（教师）   接受者（学校、社会、用人单位）
│
│知识   ↕
↓
学习主体（学习者）──────→学习客体（语言、文化、外国人）
↗   ↖
辅助因素   权力   反对因素
（人力资源、方法、设备，等等）⋯⋯⋯⋯（负面的意识表征、物质困难，等等）

1. 学习者

首先需要提醒的是，在校的学生（élève）不是唯一的外语学习者，还必须考虑学校之外的不同学习者群体。本书第三章将详细讨论多种多样的对外法语教学情境，第五章将介绍采用的各种教学法。另外，我们这里用"学习者"（apprenant）这个术语，意在强调教学接受者的主动角色和责任，以及他和教师（enseignant）的相互关系。

传统的外语教学一直围绕教师展开，教师是学生的先生、榜样和唯一的对话人。交际法和后来的认知法，将外语教学的中心重新定位在学习者身上，既要适应学习者的水平和语言需求，还要重视他们的心理特征、学习习惯、有意识或无意识的认知策略等。不过，倘若将师生关系简单地看作是一对一的双人关系，那就错了，因为在课堂上，这仍然是一场三方游戏：教师、特定的学习者和其他学习者（见下图）。至于教学目的和教学环境，我们将在以后的章节里论述。

比起其他学科的学习，而且从程度上来说，外语学习者早已不是简单地接受并重现教师传授给他的知识，而是：

—— 在获得知识（savoir）的同时，习得一种技能（savoir-faire），甚至是一种生活能力（savoir-vivre）；

—— 参与教学过程，正像教师负责其学习过程那样，参与课堂上的教学活动，并在其中发挥主观能动性；

—— 利用一切机会在课外学习；

—— 管理自己的全部学习过程，以期实现自主学习（auto-apprentissage）。

1.1 学习者的状况（学习外语前）

下页的图示提供了考察学习者状况的各种参数，能够彰显学习者的特征，它们也是影响外语学习的因素。教师在第一次介绍课程、班

级分组、备课和组织活动时，特别是在解决课堂上出现或某一学生经
常遇到的语言、文化和人际关系问题时，都应该把这些参数考虑进
去。每一个参数的重要程度取决于不同的场合，所以这就要求教师掌
握具体情况后，自行决定优先关注哪些因素。如果班上的学习者来自
四面八方，语言水平千差万别，个性各不相同，甚至年龄也高低不一
的话，这样的情况会非常复杂，无疑更需要教师很好地把握每个学习
者的特点。[若想了解更多详情，请参阅保罗·西尔（Paul. Cyr）的专
著《论学习策略》（*Les Stratégies d'apprentissage*），1998，这也在我们的
参考书目中。]

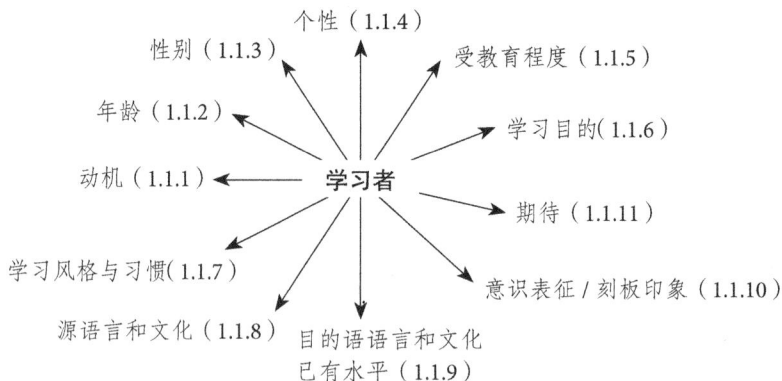

1.1.1 学习者的动机（见本书第四章，第 155 页）

1.1.2 学习者的年龄（见本书第三章，第 147 页）

1.1.3 学习者的性别

总体而言，学习者的性别因素不起决定作用。不过，下面两点还
是值得一提。

出于文化、社会和心理原因，人们发现在中小学阶段，女孩比男
孩的外语成绩更好，事实上，她们在其他科目上也强于男生，因为她
们更成熟、更守纪律、更积极。由于某些被看好的（或不被看好的）

行业的存在，人们也发现，目前与外语相关的工作岗位，如外语教师、口笔语翻译、公关负责人、外事干部等，大多为女性占据。对于法语来说，也是同样的情形：在某些文化中，法语被视为女性的语言，据说是因为法语精致的、文学的和任性的特点，同时，从比例上讲，女性更多地选择学习法语，男性则倾向于英语和德语。

从社会文化的角度考虑，教师和学校领导在某些情况下，要考虑到学习者的性别问题，以便组织教学。特别是对于某些国家的妇女，能够从家庭脱身去学习法语本来就已困难重重，如果法语课上还是男教师和清一色的男同学，那她们就很难接受了。而在另外一些国家的文化语境里，则很少见到女教师给男性学习者上课。倘若不考虑这些性别因素而强行安排，教学很可能会受到影响。联系我们上一章讲过的内容（参见本书第 85 页），比较好的做法是：一方面必须要理解外国学习者及其同胞的习俗和意识表征，另一方面也要鼓励他们理解教师及其同胞的习惯和意识表征，最终达成一个妥协，以避免其拒绝合作，那样从任何角度来说都会是一个失败。

1.1.4 学习者的个性

外语教学受到正在蓬勃发展的认知心理学的启示，越来越关注学习者的性格特征，除了其他一些原因外，主要是为了更好地了解"好学生"的特点，"量体裁衣"地培养学习者的（自主）学习能力，以及最大限度地发挥小组学习的功效（在团队建设中，将性格相投和互补的小组成员分配在一起）。不过，我们建议教师不必在这方面过于操心，因为学生的性格因素远非教师所能主导的。一般情况下，教师只需学会了解每一位学习者的脾气秉性，在对他们进行个别辅导帮助时尽可能地调适，以便于调控班级小组间的关系。事实上，不同教学参与者的这种相互调适，虽然对他们积极参加的教学活动具有非常重要的影响，但主要还是取决于不可控的直觉、印象、情感和环境等因素，以及教师本人驾驭各种性格与人际关系的个人经验。

下面我们用二元对立的形式简单归纳学习者的一些典型个性特征，这些特征对于外语课堂教学很重要，同时也是我们比较容易把握的，而且我们感觉它们是学习者通常都具有的倾向性特征。

—— 审慎型（personnalité réfléchie）/ 冲动型（personnalité impulsive）

冲动型的学习者在交际中比较自如，但不太关注纠错和语言的细微差别；性格审慎的学习者则可能过于重视纠错，反而被束缚了手脚。

—— 内向型（personnalité introvertie）/ 外向型（personnalité extravertie）

性格内向的学习者更有能力控制自己的（元）认知策略，而外向型的学习者在社会和情感方面投入更多。

—— 自主型（personnalité autonome）/ 依赖型（personnalité dépendante）

性格上过于自主的学习者，不喜欢按照老师的要求行事，也不太参加小组活动；反之，缺乏自主性的学习者一般没有勇气掌控自己的学习，完全依赖教师的点拨。

—— 支配型（personnalité dominante）/ 顺从型（personnalité complaisante）

一个和谐的小组，需要这两种性格类型的学习者，但哪一方都不能太多或者太少，否则会造成合作的困难。

—— 完美主义型（personnalité perfectionniste）/ 大而化之型（personnalité insouciante）

性格上大而化之的学习者一般都能够容忍在听说、理解方面的模棱两可、似是而非，甚至相互矛盾；他们也不在意由此带来的尴尬或者挫折。而这恰恰是成功的外语学习者应有的一个决定性条件。如果都要等到完全懂了、能够清楚无误地表达时才敢去交际，而不是从一开始就大胆说外语——哪怕会犯错误，会露怯，甚至被人看作是傻子或不懂规矩的人，那么学会外语将耗时更长，也更容易使人泄气。那些愿意暂时牺牲交际中的准确度、接受不那么完美的交际，甚至愿意牺牲个人形象的学习者，往往都能够比较好地管理自己的学习。

—— 等等。

1.1.5 学习者的受教育程度、智力和外语学习经历

这三个参数显然不可混为一谈。我们不能因为一个学习者没有（很多）机会上学读书就怀疑他的智力有限，进而怀疑他学习一门新语言将会非常困难。所以，无论如何，哪怕有时是无意识的，我们都应避免把外语学习、文化程度和智力因素三者相混淆。出于管理的需要，我们确实会将非法语国家移民的孩子划分到针对有缺陷学生的专门班级，直到他们学会法语。

因此，下列两点再怎么强调也不过分：第一，不管学习者在其他方面能力如何，都应该为他们提供学习外语的机会，正如他们有权学习自己的母语一样；第二，学习外语的方法不止一种，书本上讲的那些肯定不是最好的方法。教师要采用最适合学习者学习习惯和能力的教学方法，而不能只按照自己的学习经历照搬硬套。

另外，让学校头疼的是，有些学生在校学习多年外语，毕业之后却依然不会使用（这是现在的一种新文盲形式），但另一方面，那些没读过几年书的外国移民却多少能讲好几种语言（参见本书第 230 页"削减性多语现象"）。上述这两种情况都是存在的问题，前者需要帮助学生走出自己的母语圈子，学会用外语交际，后者需要夯实语言基础，培养书写能力。因此，外语的教和学，要根据学习者的年龄、受教育程度和已习得语言的数量这些综合因素而区别对待。

本书不讨论扫盲和文盲教育问题，这属于另一个专门的学科领域。但是，我们想强调的是，学习者在学习读、写外语之前，首先必须掌握自己的母语（加拿大在这方面有很多成功的案例）。相关教师要谨记，对于没太上过学的孩子和成年外语学习者来说，他们面临的是一种双重入门教育，因为无论是在校学习还是学习外语，对他们来说都是陌生的。教师还应注意，面对这样的学习者群体，尽量不要使用元语言，或者逐步减少使用元语言，要优先考虑那些对学习者有直接实际用处的口语交际。但是，教师要将口语交际和其他形式的交际及活动结合起来，如：手势、手技、游戏、音乐、图片、出游、拟订计划，

等等。教师还应重视利用学习者在其原籍国和在其移民过程中获得的多语言能力、灵活的适应能力和自主学习能力。

1.1.6 学习者的学习目的（见本书第四章，第 182 页）

1.1.7 学习者的学习风格和习惯

不论学习什么，我们的学习方式不可能都是一样的。对心理管控的观察与研究，可以让我们知道每个人在教书或学习时，倾向采用什么路径和策略。我们在下文还是以二元对立分组的形式，概括地介绍传统的学习者类型，以便帮助教师和学习者有所认识。毫无疑问，课堂教学不可能总是让所有人都感到满意，但了解不同类型的学习者却可以鼓励教师不断变化教学方法、解释路径和活动形式，而不至于只考虑自己的个人喜好。

—— 分析型的学习者（apprenant analytique）/ 综合型的学习者（apprenant synthétique）

综合型的学习者喜欢先从整体看问题和情况，然后再细分具体的部分或环节；分析型的学习者则习惯于先对问题或不同信息进行分析，之后再进行归纳汇总。所以，前者喜欢交际活动，后者偏爱语法练习。

—— 理论型或书本型的学习者（apprenant théoricien/livresque）/ 实践型的学习者（apprenant praticien）

有些学习者因为从中、小学就养成了习惯，所以如果不先通过书本，或者不同时通过看书（语法、字典、教材、专题文献等），他们便觉得不是在学习语言；有些学习者则深信完善语言知识之前，一定要先沉浸在活的语言中，沉浸在真实的交际中。

—— 视觉型的学习者（apprenant visuel）/ 听力型的学习者（apprenant auditif）

有些学习者需要看见词、句、解释和图表并把它们写下来才能记住，有些学习者则喜欢听并跟在后面复读，所以我们要尽可能地综合运用语言、阅读、图片和手势等方法进行课堂教学。

关于划分学习者的类型，我们几乎不可能做到理论与现实完全一致（参见本章 1.1.10 关于学习者意识表征的论述）。不过，教师切忌一开始就反对学习者既有的学习习惯和信念；如果教师发现他们沿用的那些习惯和方法效果不佳，最好是巧妙地向他们建议其他的方式方法。例如，书本依赖型和注重语言形式的学习者，大多喜欢从语法入手，做句型练习，背诵单词，看注释读物等，针对这些学习者，可逐步地让他们参加一些交际性强的活动；反之，对于一心关注理解和让人理解的学习者，教师要慢慢引导他们注意区分语言的细微差别，重视语言的规范和元语言问题，以便更好地掌握语言。不过，学习者的学习风格和习惯同时也是一个文化问题，因为各个国家的学校教育方式各不相同，这决定了学习者的态度和期待（参见本书第 164 页）。

1.1.8 学习者的母语及母语文化

从前，人们以为学语言如同"拔了旧钉换新钉"，所以按照这个原理，学生在学习一门新语言的时候必须彻底忘记自己的母语，而且可能的话，还应忘记学过的其他语言。他被强迫像孩子那样咿呀学语，一切几乎从零开始（参见本书第 25—26 页）。如今，母语学习不再用作外语学习的模板，因为外语学习的特点在于学习者已知已会的其他语言和文化不可避免地发挥着作用。我们学习外语非但不应该试图避而不谈母语和其他学过的语言，反倒是要从母语习得和其他语言学习中吸取经验和知识，充分利用语言的迁移过程，发挥其正迁移作用，避免其负迁移影响（如"假朋友"、形态句法上的仿造等）。从一个更广泛的意义上说，我们应该以一种多语言多文化的视角看待今天的外语教学和学习。根据这一理念，说话者掌握的各种语言如同其日常生活的一部分，每天都在互动。

在这一思想指导下，我们建议，如果学习者是外国人，教师要关注他们国家的语言和文化；如果学习者是本国人，教师要引导他们对比本国语言文化和目的语国家的语言文化。现在已有好几本关于外国人学习法语的难点的参考书，这些难点包括语音、语法、词汇和语用等。教师只要对学习者的语言和文化稍微多一点关心（这其实是一种互相帮忙，还会让学习者处于最佳的学习状态），总有一天能够很快地发现学习者各自遇到的特殊问题。

例如，对于文化程度不高但已经会数种语言的成年人学习者，我们必须要区分他们对这些语言掌握的不同程度（口语、笔语等），比较他们对这些语言的看法。有时我们会发现，在他们早就会说的几种语言中，居然没有一种语言可以用来作为学习一门新语言的参照（参见本书第 230 页关于削减性多语现象的论述）。

1.1.9 学习者已有的目的语及文化水平

我们必须知道的一个基本原则是，即便是真正零起点的外语学习者，他在学习新的语言时也绝非完全从零开始。正像我们刚才在上一节里讲到的，任何人学习一门新的语言（如法语）时，都会利用通过其母语及母语文化所获得的语言和（跨）文化知识与经验；有可能他的母语和法语相近，有些词还是从法语借来的；或者他曾经见过法语国家的人，在法语国家旅行过；或者他看过法语国家的电影，听过法语国家的歌曲，也听别人谈起过法国，等等。第一堂法语课，可以先对学习者的既有知识做一个小结，即使程度很低也没关系，唯一的目的是要让学习者放心，告诉他们已经可以从仅有的知识起步。

对于已经在学校或在其他地方学过目的语的学习者，应对他们进行一次预评估或者摸底测试，以便了解他们的真实水平，这样既可避免令人泄气的重复性劳动，又能及时进行查漏补缺。预评估的结果将有助于合理安排课程，并且如若可能，也可按照学习者的不同程度实行分班授课。我们将在本书第四章（参见第 188 页）详细讨论评估问题。无论如何，我们应该发挥学习者已有知识的价值，因为新知识总是与之相互衔接的。

1.1.10 学习者的意识表征和刻板印象

我们已经多次论及意识表征的问题，现在作为提要，将这些可能影响语言学习的表征整理如下：

—— 总体的语言观，如语言是结构、语言是规则、语言是交流工具，等等（参见本书第 33 页）；

—— 针对目的语、目的语文化和目的语国家的人的既有看法，比如法语很难、法语很美、法国文化丰富、法国人讨人喜欢、法国人有魅力，等等（参见本书第 30 页）；

—— 对外语教学的刻板印象，如脸谱化的好老师、差老师，固有的好的教学方法和差的教学方法，片面地看重语法学习、句型练习和口语，等等；

—— 自我意识，又称作自我意识表征，比如作为人、好学生、差学生、小组一员，等等；

—— 对学校的感觉，包括对学校的教学目的和培养目标的看法，以及对学校教学条件的看法，等等。

可以考虑用问卷或者讨论的方式对学习者进行一次摸底调查，这对消解某些不利情结和疑虑很有好处，否则，它们可能像雪球一样越滚越大。

1.1.11 学习者的期待（见本书第四章第 164 页）

1.2 学习者在学习外语之初的反应

众所周知，外语学习不仅仅是一种智力锻炼，它还是一种个人的、文化的和社会的体验，千万不要让它变成一场智力测验！与外国语言和文化零距离接触，并且正式进入外语学习的环境，这在初始阶段必定会在学习者心中引起一些反应，我们对此要有心理准备。之后，每个学习者的态度，以及整个教学过程中小组活动的运作，都和学习者这最初的反应密切相关。第一堂课的重要性也源于此，法语把它叫做

leçon zéro（第零课），如今教学法专家也予以高度重视。我们将在本节介绍外语学习初期的 5 个典型现象，希望老师能够给予重视，不要那么迫不及待地"上课"，以使您的学生不论从个人角度，还是从集体角度，都能进入一种最佳状态，迎接即将到来的课程，同时担负起学习的责任。我们给教师的最好建议是，请回想一下自己当年学习外语的个人经历，不论是现在要教的语言还是其他外语，这样，教师便能设身处地地宽慰其学生并激励他们学好外语。

1.2.1 怯场

外语学习者的怯场，如同演员的怯场，似乎是普遍性的，但和在学校学习其他科目如数学或历史时相比，人们通常感到的那种害怕是不一样的，因为可以肯定的是，相对于要我们解答的方程式，我们对自己讲的语言更有认同感。在语言课堂上如同在舞台上，人会感到投入其中，会更加地身临其境，也会更直接地参与其中。必须用一种自己不熟悉的语言表达，这让人觉得不仅难以驾驭场面，也控制不了自己。外语学习者，特别是处在青春叛逆期的青少年和情绪紧张的成年学习者，经常感到自己滑稽可笑；按照社会语言学家戈夫曼（Goffman）的理论解释，他们是害怕丢面子。另外，沉默、起哄、漠不关心是叛逆的表现形式。无视学习者的怯场且不想方设法加以缓解的教师，将很难获得教学的成功。因此，我们建议教师不要过早或者过于极端地实施沉浸式教学法，不要严格禁止学习者使用他们的母语，尤其不要因为自己懂所教的语言而摆出居高临下的姿态，强迫学习者遵守纪律。恰恰相反，应该耐心地让学习者逐步熟悉目的语以及他们的新的学习环境，这样才能帮助他们克服怯场的表现。

1.2.2 失衡

失衡现象和前面的怯场现象相近，其实怯场就是失衡造成的。这突出地说明了外语学习相对于其他学习特别是母语学习的又一特殊性。

概括地说，人在学习时需要具备 3 种能力：智力、社会心理能力（自己的身份认同、自己在群体中的地位）和语言能力。学习者在用母语学习或者学习母语时，他的这 3 种能力一般都能够和谐相处，比如一个 8 岁的孩子自然会是 8 岁孩子那样的思维、行为和言语；一个 15 岁的少年自然是 15 岁少年的思维、行为和言语；同样，一个 30 岁的成年人就应该是 30 岁成年人那样思维、行为和言语。但是，当我们教这些人学外语的时候，毫无疑问，他们不会因此改变与其真实年龄相符的能力和智力需求。以成年人为例，他们会不太自信，他们在外语课堂上特别是在外语交际中会像一个青少年那样，变得犹犹豫豫，对他们来说用外语表达更有难度，因为他们觉得这会像婴儿咿呀学语那样滑稽可笑。

所以，外语学习者，特别是外语初学者，会感觉到一种失衡，并在行为上将之外化。比如，在会话中，在小组活动中，或者在真实的生活环境里，他们有话要说，他们需要表达立场，他们想要扮演某种角色，但是受困于语言和文化上的缺陷，他们变得平庸无为、笨手笨脚，只好采取低姿态。年龄越大，受挫感越强烈，退步感也骤增。我们甚至观察到一些青少年和成年学习者的儿童化现象，他们为了适应自己的语言年龄，做出的言行举止与自己的真实年龄大相径庭，比如变得依赖、顽皮或者赌气。为了解决由于失衡造成的上述问题，教师要选择与学习者能力和需求相适应的教学方式方法、教学活动和教学资源，努力缩小学习者在外语学习中产生的智力、社会心理能力和语言能力上的差距。

最初的几节课主要用于消除学习者尤其是青少年和成年学习者的紧张心理，以使他们做好适应学习环境的思想准备，同时让他们暂时抛开所有的顾虑和习惯性的苛求（参见本章第 1.1.4 节关于容忍模糊的论述）。一定要向学习者表明，不同于他们处在母语条件下的日常情境，他们用外语讲的话，特别是讲话的方式不会受到评判。事实上，外语学习会使学习者和自己的母语之间产生一种心理和语言上的距离。社交和游戏活动可以帮助他们接受这一距离，因为社交集体活动有利于增强学习者之间的团结互助，游戏活动则可鼓励他们敢于冒险而不用担心任何后果。我们已经解释过（参见本书第 22 页），外语学习从多方面看有如游戏，我们在下一章谈及外语课堂必须是"保税"时，还将再次加以说明。

1.2.3 人格的两重性：监控器理论（théorie du monitoring）

当我们处于学习的状态下，或者更确切地说，我们一旦做好了学习的心理准备，我们的人格好像就开始情愿或不情愿地、有意识或无意识地具有了双重性：一方面，是我们自己在学习，我们是学习的主体；另一方面，又是我们自己在管理学习，监控理论的创建者克拉申（Krashen）将这一人格称作监控者（moniteur/contrôleur）。这个监控者从一定意义上讲，就是一个内化的教师，一个教学法上的超我（super ego）。通过反省，我们确实能够发现，受先前学习经验的影响，我们一直在努力地劝告自己、激励自己和规范自己，使新的学习达到最优化。在有些情况下，或因不良的学习习惯所引导，或因学习之初的困难而丧失信心，我们可能会给自己一些不恰当的建议，包括建议自己放弃学习。学习者的这一双重性格和自我管理通常是自发产生的，它与前面讲到的学习者的自我意识表征直接相关（参见本书第107 页），但在课堂教学时，我们应该帮助学习者意识到这个问题的存在，并引导他们加以控制（参见本书第 231 页）。

所以，我们现在大力推行的自主学习会是一种自发性的，甚至是不可避免的学习方式。感兴趣的教师因此要重视学习者的自我监控作用，因为教师的教学内容要经过学习者的监控，而他的教学成效也将依赖于学习者的自我监控。无论如何，教师应该牢记驴子的寓言故事，我们可以把驴子牵到河边，却难以强迫它喝水；同理，如果学习者自己不愿意学，没有他的积极参与，也就是他自己的主动监控，教师教什么都毫无用处。所以，教师应尽量不去阻碍学习者的这种自我监控，而要让他们认识到它的作用，使他们对自己的学习负有责任感，使他们成为自己的合作伙伴，并且根据情况，重新引导或者强化他们的行为。最后，值得提醒的是，优秀的学习者不一定是最好的老师，因为如果他没有意识到自身拥有这一不易被发现却十分有效的监控力，就不会利用它来教育其他学习者。但是，当教师成为学生的时候，他又会对给他上课的教师持有强烈的批判态度，原因可能就是他过度发展的自我监控能力与任课教师发生了冲突，进而抵制其教学。

1.2.4 看不见、听不出

面对一种外国语言和文化，我们经常看到的情况是，学习者不能辨识它们与自己的母语及文化的不同之处，更不必说能够领会、遵守或者模仿它们了，所以他们完全听不见也察觉不到这些区别。这一现象在语音方面尤为突出。例如，芬兰语里只有一个擦辅音，所以芬兰人在法语学习之初，听不出 sans（无）、chant（歌曲）和 gens（人们）的区别，这些词在他们的听觉里是同一个声音（参见本书第 39 页）。我们把这一现象比作重听，甚至借用训练重听人的方法让学习者意识到听觉里不曾有的发音。

外国学习者也很难理解他们的母语中没有的那些语法现象，比如法语在语义和句法上的切分、判据及细微差别等（参见本书第 43 页）。因此，语言学习必然伴随着概念的学习，比如法语的部分冠词、虚拟式、名词的性、词汇场等概念。在文化方面，外国学习者极易犯低级错误，因为他们不能正确解读一种场合的各个构成要素，而当地人却能够做到心中有数。最典型的例证当数外国学习者总是分不清法语的"你"和"您"的正确用法。上一章介绍的跨文化教学法（参见本书第 78 页）正是要让我们认识到，人的这些惯习、刻板印象和筛选都不可避免地打上了某一特定族群的烙印。跨文化教学法还鼓励我们在和另一个族群接触时要相对地看待上述问题。

可以明确的是，倘若设计和实施的语言教学活动能够做到在最大可能的真实语境中进行最真实的交际，那么这类语言上的听不见和文化上的盲目性等问题都将得以解决。

1.2.5 班级学习小组的构成

按照当今外语教学法的基本原则，外语教学的根本在于要让学习者学会用目的语进行交际，因此，学习者在外语课堂上必须交际。尽管存在我们前面描述的种种语言困难，如果我们要求他们在外语课堂上进行交际，那首先一定要让学习者在课堂上感到轻松自如，无拘无束。交际既是外语学习的对象，也是外语学习的手段，它的成功实际上取决于班级学习小组的良好运作，以及小组成员间的良好关系。所以，良好的教学氛围在交际教学法里并不是一种奢侈的要求，而是必需的，教师需对其给予高度重视，并采用逐步和灵活的方法组建班上的学习小组，使每一个成员都能从中找到符合自己个性、能力、愿望甚至国籍（如有可能）的位置。

话虽如此，但必须承认的是，学习者之间的关系经常有如不可捉摸的炼丹术，教师对此多半无能为力，不过他还是可以为学习者预留一些时间并准备一些活动，促使而非强迫他们相互熟悉，同时使他们在小组里找到适合自己的角色。但是，教师要注意观察小组里主导者、跟随者和自主者的各自表现，观察他们如何通过合作或竞争完成团队任务以及他们怎样进行再次分组。这样，教师才能在需要的时候进行有的放矢的干预，比如当有的小组成员袖手旁观的时候，有的成员执意对立的时候，有的成员显得扰人的时候，或有的成员自组小团体的时候，等等。

2. 教师

2.1 教师的状况

2.1.1 教师的构成

人们曾经一直认为，只需较好了解自己的母语并能清晰、缓慢地讲话就能教外国人了。现学现用的语言其实就属于这种情形，外国人把讲目的语的对话人视为模仿对象，甚至是老师。人们还把外语教学等同于母语教学，认为一个母语为法语的教师可以不加区别地教本国同胞和外国人学习法语。在这种思想的指导下，人们过去认为中、小学教师更适合教外国人，因为外国学习者不论老少都要像三四岁的孩子那样牙牙学语，这其实更加重了外国学习者的心理失衡（参见本书第 109 页）。而按照另外一种纯粹语言学和比较语言学的思路，没有人会比翻译工作者更能胜任外语教学，因为人们当时认为，外国学习者相对于他们的母语来说，其实就处于系统的翻译状态中。沉浸式教学法主要使用目的语进行教学，而不是教授目的语，所以更喜欢聘用非外语专业的教师，如历史、生物老师等任课，或者请职业学校的教师，如技术员、酒店老板等。面对外国学习者，他们只管用自己的母语讲课，在教他们学习目的语的同时，还教给他们相关的专业知识（参见海然热的《会说两种语言的孩子》）。值得一提的是，在其他情况下，有人还提出应求助于言语矫正专家、心理学家、社会工作者、演员，等等。

由此可见，外语教师要在语言、文化和教学法等方面实现职业化并非易事。不仅他们的专业水平和发挥的作用经常受到质疑，而且有人甚至怀疑外语教师职业的必要性。另外，有人提出为什么要大讲特讲外语的自主学习，却相对很少听说母语的自主学习，或者其他学科的自主学习，好像英语教师不如地理教师那么有用。有时候外语教师比其他专业的教师更容易被外行指手画脚，那些局外人会毫无顾忌地指示外语教师做这做那，好像外语教学全凭良好的悟性。外语教学方法上发生的翻天覆地的变化，特别是外语教学环境及其重要性的巨变，促使外语教师深刻思考自身职业的特性，他们既应该和其他专业的教师结盟，又要保持自己的自主性。这些都是本章和下一章讨论的主题。

2.1.2 外语教师的母语问题

外语教师由谁来做最合适？这是一个古老的论题。有人主张最好的外语教师应该是本族语者，因为他教外国人学的目的语是自己的母语；有人则认为，最好的外语教师应该是和学生共享同一种源语即母语的人，这样，他教的目的语对他来说也是外语。事实上，这两种情况各有利弊。对于前者，教师教的是自己的母语及其文化，因此会成为学习者的最佳样板，学生会努力地去听懂并模仿他。但是，他可能因为不了解学习者的母语及其文化，所以很难想到学习者有哪些特殊的问题和困难。对于后者，教师和学习者同说一种母语，正好可以帮助教师预防或者减少包括他本人也曾遇到过的问题和困难。学习者能对曾经像他们一样学习目的语及其文化的同族老师产生身份认同，但也可能因此觉得他的语言不够地道、不够时新。

当然，这一切都和教学地点（在法语国家或非法语国家）、学习者的语言水平（初学者一般由他们的本国老师任教，高年级的学生由外籍教师负责）、班级的同质性（同一语言、多语言、多民族）、具体的教学内容（语言、文化、会话、语法，等等）以及采用的教学方法（沉浸式教学法大多需要外籍教师）等密不可分。教师在这些方面显然没有太多选择，但他至少能够尽量地扬长避短，比如：如果教师不是来自目的语国家，则可多去目的语国家进修学习，或多请目的语国家的朋友参与课堂教学；如果不懂学习者的母语，则可多了解他们的源语言及其文化。

2.1.3 外语教师的其他几点特殊性

一些调研表明，外语教师的心理投入多于其他没有太多个性色彩专业的教师，因为在那些专业中，人的因素不太重要，或者说不太显著。另外，比起其他专业的同事，外语教师在谈及自己的职业时，更常用"激情"和"志向"等词语，他们希望将自己对目的语及其文化的热爱之情传递给学生，无论目的语是他们的母语还是外语。为此，他们更多地依赖自己的热忱，而非教学技巧。学习者一般不会对其外语教师的投入无动于衷，会自然地做出肯定或否定的回应。交际法教学现在更是离不开学习者的参与，因此，采用交际教学法的外语教师比起其他专业的同事，更常感到灰心丧气。

外语教师和学习者被赋予的角色，确实不同于学校里其他专业的教师和学生。在其他专业里，教师大多是课程的主宰，主宰教学内容、教学方法和教学资源，学生则或多或少主动配合。外语教学上的交际法使教师与学习者的交流在学校开始变得更加均衡，更具建设性，更加丰富多彩，最终变得更加个性化。学习者不仅被鼓励在课堂之外承担起学习的责任，以便利用出现的多种机会；他们还被要求在外语教学的课堂上发挥应有的主动性并承担相应的责任。外语教学课堂已然成为一出变幻无常的戏剧，教师在其中不能仅限于照本宣科，而要同时充当专家、主持人、中介人、合作伙伴、学监，等等。我们将在下一章详细讨论教师的这些不同角色。

外语教师在其所在的国家任教还有另外一个特征，这就是身份的两重性，甚至可以说是他所处的状态导致他具有态度和人格的两重性。在数学教师身上，教师与数学家不存在身份断裂，而懂两种语言和文化、有时又可能是外国人的外语教师，却在自己的学生面前，抑或在自己的同事面前，表现出自己的二元性特征：目的语既是他的教学内容，又是他的教学工具；他为了会说目的语而说目的语，为了用目的语表达而说目的语；他始终处在同者与他者的紧张关系中，这一紧张关系是大量实践另一种文化的结果。外语教师似乎很难摆脱上述的系列矛盾。这种状况有时不可能不让人产生这样的困惑：在教室、教室走廊、教师办公室或者大街上，谁对谁讲话？用什么语言？怀着何种目的？

2.2 外语教师的角色

外语教师的职业——这里指对外法语教师的职业——具有多变性和多重性，人们对外语教师的期待也因具体情况不同而有很大的差异。外语教师被赋予了如下使命，当然这个清单并不完整：

—— 教授语言和文化（我们说过，这样的提法本身就非常多义，而且语言和文化又是很宽泛的领域，参见本书第一章）；

—— 在某些学科领域或职业实践上达到专业化，并能使用目的语教授上述知识，如酒店管理法语、商务法语等；

—— 充当文化活动的组织者、跨文化活动的中介人、口笔语翻译；

—— 熟练掌握视听、多媒体、计算机技术与设备；

—— 可以随时化身为演讲者或导游；

—— 努力促进法语在世界的传播与发展，包括弘扬法语国家和地区的文化与文学；

—— 协助那些完全靠自己解决问题的外国移民，帮助他们办理各种行政手续，融入当地社会，解决他们的心理问题，等等。

事实上，外语教师这个职业最近50年来发生了很大的变化，原因很简单：外部世界彻底变了。30多年前，外语教师可以拿着课本教学，偶尔也用录音机，大多数情况下，他们是学生去目的语国家旅行之前，唯一可以使用该语言与之进行交流的对话人。如今，我们必须非常清醒地认识到，随着国际接触、往来和交流的加强，随着新兴通讯与信息技术的发展，随着各种公开发表的、数字化的自主学习方法的层出不穷，随着歌曲、电影等文化产品在全球的广泛传播，今后在校外学习外语的机会要比在校内多，而且会更有效、更有吸引力。因此教师不再是语言和文化学习的唯一信息源头、交际对象和学习资源，他还需要负责寻找、管理和挖掘（筛选）学生可以在别处利用到的学习机会。总而言之，外语教师已从过去的"多面手"（professeur homme-orchestre）变成了今天的"乐队指挥"（professeur chef d'orchestre）。

除此之外，外语教师职业发生的其他变化还跟教学法有关，尤其是外语教学内容和培养目标的改变，学生、学习者及其需求的改变，教学载体和媒体的改变，以及教学方法和设施的改变，等等。这些重要变化，已在本书的相关章节里谈及，并将在其他章节继续讨论。这里，我们只想特别强调致使"外语教师"这一称呼过时的两个重要原因：一是语言现在为交际服务，教师必须促进交际；二是教学现在为学习服务，教师必须以学为中心。从一定意义上说，外语教师或已成为"交际上永远的学习者"（apprentisseur en communication）。

面对这些全新的教育环境、教学条件、媒体中介和社会文化关系，我们的确需要重新审视外语教师的职责和使命。下文是对教师新的职责及使命的概述，有人也许会觉得是奢望或者空想，但它将主要用作基本参考，我们可根据情况适当调整，也可根据教学条件的变化和教师积累的工作经验重新修订。

2.2.1 专家

外语教师首先要成为方方面面的专家，其中包括：

——交际、目的语及目的语文化；

——教学（教学目的、教学大纲、教学评估）；

——学习（学习动机、认知学、心理学、班级小组的学习活力）。

2.2.2 学习者的榜样

其次，外语教师要在各个层面做学习者的榜样：

——在语言层面，他的学生都努力模仿他的语音、语调，学习他的词汇；

——在跨文化层面上，对他者表现出宽容和好奇心，首先从宽容和关注外国学习者做起；

——在组织和实施教学上，备课认真，严守纪律和高度自律，沉着冷静，热忱合作；

——在学习策略上，愿意学习自己学生的母语，以便更好地了解和鼓励他们。

这里毋庸重复外语教学的特殊性，即目标与手段没有明确的界限：我们通过讲语言教学生学习语言，通过交际教会学生交际，通过跨文化实践教学生掌握跨文化方法。外语教学几乎不可能采用那种家长制的做法："照我说的做，但不要照我的样子做。"

2.2.3 组织者

外语教师还要做一个组织者，根据学习者的语言水平和学习目的、学校的教学大纲和培养目标，以及校内外（课内外）资源环境（包括局限性），

—— 选择和调适教学内容、教学方法、教学活动和教学工具；

—— 决定教学时间的安排，特别是教学进度的安排。

教学计划既要考虑到班级和小组层面的活动（全班统一行动、分组活动、班级和小组活动同时进行，或者交叉进行），也要照顾到学习者个体，即个性化教学。

持续性评估有助于教师完成这类中、长期教学目标的规划。

2.2.4 中介人

外语教师又要做各种中介人：

—— 对于学习者来说，外语教师是合作伙伴，负责处理学习者之间合作与竞争的关系；

—— 外语教师要调和学习者与学校部门的关系，因为学校确立培养目标，决定奖惩制度，同时也决定着学校的教学条件；

—— 如果是跨学科培养，外语教师要负责协调学习者与其他任课教师的关系；

—— 外语教师要妥善对待学习者与课外学习资源的关系（图书馆、多媒体中心、文化中心，等等），学习者应越来越自发地在这些地方挖掘学习外语的资料；

—— 外语教师要引导学习者了解目的语国家的语言、文化和社会习俗，帮助他们与讲目的语和践行目的语文化的人建立个人联系。

2.2.5 高级教练

最后，外语教师要学会做一个高级教练。实施交际法的外语教学要求学习者个人积极投入，要求班级和小组充满活力。有鉴于此，外语教师必须保证学习者处于最佳的心理状态，其方法包括：

—— 让外语初学者和焦虑的学习者放心、安心；

—— 激励学习者，同时重视他们的意识表征、能力和需求；

—— 开展各项活动时充分兼顾学习者的个性特点；

—— 视小组及其各个成员的进步情况施教；

—— 提升学习者的责任心；

—— 逐步培养学习者的自主学习能力和在目的语国家独立生活的能力。

3. 同学

自第一堂课起，外语教学就需采用交际和跨文化的原则。这当中，每一个学习者都必须跟自己的同学和睦相处，相互交流，以便下一步能够和目的语世界及讲目的语的人建立关系。其他学科的教学仍然可以满足于学习者课上认真听讲，课下努力练习，但如今的外语教学则向学习者提出了更多的要求。课堂其实已经成为社会的一个缩影，学习者若想在这当中学到知识和能力，就必须融入其中，必须和其他同学进行互动，而不只是响应教师的指令。对于多语言和多种族班级和在法语国家开展的沉浸式教学来说，这一点更是如此。于此情形，同为外国人的同学间的团结互助愈发显得重要。他们在一起谈论各自的发现、困难和挫折，彼此提供建议，互相鼓励。班级将成为他们的一个"保税区"，在这里，他们可以保持不同，并且感到能够被理解，而在他们的日常生活中可能不是这样。但是，我们务必注意，不要让这种班级的抱团意识影响到学习者对目的语社会的融入。

为了实现至少说是比较真实、合理的交际，教师激励、指导和发掘学习者之间的互动，这是教师可用的原材料，也是课堂教学中唯一不应被模拟的活动。我们刚在上文谈到教师在这个层面作为中介人的调停角色，以及他有时可能遇到的控制班级活力的困难，因为在这个动态的班级里，每个成员都要找到自己的位置。因此，教师组织的最初几次教学活动主要在于建立一个充满信任、友善和参与感的班集体——因为这样的班集体决定了教师教学工作的成功——而非即刻开展严格意义上的外语教学。对于构成班级或小组社团的每一个成员来说，同学在他个人的学习上扮演着多种角色。在开展会话或排演节目时，他们彼此是对话者（interlocuteurs）；在完成共同项目的过程中，他们是相互合作的队友；他们还可能是那些学习进度较慢的同学的学习榜样，抑或是解决各种难题的顾问；但当进行比较时，同学又成了竞争者。不过，在外语学习的整个过程中，在每天的课堂教学活动中，同学最主要扮演的还是合作伙伴的角色。

同学以两人一对或分组的形式参与外语教学，将使每一个学习者最终学会自主学习，并培养自我管理的责任心。相对于教师，他们是中间人，教师不可能也不应该承担所有的角色。在有些国家或学校里，外语班级的学生人数众多，甚至过多，这时候，同学的参与变得不可或缺。面对这类情况，我们最好借鉴严谨的柔道规则：每一位柔道选手，不论其级别，对低于自己的同行是老师，对高于自己的同行是学生。这种通过不同颜色的腰带象征不同级别的做法，明确了每个人在柔道场上相对于他人的角色和责任；这当中，教和学两者缺一不可，因为每一位选手总有可教其他选手学的东西，也总有要从其他选手那里学的东西。同样的道理，在外语学习上，学习好的同学帮助学习有困难的同学，自身也会受益匪浅，因为这不仅巩固了他所讲解的知识，也让他对自己的学习过程有了比较清醒的认识（元语言、跨文化、元认知等）。

4. 操本族语的当地人

我们将在下一章详细介绍主导外语课堂教学的两种潮流，一种是向心的，课堂教学呈现出互动和同学间的团结互助；一种是离心的，课堂教学表现为与外界特别是和目的语国家的社会有很多联系。学习者在课堂上的交际固然十分重要，但还是要发挥操本族语的当地人的独特作用，无论他们是否亲临课堂，也无论他们是近在咫尺还是相隔万里。因此，一定要尽可能早和尽可能多地让他们参与目的语教学。形式可以是间接的，比如通过电视、电影、互联网、真实语料和文学阅读等途径接触目的语及其文化；也可以是直接的，比如将操本族语的人请进课堂，或者在沉浸式教学环境下，组织学生课后与当地人见面，帮助两者建立通信联系、电邮联系，和对方学校或班级建立姊妹合作交流关系，等等。这些人际关系对外语学习至关重要，会对学习者的学习动机（认同目的语国家的人）、学习目的（与目的语国家的人相关的计划）和学习过程（观察、比较和模仿等）产生积极影响。

5. 外语教学的其他行为人

我们还应该把相关的权力机构、学校领导、同事和学习者家长视为外语教学的行为人。开门办学既然是外语教学的原则，那理应先从学校内部做起，为此，教师需要这些合作伙伴的支持。无论是否在沉浸式教学环境下，无论是在法语国家还是在外国进行目的语教学，外语教师都有必要和其他科目的教师，特别是从事母语教学的教师展开合作，相互交流教学内容、教学方法、语言观念和语言术语，等等。条件成熟时，在彼此建立了良好的合作关系后，双方可以考虑提出更加宏伟的合作方案和跨学科的研究规划。

学习者家长或者家庭的支持是绝不可忽视的。对儿童外语学习者来说，他们对外语课程及其采用的方法有多大兴趣，他们的父母就有多大兴趣。孩子的家长有时觉得外语比体育、音乐、图画等其他课程更重要。他们还会根据自己的个人经历，推测外语学习的境况和外语教学的方法。最好的情况是，他们不仅鼓励自己的孩子学习外语，还会鼓励他们在课余时间多多接触目的语及其文化。对于成年的外语学习者来说，他们十分需要配偶及子女的支持，他们的配偶和子女可能更熟悉目的语、目的语国家的教育及社会文化。妇女移民便属于这类情况，她们长期足不出户，在学习法语之前从没有和移民接待国的社会有过任何接触。

上述这些合作者虽然在语言、文化、外语教学等观念上和相关的外语教师不尽相同，但他们会时而向外语教师提出自己的看法、批评和建议，因为在他们看来，"语言是大家的事情"，谁都可以说上两句，而地理、历史和化学等专业的特性则使这些专业的教师免受此类外来的干预。在有些地方或国家，学校与当地的社会关系十分密切，或者学生家长高度参与学校的管理，或者认为尊重形式和社会规约比保证教学质量本身更重要，凡此种种，使外在的干预尤其明显。在这种情况下，唯有教师自己能灵活把控让步的尺度，明白拒守当地习俗可能带来的风险！

6. 互动模式

绝不能因为教师是课堂上目的语讲得最好的人，他就必须讲得最多。我们可以反过来证明说，外语教师在课堂上越是不引人注目，就越是高效的教师，因为他把讲话的机会留给了他的学生，让他们相互讲目的语，从而最终使他们学会讲这门语言。这其实是激进的交际教学法的基本原则，教师在课堂上只需组织、推动学生会话，尽可能地少做干预。该理念后来受到了质疑。沉默的教师显然不是话痨教师的替代选项，关键在于计算好课堂话语的分配时间，保证在一个 20 人组成的 60 分钟的外语课堂上，每个同学都有说话的机会，以此让大家意识到多样化增加课堂互动的必要性。另外，课堂交际活动的开展和学习者交际能力的培养，也有赖于教师为学习者提供的机会和样本。然而，对这种互动性交际的管理不是即兴发挥的，它所需要的准备和随机应变远胜过一堂大课。我们在下文介绍的几组互动模式将有助于教师分析他们通常进行的课堂交际活动，并将鼓励他们尽可能地使之形式多样化。将要介绍的这几组互动模式，难度渐次增加，因为学习交际对参加交际的人来说也是一个循序渐进的过程。倘若一开始就直接进行辩论，或者展开分队竞赛，这很可能使学习者不知所措，也很容易让他们产生畏难情绪，特别是如果他们从来没有参加过类似的活动。

6.1 教师一言堂

这是传统外语教学和大课教学的典型的单边模式，一般适用于教师在课堂上布置任务，或者用于说明某些内容，无需学习者回应。现在的外语教学已经很少采用此模式。

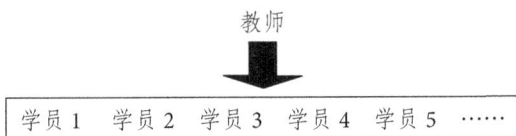

6.2 教师作为唯一的对话者

在此模式下，教师将话语权让渡给每一位学习者，但始终是他们的唯一对话人。最典型的做法就是教师提问，学习者轮流回答，这可用于检查学习者对一个新的语法规则或一篇课文的理解情况，也可用作了解学习者对任意一个主题的看法。

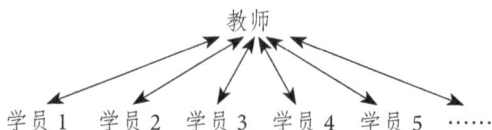

教师

学员 1　学员 2　学员 3　学员 4　学员 5　……

6.3 两人一组

这一模式让每个学习者成为真正的对话人，他既要听懂同学的话语，也要让同学明白他的讲话。在初始阶段，教师只要求学习者进行很格式化的问答交流，权作机械性练习；进入更高一级阶段后，可先让同组的一个学习者详细询问其同伴的一次历险经过，然后再由他向全班同学转述。应定期调换两人一组的成员。

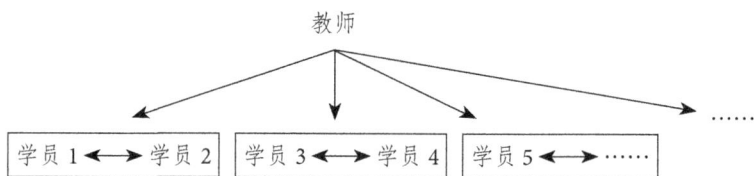

教师

学员 1 ←→ 学员 2　　学员 3 ←→ 学员 4　　学员 5 ←→ ……　　……

6.4 话语循环

按照"阿拉伯电话"的游戏原理，任由学习者一个接一个地讲话，形成循环链，教师可随时打断，进行评论和纠正。对于儿童学习者，可让他们在相互传递皮球的同时向对方提出一个问题。

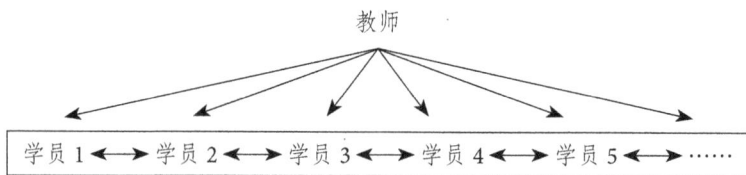

教师

学员 1 ←→ 学员 2 ←→ 学员 3 ←→ 学员 4 ←→ 学员 5 ←→ ……

6.5 分组

教师根据学习者的个性特点和所要开展的活动，将班级分成若干3—5 人的小组。在没有教师直接、系统的监控下，每一位小组成员都有自己专门的任务需要筹划并实施，学习者的自主能力正是从这里开始真正得到锻炼。教师可不时地巡视各个小组，确保练习、游戏等活动正常进行。小组活动结束后，在同一节课或下一节课上，可让小组的一名成员向教师或者全班同学将活动情况做一个口头或书面的报告。在更高一级的阶段，教师可先把一个更大的项目分成多个操作流程，要求各个小组就此展开合作。该互动模式下的小组成员最好也能经常调整。

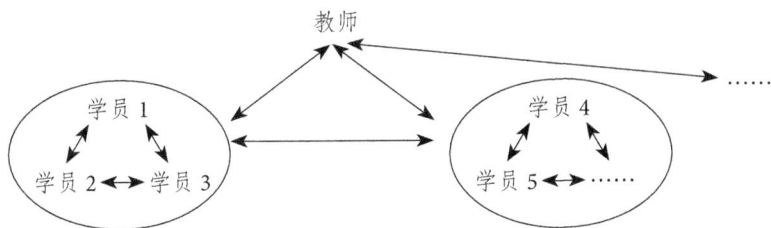

教师

学员 1 · · · · · ·

学员 2 ↔ 学员 3

学员 4

学员 5 ↔ · · · · · ·

6.6 圆桌会议

不管怎么说，该模式要想有效地应用到外语课堂绝非易事。如果没有事先准备，可能只有少数几个聪明并且话多的学习者能够从中受益，他们一般只跟老师讲话；那些"差生"、胆小的和兴致不高的学习者甘当听众。所以，最好是在一课结束后，或者相关主题的一个段落完成后组织圆桌会议，这个时候每个学习者都能参与其中并且会有真正交流。互动主题的选择非常重要，应与学习者的语言水平和兴趣相匹配。如果主题过于严肃，学习者会担心不能清楚地阐明一个自己十分关心的问题，而宁愿保持沉默。如果主题太平淡，则激发不起学习者的表达欲望。圆桌会议也可以做成一种模拟游戏（家长会议、市政会议、街道委员会会议等），这样，参与的学习者不需要表达自己的意见，而是代表他扮演的人物发言。在高级阶段，教师可让学生轮流主持圆桌会议，这可使教师本人有机会直接参加讨论。组织圆桌会议的一个棘手问题，是如何恰当地纠正学习者的语言错误。我们将在后面的章节对此进行专门讨论，不过现在可以明确的是，这类练习应以交际为主，至于语言问题，只有在引起争议时，或学习者提出要求时，教师才出面解决。无论如何不能把圆桌会议变成语法课，但教师可悄悄记下学习者常犯的语言错误，以后再根据情况进行纠正。

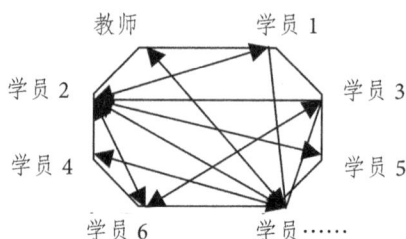

上述这些互动模式，明确地展示了我们在上文里讲过的教师作为调停人的各种角色。总而言之，教师在课堂上需要面对三类完全不同的对话人，虽然他们是同一个学习者，但教师必须区分清楚。

—— 教师在确立教学的长、中、短期目标的时候，在共享学习结果的时候，在组织统一活动的时候，他的对话人是全班学习者；

—— 教师通过建立学习者的个人档案，通过定期和学习者面对面地交流，跟踪他们的语言学习成绩、他们在班上的表现和个人的用功程度。这时候，他的对话人是班上的每一个学习者；

—— 最后，在每一个学习者和全班之间，教师面对的对话人是小组，他负责保证小组活动的正常进行。

6.7 与学校和外部世界的关系

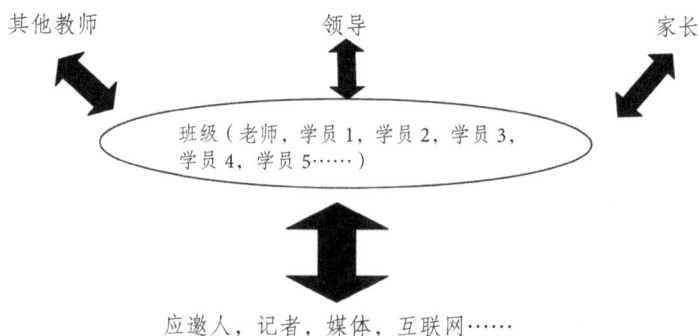

　　下一章将讨论每一个学习者和班级之间必须发展的关系，以及班级及其学习者必须发展的与外部世界、教师的同事乃至操本族语者的关系。我们在前面已强调说明了后者在外语教学中发挥的重要作用。

第三章

法语作为外语和第二语言的教 / 学环境研究：在哪里教与学？何时教与学？

从事教学工作，特别是从事外语教学工作，不能不关注教学的场所（它的地理位置、机构及实体状况）和时间（尤其是学习者的年龄，当然也包括课程安排）。我们已经注意到，外语教学的这些情况要比其他专业更加复杂多样，而且对教学工作的组织、实施和成功影响巨大。事实上，培养目标和教学宗旨的确立，教学内容和教学方法的取舍，教学的各个不同行为主体的态度和他们之间的互动，以及各种各样媒介的应用和教学资源的开发等也都受制于教学环境。本章主要就对外法语教学的各类情境进行总体的概述，以帮助读者从长远的视角审视本书前两章和后面几章提出的种种思考与建议。

1. 国家

从国家的范围看，对外法语教学可以分为三类典型情况。

1.1 对外法语教学在完全讲法语的国家进行

法语教学在学习者学习的目的语国家进行时，便是完全的沉浸式教学。这样的法语教学面对的学习者是"移居国外的人"，如外来移民、外交人员、中级职员、大学生和进修生等。他们中的有些人学习法语之前可能已经在目的语国家生活了一段时间，已经学会了在目的语国家应对日常的生活交际。对他们来说，法语几乎就是第二语言。因为学习者平常就生活在法语国家和文化之中，所以，这样的法语教学主要在于鼓励学习者特别要坚持现学现用，同时帮助他们预备、规划和分析自己的学习，使之目标明确、任务具体。但是，教师不可过高估计操本族语的当地人想要和外国留学生维系的关系，也不能完全指望外国留学生主动适应目的语国家。喜欢抱团的和有家眷在一起的外国学习者很少能够从法语国家环境下的沉浸式教学中受益。相反，对于那些迫切想要融入目的语国家的学习者，教师应将他们的交际需求和进入社会的需求与长远的、扎实的和系统的语言学习需要有机地结合在一起。

1.2 对外法语教学在非法语国家进行

这是典型的对外法语教学。教师可以是其学生的同胞，或者是法语国家的操本族语者（刚到教学所在国不久或者是久居该国）。我们已在上一章就这两类外语教师进行了比较。如果教师是操本族语者，对他来说，教学环境恰好与前文情形相反，因为在这种情况下，操本族语的教师反而成了外国人，他的学生则成了当地人。这可以使教师成为语言学习和跨文化交际的榜样。因此，较之于沉浸式教学环境下的学习者，在非法语国家的学习者抱有不同的学习动机，教师的作用也不一样。在这里，教师至关重要，因为他既要促使学习者接触目的语及其文化，又要创造语言需求，还必须保证真正的课堂教学。另外，操本族语的外籍教师还要重视教学所在国的民众对法语的意识表征，对法语所承载的文化的意识表征，以及对讲法语的人的意识表征（参见本书第 30—32 页）。

1.3 对外法语教学在不完全讲法语的国家进行

这种情况指的是将法语作为第二语言的教学。这样的法语教学有很多优势，因为学习者已置身于法语及其文化当中，或者很容易做到这一点，如邻近的地区使用法语（如比利时、瑞士、加拿大等），或社会生活的某些场合需要使用法语（如在原法国殖民地国家等），或在某一时期处于法语及其文化当中（如美国的路易斯安那州）。即便这些学习者对法语及其文化的意识表征不一定良好，学习动机也不一定很强烈，但他们对法语毕竟有一定的概念，也熟悉法语国家的文化。因此，教师应该了解法语在这类学习者的国家和地区相对于其他语言和文化所处的地位，也就是了解法语语言和文化在当地的状况，这一状况有时可能很复杂；教师还应该了解当地政府及其教育部门实施的语言政策，以及这些语言政策对法语学习者可能带来的影响。承担此类教学的法语教师如果了解了这一切的情况，便能最大限度地贴近学习者的社会与个人实际，因材施教。例如，教师在分析了学习者的语言水平（零起点／非零起点初学者、既有的积极／被动知识、口语／笔语掌握程度，等等）和这种双语环境下千变万化的学习需求（日常需要、学业要求、功能性、职业需要……）之后，可以视情况，在学习者各种不同的意识表征方面下工夫，同时充分利用各种现有资源，对学习者已掌握的语言知识和能力进行更新、强化、拓展或提高。

2. 在学校或"自然"环境下的外语学习

2.1 有引导和无引导的外语学习

尽管外语教学和学习的理论推陈出新，外语教学的方式方法不断发展，外语教学的设施也日趋先进，我们最终还是得承认，通过日常生活的交际学习外语比在课堂学习外语效果更好。这一认识在 50 年前却引发了一场外语教学法的危机。那时候，学界开始研究所谓"自然环境下"的外语学习条件，包括研究不教自会的母语学习现象。从那以后直到今天，外语教学界始终存在着这一传统的对立："无引导的学习"（apprentissage non guidé）——自发的、甚至是无意识的学习，和"有引导的学习"（apprentissage guidé）——也就是在学校进行的受教师监控的学习。早期的交际教学法和沉浸式教学法试图将"无引导的学习"模式移植到外语教学的课堂，以此革新被视为痛苦且无效的传统外语教学。这之后，人们对同化这两种教学法的可行性和可能性提出了质疑，因为它们各有千秋，所以更应该取长补短地使用。不过，有引导的学习和无引导的学习之间的对立却是很有教益的，它明确地表明学习有其自己的定律，教学也有其特殊性。

2.1.1 无引导的外语学习

　　将无引导的外语学习称作是"自然"的学习，是值得商榷的说法，因为有引导的学习并非就是"不自然"的学习。但这种说法也有一定的道理，无引导的学习是一种真实状态下的学习，而且是由交际直接驱动的学习。事实上，我们这个星球上的绝大多数人过去是，现在也仍是通过这种方法学会外语的。他们与外国人接触，并用外语交流，而不经过专门的教学，因为这对他们来说要么不可能，要么没有必要。这种外语学习的原理是在交际的过程中学习，也就是说中学，学中说，二者缺一不可，相互促进，学习者的交际能力通过其应用能力得以发展，反之亦然。社会需求和交际需求构成这一学习模式的天然动力，语言能力的进步则使学习者自动感到心满意足。

　　这种外语学习的方式也是母语学习的方式，它通过多种机制得以运行，其中最主要的是：首先，学习者要大量接触目的语及其文化，他将被动地，甚至是不情愿地沉浸其中；然后，学习者将努力地模仿在他周围说话和生活的人；最后，通过模仿和长年的接触，学习者将越来越多地参与互动交流，通过尝试和犯错获得进步，同时也受益于对话人的反馈。在这一学习过程中，外语学习者不断地运用通过母语及其文化习得的知识与能力，或者运用已经学会的一种外语及其文化知识，虽然这当中会犯语言的负迁移错误。有些心理语言学家认为，学习者还会运用——当然总是无意识地——人类语言运行的某些共同的基本原理，或者说言语的基本定律，为自己的外语学习服务。

　　通过这些几乎是出于本能的方法，学习者将完全吸收在社会文化互动中习得的语言表达，他们还将凭直觉提炼出这些语言表达的句型结构或者语法规则。这些句型和规则虽然不够精确和完善，却能够让学习者超越模仿和试错阶段，使交际变得越来越好。这些通过交际实践习得的直观的语法规则就是我们称作的"隐性语法"（grammaire implicite）（参见本书第 219 页）。这类语法是说话人语言技能的归纳总结，对说话人言语表达的流利性产生直接的影响，而在学校习得的显性语法（grammaire explicite）则首先属于纯粹的知识范畴。

无引导的外语学习的优势在于学习有动力、立竿见影和成效显著，特别是因为这样的学习促进学习者融入目的语国家的社会生活，也有利于学习者积极参与课堂教学活动或相关职业活动。另外，因为这样的学习完全由学习者自己负责，所以学习者很上心。然而，无引导的外语学习如果没有其他学习策略跟进，也会显露出诸多不足，最主要的问题是，一旦学习者有意识或无意识地认为他所知的东西足以满足其交际的需要，那么由交际需要引发的学习便会中止。这种学习上的"封顶"现象（phénomène de plafonnement）众所周知：语言表达的不准确和不正确丝毫不影响学习者的交际热情，也不妨碍周围的听众，有些语误因未得到及时纠正，甚至已经根深蒂固地贯穿于学习者的整个学习过程，这便是我们所说的语误"石化"（fossilisation）。随着语言学习"封顶"现象的产生，学习者有时会缺乏安全感，他会因此回避自认为无能力应对的语言交际或交际场合。

2.1.2 有引导的外语学习

在学校进行的外语学习则完全是另一回事情，甚至可以说与前一种外语学习模式完全相反。首先，在有引导的外语学习环境下，课堂——尤为典型的是语言实验室——一般都将学习者与外部世界相隔离。虽然现在多媒体试图重新与外部世界建立联系，但那也是虚拟的联系。其次，学习者的学习驱动并非源自他们的个人、社会和职业的需求，他们的学习过程安排也从不考虑其学业进步情况和与他人互动的所需条件。教师和学校机构替学生（又被称为"俘虏"）创造需求，为他们确立学习目标，安排教学计划，希望所有学习者遵循同一方式和节奏。在学校，外语学习和外语交际不仅是分离的，而且是先后进行的：我们先在这里学习语言，等学习结束或学到一定阶段后，再去其他地方交际。过去，这尤其是传统的外语教学法的习惯做法，但现在的教学法也几乎无暇顾及自发学习外语所必需的语言和交际输入。

教师总是很快地进入语法讲解阶段，要求学习者熟记规则并在练习中加以应用。课堂教学因此属于一种元语言教学，最终教的是一种显性语法，传输给学习者的首先是语言知识，而非培养他们的语言技能（参见本书第 181 页）。然而，我们将在下文看到，从元语言知识过渡到真正的语言交际并非直接的过程，它需要在真实的语境中进行强化练习，使学习者能够熟练应用在课堂上学到的语法规则。

我们已经多次强调指出了学校外语教学的缺陷，比如，只注重传授理论知识，而且是碎片化的理论知识，这些知识不适合那些被动学习的学习者，他们记不住，更遑论将之用在真实的交际环境中。不过，学校的外语教学也非一无是处，正像我们在这本书里一直极力鼓励的那样，只要教学真正做到为学习服务，它就不仅卓有成效，而且也将不可或缺。我们已在前面介绍了教师的多种责任（参见本书第 115 页），教师的帮助显然至关重要。与那些没有能力或者缺乏耐心的普通对话者相比，教师尤其可以通过适度调整语言输入和练习的难度来更好地把握学习者的语言进步节奏。他还能够在培养学习者交际能力的同时，提醒他们注意语言的正确性，引导他们进行一种有益于提高交际能力的元语言和跨文化思考。另外，教师可借助相应的评估手段，促使学习者认识到自己学习上的薄弱环节，并勇敢地不断加以改进。最后，只要教师有的放矢地使用语言实验室、视听说设备，以及新的交际技术，这些手段毫无疑问会促进外语学习。

如今，人们对"自然"学习外语的概念委婉地表示有所保留，因为在很多人看来，学校的外语教学环境其自然度已经不亚于大街小巷、工厂和办公室，人们也不那么截然区分"有引导的"外语学习和"无引导的"外语学习。事实上，谁都知道，现在已经不可能像传统的语法－翻译教学法和结构主义教学法那样，如果没有学习者在真正的交际环境下的个人努力学习，学校的外语教学将始终一事无成。同样不可能的，是像第一代沉浸式教学法那样，试图将学校的外语教学"非学校化"（déscolariser），试图把无引导的外语学习环境移植到外语教学的课堂。从某种意义上说，学校的外语教学应该体现为"驯化"（domestication）那些在无引导的外语学习中发挥作用的天生和自发的程序，也就是通过教学激活这些程序并加以充分利用。所以，我们应该使有引导的学习和无引导的学习实现互补，它们是可以相互促进、相互提高和相互支持的两种学习路径。教师可在他的教学中尽量做到协调、平衡地交替运用这两种学习方式中的相关要素。在当前积极倡导的交际法语境下，学习者接受目的语的输入，并被鼓励自己从中归纳出模式，他们还被要求尽可能地参与课堂内外的交际活动。另外，从今往后，在个人的发展设想方面，或在自主学习方面，教学将赋予学习者越来越多的责任。最大的难题当然还是如何激发学习者的交际需求和欲望，在真实的交际环境下，他们的交际的需求和欲望总是高于学校的教学环境。下一章将专门讨论学习者的学习动机问题（参见本书第 155 页）。

2.2 沉浸式教学

最近几年来，人们对沉浸式教学法进行了很多讨论，有人把它看作是外语学习最有效甚至是唯一可行的方法或环境。从某种意义上说，沉浸式教学法是一条介于有引导和无引导的外语学习之间的中庸之道，因为它将学习和使用目的语合二为一地融进了学校或课堂，它"用"外语"教授"外语。

沉浸式外语教学的语言沉浸度问题，其实类似于学习游泳。有人喜欢教学生在游泳池边摆动作，有人则主张带学生到儿童戏水池里，让他们慢慢熟悉水性，还有人赞同采用自然的方法，把学习者直接扔进深水区。外语教学始终在上述这三种各有千秋的方法面前犹豫不决：第一种方法比较系统，但很抽象；第二种方法比较稳妥，但过于幼稚；第三个方法很激进，但比较危险。

目前，不论从教学法的层面分析，还是从语言政策的视角看，沉浸式教学都赢得了掌声一片，但这也造成了这一名称概念的混乱。其实，这一名词被用来命名非常不同的各类外语学习的情境，我们现在用批判的眼光对这些情境进行一次简单的盘点。

2.2.1 低度沉浸式教学

这是指教师和学生在课堂上只使用目的语，目的语既是学习的对象，也是教学的工具。有些教学法曾经规定课堂上严禁使用母语或学生懂的其他外语（主要是英语），但今天人们已经不再那么担心语言的干扰风险了。

2.2.2 中度沉浸式教学

这是指除了外语课堂外，其他的活动和课程也都用目的语进行，目的语因此成为通用语言（参见本书第 24 页）。这是将"用"法语和"学"法语合二为一，这样的教学多见于双语学校、国际班和一些大学，那里的教师（最好是操本族语者）用目的语教授各种不同的课程，组织各类校外活动。这样的沉浸式教学必须有非常周密的规划，必须全面协调各个教师间的工作。这是语言学家如海然热（《会说两种语言的孩子》），以及心理教育学家如 Y. 孔布兰（Y. Comblain）和 J.-A. 龙达尔（J.-A. Rondal）[《语言学习：何处学？何时学？如何学？》（*Apprendre Les langues. Où? Quand? Comment?*），2001] 特别鼓励的沉浸式教学法。

2.2.3 深度沉浸式教学

这是指外语学习——不论有无引导——都在一种完全的目的语环境下进行，包括全部的日常生活和所有的文化、社会及职业交际与互动。外语学习者因此时刻地、完全地生活在目的语环境里，但有的人会积极地加以利用——此为主动沉浸（immersion active），有的人则满足于承受——此为被动沉浸（immersion passive）。我们已经特别强调了这种沉浸式教学的意义，即在语言学习的同时，沉浸式教学助推学习者融入社会、建立人际关系和发现目的语国家的文化。不过，这种完全的沉浸式教学也非十全十美，有移民学习者和外国留学生证实说，他们在目的语国家有时感到比较孤独。

2.2.4 封闭的沉浸式教学

这是有些私立学校采用的一种方法，他们要求学习者在为期一到两周的时间里，与世隔绝地生活在一个地方，从早到晚、持续不断地强化使用目的语。这种封闭的沉浸式教学（immersion en vase clos）人为色彩比较重，结果好坏大多要看学习者的接受程度，而且如果后续没有更系统和深入的学习，成效往往难以持久。

2.2.5 事先缺乏考虑的沉浸式教学

这里指未做充分准备、缺乏周密计划和效果很差的沉浸式教学，特别是在学习者还没有完全学好母语，或者缺少良好的母语跟进的情况下，这样的沉浸式教学甚至是有害的。例如，有些移民学习者文化程度比较低，或者用过多种语言上学，他们虽然能够学着用新的语言应付简单的日常交际，但熟练程度远不能满足社会生活、上学和工作的需要。有些孩子也遇到过同样的问题，他们热切的父母迫不及待地为他们注册了语言学校，并同时停止了他们的母语学习，结果这些孩子最后没有学好任何一种语言，因此始终缺乏语言安全感，甚至觉得受到了文化方面的精神奴役。这是削减性多语现象的典型特征（参见本书第 230 页）。我们也把这种事先缺乏考虑的沉浸式教学（immersion improvisée）叫做野蛮沉浸式教学（immersion sauvage）。

沉浸式教学法的重要意义首先在于可以激发学习者学习外语的动机，让他们感到有交际的需求和愿望，以便能够加入到他们所处的社会生活和社群里；沉浸式教学法的第二个重要意义在于真实语境下的互动机会显著增多，形式千变万化，内容丰富多彩。但是，无论沉浸式教学最终以何种形式开展，其成功与否关键在于它的组织方式。具体而言：在实施沉浸式教学**之前**，要看学习者是如何先做准备的，并且可能的话，也要看他们的老师是如何参与组织的；接着，在整个的沉浸式教学**期间**，要看学习者、他们周围的人以及他们当地的对话者是怎样经历和体验的；**然后**，再看如何将学习者沉浸的效果开发应用到课堂教学或自主学习中。如果沉浸式教学不是这样组织实施的，那就是表面的、强制性的和临时性的沉浸，这会导致学习者在交际互动中出现回避、拒绝和自我封闭的现象，而且沉浸的环境一旦消失，沉浸的效果最终就变得微乎其微。

3. 开设外语课程的学校和机构

3.1 学校和机构的种类

学校和机构的类别对其进行的外语教学有着方方面面的影响，从设课理由到培养目标，再到教学的方式方法等，影响无所不在。本节将只概略地介绍开展对外法语教学的相关学校和机构，旨在表明它们的多样性，同时也要揭示它们各自最显著的区别。

3.1.1 全日制的公立学校

在这类学校里，学生是学校的"俘虏"。这类学校有：

—— 幼儿园和小学。在这里，教师培养学生多语言和多文化的意识，激发他们对语言和文化多样性的兴趣，让他们学会保持适当距离审视自己的母语及其文化，引导他们学习目的语及其文化的基础知识（参见欧盟的"语言启蒙计划"）；

—— 初、高中。在这里，外语是教学大纲规定的必修科目，享有与生物、数学和母语等同等重要的地位，但教学方法和教学要求有所不同；

—— 高等院校。在这里，已经学了外语的大学生将根据自己的专业方向和职业规划，选择进修外语或专门学习外语，教师鼓励他们自主学习外语。

在上述各个学习阶段，均有相应的双语教育机构，提供用两种语言教授的基本相同的课程，这些机构还将聘请其他专业的教师用外语讲授跨学科的课程。现在，法语国家的大部分教育机构都为外国中学生、大学生、奖学金生和初到的外国移民开设专门的对外法语班，以便他们能够尽可能快地用法语跟班听课，尽早融入学校生活。这些课程还将和其他教师展开密切合作，甚至包括和当地的大中学生合作（请他们做语言辅导员），确保教学直接满足外国学习者的迫切需求，帮助他们很快融入当地社会。

3.1.2 私立语言学校

私立语言学校的学生都是自费入学。这类教育机构日益增多，顾客盈门，它们向外语学习者——也就是它们的顾客——提供非常多样的语言服务和非常灵活的语言培训课程，其中包括一对一的授课、小组会话练习、个别辅导、电话上课、网课、专门用途语言班（如文秘法语、商务会谈法语、求职面试法语等）以及其他量身定制的课程。学习者通常是很有学习外语积极性的中层管理干部，这些人文化程度很高，家境富裕，要求也高。这些教育机构重在讲求教学的"短平快"，强调充分利用其师资的专业特长和时间上的机动性，能够为学习者提供丰富的学习资源和教学设备，包括安排他们到豪华场所进行吃住行全包的语言进修。有的私立学校还创建有自己专门的教学法，要求它们的教师几乎毫无保留地依照执行。总的来说，鉴于这类私立语言培训机构特有的运作模式，它们的主要目标是让学习者在短期内学会专门用途的目的语，而不太重视系统、深入和持久的外语学习。从他们招收的学习者和培养目标看，这类私立语言学校和上述公立学校不存在真正的竞争关系，但公立学校总是努力地多少借鉴一点它们的办学经验。

3.1.3 社会救助机构等开设的语言课程

在法语国家和地区，一些社会救助机构、文化组织和慈善协会等也会开设对外法语课程，主要目的是帮助那些弱势贫困群体融入目的语国家社会，适应目的语国家的环境文化，具备必需的日常生活能力。这些人通常没有进过校门，有的甚至生活很不稳定。他们学的法语大多是为了帮助他们解决直接面临的实际问题，如办理行政手续、上街购物、找医生看病、乘坐公共交通工具、完成家庭作业，等等。但是，为了打下良好的法语基础，我们不能只教他们处理这些日常琐事。这些法语培训单位一般没有雄厚的资金，所以有的不得不混班上课，学习者的情况参差不齐，教学人员多为没有经验的志愿者，所用教学材料也不很适宜。尽管如此，这些教育机构通常工作很出色，因为他们的教师积极献身公益事业，接受过良好的速成在岗培训，提出的一些创议常常比最好的教学法更行之有效。

在非法语国家，有些公立的机构和组织会免费或廉价开设一些法语课程。学习者去听课主要出于家庭的原因，或者是职业规划上的考虑，有的则是为了旅游，还有的完全是因为好奇，想挑战一下自己的智力。学习者中不乏青少年和退休的人，前者多为家长驱使，要求孩子多学点知识，后者却是老人自己想找点脑力的消遣。学习者的差距如此之大，有时让教师难以面面俱到。教师将尽力兼顾教学的效用性和愉悦性，同时还要表现出他深厚的专业素养，这将关系到教师的威信，也将影响学习者的学习动因，不论他们的学习目的如何。

3.1.4 企业和国际组织内部开设的外语班

有些企业和国际组织内部开设外语班，当作本单位员工的入职培训或在职员工的进修培训，教学对象多为经常出国或者经常接触外国人的中层管理干部和职员。这类语言培训有很强的针对性、功能性和任务性，专门培训相关人员用外语工作，比如负责票务、接待访客、提供电话咨询、销售产品、商务谈判等。偶尔也有外语教师陪同外国领导人多个星期，这期间，他首先是做翻译，同时也会根据外国领导人的需要教他们一点日常用语。在企业里从事外语教学的老师有时会感到太受专业性培训目标的限制，他们还会觉得被迫更多地按照公司老板的意图而非学习者的需求讲课，特别是在资方和学习者在对待外语学习的动机方面意见不一的情况下，这会给上课的原则和方式带来问题。另外，要注意避免将公司或单位里职衔不同的学习者分在同一个班上，否则在外语教学中易遭遇许多固有的禁忌（参见本书第 108 页）。

3.2 校内外语课程与其他课程的关系

大家往往容易忘却的是，学生在一小时内要从一个课堂走向另一个课堂，而且从学习的内容和教学方法上说，各个科目间必然地存在脱节和不均衡的现象，但每个老师却总要努力地使自己教的课具有连贯性和关联性。外语教学成功与否，因此也取决于它和这些不同课程的关系，因为每种课程都有各自的学习内容、学习目标和学习方法。

过去，人们从未提出过这样的问题，以为教现代外语跟教其他科目一样，教英语如同教拉丁语，教拉丁语好比教生物。那时候的学生也几乎感觉不到课堂的变换，因为各种课程的学习方式方法大同小异。外语教学起初乃是一种语文教学，它的语法练习和翻译练习有如数学中的解方程式，学生记诵词法系统有如背诵门捷列夫的化学元素表。但这之后，外语教学法发生了翻天覆地的变化。当然，其他学科的教学法也有进步，只是速度、幅度和深度远不及外语教学法。在自然科学领域，主要是研究内容的变化，而外语教学却盲目地受到了语言学和心理学的影响，而这两类学科自身也正处在剧烈变革中（参见本书第 8 页）。因此，随着外语教学的特殊性逐步被认知，它和其他学科的教学开始变得泾渭分明。这一过程有两个关键阶段值得一提：

1）在结构主义和行为主义盛行阶段（参见本书第 248 页），外语教学和其他学科教学相比，几乎处于被贬低的状态，因为那时的外语学习被视为一种简单的、多少有点愚蠢的条件反射，不管怎么说，就是不需要太动用学习者的智力。那时候的外语课通常在语言实验室的隔断里进行，人人头戴耳机，不然就是在因要放幻灯片而变得昏暗的教室里进行，学生被要求重复现成的句子，却不一定总是理解其意义，更不一定知道怎么用。教师拒绝讲解，更反对翻译，坚持认为学生最后会"自然"地理解并学会说，这样可以让学生相信学习外语就像学绘画和体操那样，主要靠天赋而非依赖智力。

2）但是，到了交际法时代（参见本书第 251 页），外语教学跟其他学科的教学相比，有了新的抱负和志向，这样的雄心壮志甚至超越了一般意义上的教育的使命。

—— 作为交际工具的外语不再是一个简单的学习科目，也不再是一个普通的学科专业。我们很难再将它视为"一门课"，这是因为外语具有生命的、主观的和无定限的特性；我们很难再将外语视为一个"学科专业"，这是因为它从今往后更具有自发性、个体性和创造性。因此，今天我们见证的是一个打破了条块分割的语言教学（母语和外语教学），今天我们必须承认，语言作为"所有学科的材料"（matière de toutes les disciplines，海然热），它无处不在。

—— 主要是交际环境驱动外语学习，而不是——至少不仅仅是——教学环境促进外语学习。如今，大家比照着略显神秘化的无引导的外语学习模式（参见上文），努力地改变有引导的学校学习模式的局限性。由此导致学校的外语教学有时处于一种含糊不清的状态：它必须与学校的教育框架保持自然和谐，但同时又必须与之有所区别。

—— 我们已在第一章讲过外语教学的内容问题，指出外语教学的内容很难定义、界定和组织。鉴于一切都是交际，所以交际教学原则上便无界限可言。在这样一个如此宽泛而又错综复杂的行动天地里，外语教师和学习者反倒可能无所适从，而其他专业的教学内容却比较明确、可预见和系统化。有些外语教师因为怕被人说自己不专业，所以继续死抱着教材或语法不放。

—— 我们现在也确信，交际指导思想下的外语学习能够调动起学习者方方面面的个性特征，包括认知、文化、情感和人际关系等要素。我们将在下一章专题介绍"交际能力"（compétence communicative）这一概念问世以来所包含的各种元素（参见本书第

175 页），它们都是要求外语教师了解并把握的。本书第一章介绍的跨文化理念（参见本书第 76—82 页）则鼓励外语学习者通过培养同理心和自我批评的意识去改变自己的文化观和个人的看法。外语教学的目的及评估因此非常值得讨论，比如：今后将怎样看待知识、技能、生活能力和学习能力的重要性？又该如何评估它们（参见本书第四章，第 181 页）？

——外语教学中教师和学生应有的角色也不同于其他大多数的课程，在那些课堂上，教师继续"讲授"（professer），因为教的内容始终比教的方法重要。我们已在前面说过，外语教学上的交际法开启了在学校师生之间展开更加均衡、更富有建设性和更加个性化交流的大门。教师负责学生的学习，学生则被鼓励积极参与组织教学。有些学生在这样的外语课堂上感到不自在，因为他们没有了惯常的坐标点，另外有些学生则趁机学会了偷懒和瞎胡闹，仿佛从前的那些课堂教学方法跟现在相比几乎毫不重要了。但是，也有学生正好相反，他们利用外语教学的这种超越和开放让自己得到了充分的发展。

总而言之，在某些情况下，外语交际教学法在学校难以真正立足，而且它在理论和实践上都还有许多似是而非的地方。交际教学法目前这一特殊状况是否预示着整个教学观的一种新理念的诞生呢？也许吧。这一新的理念在于教学要更好地适应学科的特殊性，更好地回应学习者的学习动机，更好地满足外部世界的要求。此外，必须强调外语教学的重要意义，它不仅关乎外语和外国文化，而且在更广泛意义上关系到对他者不同的理解及相互沟通的教育，这已经超越了语言和文化的范畴。这一人本主义的色彩当然也存在于其他课程的教学中，但在外语教学中更是处于中心地位，因为外语教学应该有助于人们在课堂中、在学校里、在大街上、在世界的任何地方进行更好的交流与沟通，这其实也是当前主流教学法的基本原则。

3.3 外语课堂与外部世界的关系

我们刚才先后分析了有引导的外语教学和无引导的外语教学的不同，以及学校里的外语教学与其他课程的关系。在结束此话题之前，我们提出一种"双向的运动"，它应该既能够活跃外语教学的课堂，又可以证明外语课堂每一项活动的合理性。

3.3.1 向心运动

外语课堂是一个具有多种不同身份的独有世界。在非法语国家中，法语课堂上讲的法语是一门外语，实践的是一种外国文化；在法语国家中，则是外国人相逢于法语课堂上并能够安于自己的"'老外'身份"（étrangeté）。我们已经看到外语课堂上进行的那些活动与其他课程教学活动的区别所在，这主要是因为外语课堂的教学活动更多地依赖每个人的积极参与和投入。因此，重要的是，外语课堂要有一个信任和团结互助的氛围，使学习者在课堂上不仅敢于讲话，还勇于创新，而不会害怕因为犯有语言错误或闹出文化上的笑话被人评头论足。由此可见，外语课堂就是一个世界的缩影，其中的每一个人都有自己相应的角色，外语课堂还是一个自由的区域，每个人都能够自由地说话，教师更像是一个球队的教练。

在法语国家沉浸式教学的环境下，相对于学习者所面对的与外部世界互动的现实，法语课堂将在语言、文化和社会等层面上充当他们的学习起点、训练基地、标准参照、思考平台和监控中心。教师的职责因此在于建设好一个班集体，让每一个学习者得以充分发展、自由表达、相互欣赏、互相帮助，使大家在教学目的、教学计划和共同生活的方式等方面达成共识；教师还要精心组织教学活动（如游戏、共同计划等），这些活动应该有助于加强班级的团结和谐，有利于促进学习者个人的身心健康，还应该有益于提升学习者个人和整个班集体的责任心，保证课堂教学和学习者的学习富有成效。

3.3.2 离心运动

与此同时，外语课堂还应在语言上、文化上、精神上和技术上（借助多媒体技术）与目的语世界保持直接的联系，不论目的语世界是和学校一墙之隔，还是相隔万水千山。若想使我们教授的语言能够运用到学校以外的社会生活中，那么打破外语课程的条块分割、让学生走出课堂和校园、将操本族语的当地人请进来（以实体或虚拟的方式）是必不可少的。可以先联合同一学校的同事（不论他们是否是当地人）共同推出跨学科的合作项目。

由此可见，外语课堂，特别是在沉浸式教学的语境下，有如一个十字路口，在这里汇合了人员、资源和机遇。教师－调停人在此负责疏导它们的流通，负责根据外部世界的要求选择语言和文化内容，负责处理学习者、真实语料和邀请的操本族语合作者反馈的信息，负责预见、解释并解决学习者日常生活中的交际问题，负责鼓励并监控学习者的自主学习。

顺便一提的是，外语课堂的这种双重态势（以外语课堂自身为中心和向外部世界开放）还可通过一些外在的征貌表现出来，例如，教室的桌椅摆放更随意、墙壁上有"异国情调"的招贴画、使用视听设备，等等。

各个不同的合作伙伴各尽所能，推动着外语课堂与外部世界的互动联系，他们各自扮演的角色可以概括如下：

教师

—— 发掘机遇，控制难度，分析学习者课外交际环境的要求：对之进行分析、启动、准备、训练、讲解和改进；

—— 培育学习者的学习动因和学习策略：充当"教练员"，让学习者安心放心，鼓励他们，引导他们，帮助他们规划学习，对他们的学习进行测评、评估；

—— 组织专门的活动，如游戏、聚会、文化、发现等，保证学习者的自主学习和班组的团结和谐。

学习者

—— 应该是生活在日常社会中的学习者：注意观察、尝试、模仿、应用、重复、比较、回应对话者的答复、评估自己的进步；

—— 应该是班上的交际者：积极参与并勇于负责课堂活动。

外部的对话者

—— 在日常生活的互动中自然地回应，包括没有听懂、提问题和纠错；

—— 可以作为国家公务员、专家学者或见证人等，应邀进课堂讲课。

4. 时间要素

4.1 初学外语的年龄

关于初学外语最佳年龄的争论由来已久，这里不必细说。我们在此只想强调几点论据，说明这是一个不可能彻底解决的难题，因为它涉及方方面面的因素，会导致各式各样的解读。我们将在本书的第五章对其中的几种解读进行比较研究，这将有助于我们更好地理解，乃至更好地把握外语的学习过程。

关于人的因素，有学者认为，人的认知能力会随着年龄的增长逐步衰退，但它因另外的优势得到很大程度的补偿。这优势源自当事人熟练掌握了自己的母语，甚至熟练掌握了一门外语（元语言能力），也由于当事人拥有丰富的学习经验（元认知能力）和社会生活阅历（社会文化能力）。人早学外语和晚学外语的最大区别应该主要体现在生理层面对新音素的发音上，即辨识和跟读新的音素。学习者的年龄及综合素质也可能对他学习外语的心理与社会动因产生促进或者抑制的影响，还可能激发或者阻碍他的学习意愿（参见本书第100页）。

不过，环境因素对儿童的外语学习关系最大。必须提醒的是，儿童在学习母语和采用沉浸式学习外语时，他们的认知、心理和社会能力也在同时发展，语言学习和上述能力的发展没有被割裂（参见本书第 109 页）。因此，这种早期语言学习是均衡的、一体的和自发的，而之后的外语学习却是割裂的、不均衡的和强迫性的。儿童及其身边的人所享有的那种广泛的自由度、天然的同理心倾向和情感投入，在儿童成为青少年或成人以后很难再在他们身上找到。此外，除了个别情况（比如混合婚姻）以外，成年人不可能像儿童初学语言那样，成天地、完全地和全身心地沉浸在目的语当中。

总之，可以肯定的是，不论从个人条件来说还是从学习环境看，越早学习外语，越容易，也越有可能学有所成。此外，事实证明，早学外语对孩子掌握母语并无负面影响。它偶尔会对母语学习造成微小的干扰或者轻度的延缓，但很快就能补救。对两种语言有意识或无意识的比较反而促使儿童产生一种对元语言的意识，这将有助于他的两种语言都取得更快的进步，也有助于他今后学习其他语言。但是，为使孩子从小获得的双语能力真正有用，还必须让他们继续学习母语，若是双语教育，则必须继续学习两种语言，因为这是孩子学习其他语言和知识不可或缺的语言基础，也是必不可少的心理认知基础（参见本书第 138 页"野蛮沉浸式教学"）。

同样可以肯定的是，学习外语任何时候都不算晚，而且从很多方面看，一个 77 岁的老人学外语比一个 7 岁的孩子更有优势。因此，学外语与其考虑年龄问题，不如关注外语学习方式是否合适。另外，必须强调指出的是，语言学习，无论是母语还是外语，都是一个持续毕生的探险历程。我们对语言的掌握程度会随着环境的变化而高低起伏，还会在动因和需求的驱使下随时加以提高。及早学习外语，或者更确切地说及早接触多语言的重要性盖出于此。其实，我们应该坚持这样的指导思想，即每个人都是一个潜在的通晓多种语言的人（现在也提倡这样），人只要有机会，都有基础和手段学会一门外语。

4.2 年龄在学习者综合情况中的地位

由上面的分析可见，年龄是外语教学中的一个重要因素，因为它会在各个层面带来差异，其中包括认知能力、心理情感态度、社会行为举止的不同，以及选择外语和学习外语动机的变化等。我们在下文按照儿童、青少年和成人三个传统的年龄分组，列表概括出他们的总体特征，仅供参考。有人肯定会提出异议说，这样的总结过于脸谱化，还有人可能会批评说，其中的有些特征不具普遍性。尽管如此，下面的列表总是一个参考，大家可以在此基础上展开进一步的观察和深入的思考。还需要指出的是，外语学习的场所，如学校、企业、协会等，对外语学习者的影响至关重要，它和外语学习者的年龄有着直接的关系（参见本书第 139 页）。

	优势	劣势
儿童	——自发的好奇心， ——游戏心态，创新精神， ——少有羁绊，很强的适应性， ——交际不拘形式， ——发音可塑性强，聪明灵活（？）。	——注意力集中有限（所以要经常变换活动）， ——忘得快， ——没有中介语，也无元认知。
	教孩子外语，特别要： ——注意针对孩子对外国语言和文化的心理情感动因； ——优先考虑文化（和孩子的日常生活对比）和人际关系； ——让孩子熟悉语言（语言的基本功用、常用词、歌曲，等等），旨在对他们进行语言启蒙（主要是学会审视自己的母语）； ——最理想的情况是进行强化沉浸式教学（参见上文）。	
青少年	——向往外部世界； ——有元语言能力和元认知能力； ——认识到语言的重要性。	——心理情感的羁绊（身份认同危机）； ——强烈的学习动机或学习动机严重缺乏（各科考试的压力）； ——兴趣偏科倾向明显，情绪经常偏激。
	教青少年外语，要吸引他们，让他们安心放心并引导他们做好主动学习外语的准备。另外，必不可少的是，在交际教学法的基本原则与学校的要求之间寻求一种妥协，从而使交际教学显出其有效性、系统性和可信性。	

（待续）

（续表）

	优势	劣势
成人	——拥有人文和人际关系的生活经验； ——强烈的外语学习动机（个人成就感、融入目的语国家社会与文化、职业志向等）； ——有些人会其他语言。	——时间支配有限； ——有时会有心理情感的抑制（怕出丑，尤其害怕在同事同行面前丢面子）； ——有些人不习惯或者不再习惯学校的学习模式。
	毫无疑问，面向成人的外语教学是最多样化的教学，也是最需要采用灵活多变方法的教学，因为这样的教学没有学校环境和培养目标的限定，其特点首先在于学习者的自主性必须加以尊重，同时要注意鼓励他们以一种良好的心理状态投入到专门的、系统的外语学习过程和活动中。	

4.3 教学节奏

"时间不会爱惜那些没有它的参与而做成的事情。"这句格言特别适合外语学习。无论那些速成语言课程的广告做出怎样的承诺（"每天一刻钟，3 个月 90 课，包学包会"），一门语言总是需要耐心和恒心才能够掌握，特别是能够牢记在心。所有的教学方法都是好的，只要它们适合学习者的个性特点和学习目的，并且能够和他们前前后后的学习协调一致。一般情况下，教学节奏主要有两种：强化式教学（cours intensifs）和粗放式教学（cours extensifs）。当然，这两种节奏的教学又有很多变体和混合体形式，往往更实用。

——强化式教学：这种教学主要是在短时间内安排很多学时的课程，或者进行大量的被动或主动的语言输入。这种教学常见于实习进修阶段和学校的学期安排。这类强化性课程可用于学习者需要熟悉目的语的时候，以便激发他们的学习动机，或为了打下良好的语音语调基础，也就是所谓的"起步效应"（effet de démarrage）和"语言沐浴"（bain linguistique）。进修提高时也可采用此节奏，以利于学习者在学校学完后将知识"付诸行动"。强化教学还可用于"回炉"以前学过的但已经遗忘或很少用的语言，比如在考试前或者是在出国学习前。但是，如果学习者事先没有预习，事后也不复习，这类强化课程则几乎很难有长久的效果，因为知识学得快，忘得也快。

——粗放式教学：这种教学课时数和语言输入都比较少，但分布的时间却比较长，有时甚至没有明确的期限。学习者的进步自然比较慢，但比较持久，因为这类课程便于学习者吸收新知识并与学过的知识相衔接，便于他们运用，因而也便于他们在需要时想起自己学过的知识。

事实上，上述两种节奏的教学效果如何，主要取决于课上使用的教学方法，还要看这两种课是否通过教学和实践相结合促进交际活动的开展。因为教学节奏也应当与学习节奏相适应，尤其要适合学习者中介语的形成速度。对此，我们将在第五章展开详细的分析（参见本书第 223 页）。另外，教学节奏决定了教学进度，我们也将在第五章讨论教学进度的问题。最后，建议在学习期间经常变换学习的节奏，比如实施一个特殊项目，或者是去一个相关国家实习，这对激发学习动机和促进语言进步常常都是有益的。

第四章

法语作为外语和第二语言的教 / 学
动机和目的研究: 因什么教 / 学?
教 / 学为了什么?

人类的所有活动，甚至包括那些人类别无选择而不得不投身其中的活动，以及那些仅仅是出于高兴而从事的活动，都是因为受到了理由和目的的驱使。我们可以认为，在任何年龄段学习都是自然而然的事情，而且学习外语不需要什么特别的理由。但是，对于有些人和机构来说却非如此，他们需要正当的理由去着手或者计划开设外语课程，因为这毕竟需要进行各种各样的投入。另外，即便是痴迷于外语的人，最好也要认清自己学习外语的动机和目的，以便更好地掌控学习进度，避免出现差错和偏误。（外语）教学上遇到的很多问题常常被归咎于使用方法不当，实际上根源在于对学习动机、学习期待和学习终极目的的理解与管理不到位。就好比一起旅行，最好先商定始发地和目的地，然后再讨论行程路线。有些教学法，主要是受到启发式教学理论（suggestopédie）影响的教学法，特别强调明晰学习目的、激发学习动力，并且在可能的情况下，帮助学习者树立学习动机，这事关外语学习的成功。当前，确切地说，是对学习成果的评估最牵动教师的心，也是它主导着教学，其严重程度我们将在下文做进一步阐述。一定要在教学和结果评估之间找到一种能够照顾相关各方利益的妥协，而且同时还要建立新的妥协。

本章将讨论的这些关键问题已经引来很多专家学者著书立说，但我们这里只探讨这些研究成果如何在课堂教学中得以应用。我们将重点探析作为外语学习根基的内在逻辑。我们曾在此前的章节中把外语学习的过程比作一次既充满刺激又阻碍重重的探险（参见本书第 98 页）。通过下页的图示，我们可以看到外语学习从因到果的动态进程及其调动起来的各方力量。此外，这一图示也可从不同的方向观察，从而使需求、终极目的或期待置于图示的顶端。最后，再提醒一句，我们并不奢求大家认同图示中的术语名词，每一个表述都值得讨论和进行理论上的区分，但这里暂且略去不谈。

动机：参见 1.1
= 原因（心理情感）
和目的（社会文化的，学校的，职业的）

学员对教学的
期待：参见 1.3

需求：参见 1.2
= 知识和能力：参见 2

课程**目标**：参见 3.3
= 教师和学员的教学契约

学习的**终极目标**：参见 3.2
= 社会生活的，个人的，教育学的

评估：参见 4
终极目标、课程目标、结果

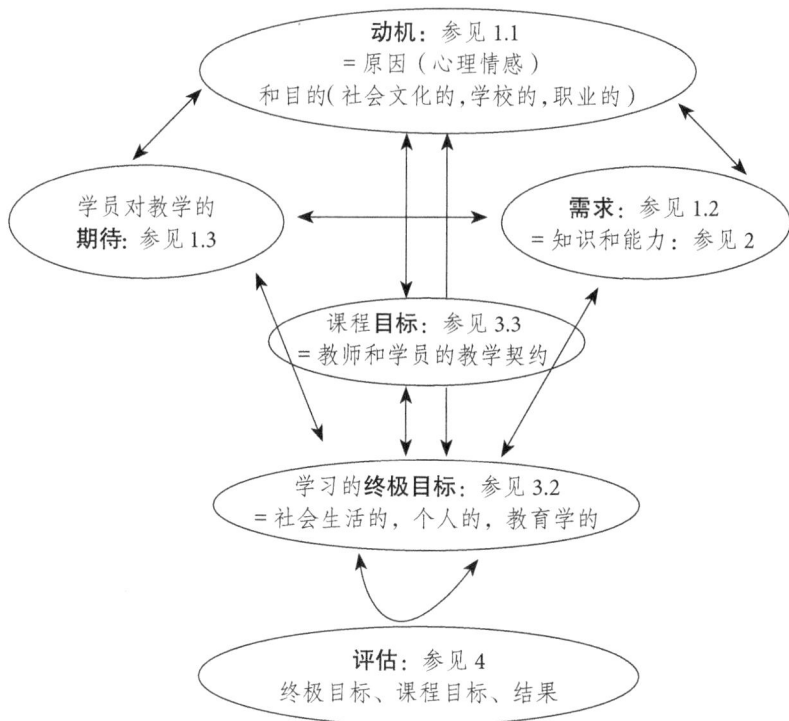

1. 动机、需求与期待

1.1 动机

当我们询问教师，更确切地说，当我们询问学校的工作人员时，学生的学习动机似乎是首要问题，而且还是所有问题的根源。学习外语的动机与外语学习本身所具有的特殊性密切相关，特别是外语学习通常会让学习者感到不安，这种状况我们已在上一章做了描述（参见本书第 108 页）。学生们在其他课上表现出的积极性可能还不如外语课堂，但自从外语教学采用交际法之后，学生的积极参与便成为课堂教学得以顺利进行的不可或缺的要素。本章将从宏观视角梳理外语学习的多种动机之源，同时提出一些可以采用的方法以更好地激发这些动机。

在这之前，我们先请读者做一个小型问卷调查，主题是您本人当初学习外语（法语或另外一种语言）的理由和目的，以及您后来决定当法语老师的理由和目的。第一个问卷也适用于您的学生，您可以采用任何形式让您的学生作答，比如在小组讨论时。

A. 您为什么要学习外语，比如法语？

☐ 因为我觉得这是一个美丽、丰富和有意思的语言。

☐ 因为我喜欢说这种语言的国家和人民。

☐ 为了便于跟这个国家的人建立私人联系。

☐ 因为我是被迫学的。

☐ 为了让我了解外面的世界。

☐ 因为学外语是一种智力上的挑战，我喜欢这种挑战。

☐ 为了在学校有个好成绩。

☐ 因为我有亲朋好友会讲这种语言。

☐ 为了方便去相关国家旅游。

☐ 为了发展我跟相关国家的业务往来。

☐ 因为老师和善，学习的氛围也好。

☐ 为了能够找到一份双语工作，为了职业的晋升。

☐ 为了能够用这种语言看书读报、学习文学。

☐ 为了融入我已经身在其中的这个国家。

☐ 因为我对一切不同的和具有异国情调的东西都充满好奇心。

☐ ……

B. 您为什么要当法语老师？

☐ 因为我喜欢法语，这是一个美丽、丰富和有意思的语言。

☐ 为增进两国人民的相互理解做点贡献。

☐ 因为我喜欢法语国家的人 / 外国人，喜欢国际交往。

☐ 为了帮助外国人融入我们的国家 / 帮助我的学生熟悉法语国家。

❑ 为了增加从事教学工作的机会。

❑ 因为机缘所致。

❑ 因为对我来说这是个新领域，是个正在蓬勃发展的领域。

❑ 为了能够到国外教书／能够经常去法语国家。

❑ 因为学生很积极，接受能力也强，跟他们在一起很愉快。

❑ 为了跟我的学生分享法语和法语文化的乐趣。

❑ 因为我在这方面的进步更明显，更觉得自己能够在这方面有所作为。

❑ 因为我将有机会保持适当距离来审视自己的母语及其文化。

❑ ……

通过这个简单的问卷，便能确定教师和学生各自的动机，也许还能够帮助分析这些动机，从而帮助教师和学生就此展开交流，以便更好地相互了解，促进教学的互动，同时避免误解和失望。然后，我们可以将教师的教学动机与学生的学习动机进行有益的比较，会发现二者也许并不完全一致，甚至跟教师本人当学生的时候的情况也不一样。通过这个调查问卷，我们还会发现教师和学生的动机五花八门。尽管这些动机通常都比较复杂、笼统、多变，而且总是跟特定的环境或人纠结在一起，但我们还是能够按照正、反两方面把它们归纳为四种类型。这样归类的意义在于让我们不再停留在简单的事实认定上，如"我的学生没有学习动力"，而是要明确问题的症结所在，找到可以采取的解决办法。

1.1.1 与学习对象相关的动机

这类动机应该在学生决定学习外语之前，或者在刚开始学习的时候发挥作用，它们应该是外语学习的最初动因，可以表现为对目的语及其文化本身的一种特殊兴趣，也可能表现为对广泛意义上外语的一种爱好，也包括爱好发现其他文化、爱好旅游和喜欢与外国人交往。这类动机很受个人和集体对目的语及其文化刻板印象和意识表征的影响，比如：某种语言是美丽的、有用的，某种文化是现代的、享有盛誉的，等等。关于这一点，我们已在此前多次论及（参见本书第30页）。其实，即便这些动因在刚开始的时候可能显得平庸，或者含有趣闻轶事的意味，甚至有点牵强附会，但这不重要，只要它们能够"抓住"学生的心，让外语学习起步就行。教师千万不可小觑这些初始的动因，更不能马上加以质疑，要知道，一见钟情可能触发一场长恋，所以，教师此时应该注意的是，激发其他更可靠的动因。当然，没有必要一定要让所有学生都感兴趣，但还是应该尽量在头几节课上，组织一些新颖、有趣、愉快的活动，以便吸引更多的学生。实际上，这类动机是可以建构的，最好是及早利用学生的新鲜感，避免形成不良的学习习惯。

1.1.2 与学习过程相关的动机

这类动机与学习对象没有直接关系，但和学习过程本身密切相关，这个过程也可能是针对另一门外语或科目的学习。不可否认的是，有的人确实更好学，他们更加追求学习带来的智力上的刺激、成就事业的机会和个人的满足感，而为此表现出的精神状态和行为举止也有利于他们的学习。这类动机深刻影响着学习过程和学习者的恒心，学习者将通过学习这一过程本身获得心理上的满足。教师可以帮助学生树立这样的动机，及时引导和奖励他们付出的努力，而不要等到期末考试或者他们找工作时才有所行动。这类动机也受学习者对自身能力的意识表征的影响，因为每个学习者都不可避免地会在心中度量自己学习外语的能力、有效听课的能力、熟记单词的能力、运用语法规则的能力、团队合作的能力和发言的能力（参见本书第107页"自我意识表征"）。每个人也都会根据自己的经验，对外语学习与教学方法的好坏提出自己比较具体的看法。负面的意识表征可以得到纠正，前提是要明确地表述出来让大家讨论，这样就能打破下面这种自我暗示的恶性循环："我天生不是学外语的料（而

且 / 或者老师很差），所以我学外语没有动力，所以我不想努力，所以我没有进步，这证明我不适合学外语（而且 / 或者老师很差）……"

1.1.3 与学习环境相关的动机

环境对学习外语这样的科目至关重要，因为人的因素在外语学习当中占据十分重要的地位，关于这一点，我们已经多次强调。学习者对一种语言以及学习该语言的兴趣也都和这门语言的教学环境相关。若想让学习者先在课堂上、后在社会上勇于发言、大胆参与和表现得积极主动，就特别需要态度和善的教师、亲密的师生关系以及轻松的学习氛围。对于有些成年学习者尤其需要做到这几点，因为他们走进外语课堂正是为了能够在此感受集体的融洽与团结。在任何情况下都要寓教于乐，主要就是因为乐在教学中归根结底是有用的。营造良好的学习氛围和集体荣誉感是教师作为高级教练义不容辞的职责，教师不能只满足于做老好人。教师作为专家的威信力、其优秀的教学质量和严谨的教学安排等，也是激励学习者坚持刻苦学习的动因。教师因此要不断反省自己的教学是否有吸引力，是否具备关联性、系统性和多样性。他还应牢记，丰富的教学资源（如期刊杂志、文献资料、游戏和影视节目等，参见本书第 286 页）、现代化设备的使用、教学场地的布置装饰等同样会为课堂教学增添趣味。

1.1.4 与学习的终极目标相关的动机

遗憾的是，这是教师、学校和学生自己最常援引的学习外语的理由。通过确立目标来激励他人或自我激励着手进行一项计划，它的重要性我们在这里不会加以质疑。但是，如果过于强调学习的收益——而这恰恰是现今所推崇的，则很可能使学习过程变得索然无趣，到头来反而会影响学习的成效。不断告诫学生要努力学习才能通过考试，才能谋得职业，才能获得晋升，这确实能够在短期内激发他们学习的热情，但从长远看，可能会打击他们的信心，有损于他们的学习。同时，倘若学习目标遥不可及，或者过于抽象，学生则会无动于衷，甚至完全丧失信心；相反，如果学习目标定得太具体、太执着，这样的学习及其效果哪怕很好，也很有可能出现目的实现之日即学习终止之时的结果。我们都知道应试的恶果，因为它只满足于一次考试成功，从不考虑将学到的知识运用到将来和具体的语境中。我们将在后面继续讨论教学评估的问题（参见本书第188页）。学业成功和职业晋升可以成为学习外语的理由，但却不是唯一的终极目的。学习外语也可能受社会、文化和行政因素的驱动，比如，为了融入目的语国家，觉得目的语国家的文化魅力无穷，或者为了便于获得目的语国家的签证。上述这些动机虽然合情合理、行之有效，但终究难免把外语学习工具化，因为学生会通过外化的收获也就是最终的回报来看待固然辛苦的学习过程。不过，话虽如此，学习外语的总体目标和相关课程的最终目标对于制定教学大纲和评估教和学的进展情况却是必不可少的。为了使这类目标具有促进学习和教学的作用，不应把它们用作胡萝卜或者大棒，而应在可能的情况下，让学习者参与讨论并接纳这类目标，并使之体现在"教学契约"中（参见本书第187页），同时不忘将之与学习过程及其每个阶段、每个活动的过渡性目标相衔接。

以上介绍、分析的四大类学习动机都有可能，也应该会对外语学习产生影响，因为学习外语既需要有意义的理由驱动，也离不开可信的目标追求，既需要智力的激励，也离不开有利环境的支持；第一类对于启动外语学习很重要，第二类对于确定外语学习的方向很关键，其余两类则是保持学习的动因进而支撑整个外语学习的过程所不可或缺的。它们之间的关系可见下页图示：

"学习对象"动机
—内在的动机—
（启动学习时）

"进程"动机　　　　　　　　　　　　"环境"动机
—固有动机—　　　　　　　　　　　—背景动机—
（学习进程中）　　　　　　　　　　（学习进程中）

"终极目标"动机
—外在动机—
（结果）

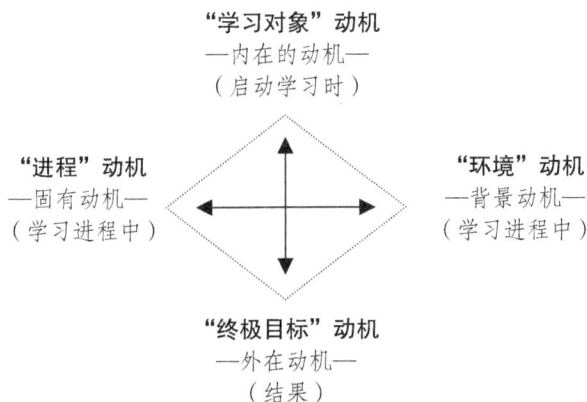

　　我们可以把一门课比喻为一辆四驾马车，四匹马发挥各自所长：性子最烈的负责起步，耐力最强的负责前行，最坚定的负责掌握方向，最机灵的负责选择路线；如果其中一匹马出现问题，其他三匹马将竭力补救。所以，对教师来说，最大的失误应该就是将教学成功之宝只押在一匹马上，比如，依仗他自己的教学热情，或者相信考试临近时学生会发奋努力，或者寄希望于互联网的魅力能够吸引住学生，等等，而不是从多个角度切入，形成一种合力，并根据学生情况、环境变化、教学目标和教学阶段加以灵活调配。

　　为此，要从一开始就跟同学们一起对学习动机问题进行分析、讨论和"加工"，并且在学习松懈的状况初现苗头之际，比如学生开始故步自封、精神懈怠、沉默寡言，乃至起哄时，还要再次跟他们研讨动机问题。实际上，和动机形影不离的，还有一个增强学习者责任心的问题，这对教和学来说也是不可或缺的。如果学习者对自己的学习目的、学习计划、学习方式及制约因素了如指掌，如果他们高兴来上课，他们就一定会心甘情愿地做学习的主人。只要教师愿意给学习者一点自由空间，这之后的自主学习会帮助他们养成一定程度的自律，让他们能够找到适合自己的参照标准。此外，自主学习同时穿插着班组活动、集体活动和个人活动，这有助于学习者在个人动机与集体动机之间找到平衡点，因为个人动机即便在同一个班组往往也是各不相同，而集体动机还需要大家在一起组合、协商和建构。绝不要为了后者而牺牲前者，应该两者兼顾，使个人动机和集体动机相互推动。不管怎样，我们的这些观点和看法应该能够激励教师认真而又积极地同时关注学习者的学习动机、学习需求和学习结果。

1.2 需求

理论上讲，是学习者的语言需求激发了语言学习，同时使教学合法化。然而，需求的理论概念与现实生活中的需求是变化不定的，所以对它们的看法也不能绝对化。事实上，学习者的语言需求不能脱离环境、目的和必要的标准，必须受到足够和明确的重视。教师及其学校有时会喜欢强加给学习者一些需求，而没有表达学习者感受到的需求，或者至少让学习者通过交际"自然"产生的需求。其实，这里的关键问题是要将学习者的语言需求转化为外语学习的动机，进而启动外语学习。

所以，我们首先要注意区分：

——由"第三方"评估出来的需求：这是教师、校外评估人员或者标准测试按照学生要达到的水平，或者要通过的某一考试而进行的语言需求评估。此种情况属于预评估，其原则、方式方法以及产生的问题将在后面做进一步讨论（参见本书第 190 页）；

——学习者自己感受到的需求：它们可以源自学习者的日常生活经验、与其他人的比较、个人或职业的规划，等等。对这类需求的认识具备很强的激发力，因为它有助于促进学习者的学习主体意识，但其局限在于主观性层面，也就是说当事人可能出现如下情况：或自我低估、灰心丧气，或自视过高、盲目自信，或满足现状、不思进取。

区分上述两类需求的意义在于，不论是在外语学习的初始阶段，还是在整个外语学习期间，我们都要尽可能地将它们综合起来，具体而言，就是要一方面通过引导学习者展开元语言和元认知思考，鼓励他们进行自我评估；另一方面要借助第三方评估或者标准化的语言测试作为参照基准，以确定学习者的现有水平和他们可以取得的进步。

对于需求的定性是另一个关键问题，这方面的含混不清既难以避免，又危害不浅。某一群体的学习者或者说某一具体学员的需求主要体现在哪个层面呢? 是交际还是语言把握的需求? 是口语层面还是笔语层面的需求? 是语言输入还是语言输出的需求? 是语法、词汇抑或是发音的需求? 是出于日常生活还是职业生涯的需要? 需要满足何种互动交际和情境? ……面对这些疑问，一不小心就有可能犯下以点带面的错误，将一种需求泛化成所有需求，比如把本来是加强语音语调或者是加强拼写的需求看成是对语言全面掌握的需求。我们在后面讨论教学评估时将看到，越来越准确的测评表可以在理论上区分这些不同性质的需求，甚至可以区分得更细微。但这些测评工具却难以完全反映语言运用的实际情况，因为各类语言能力自然地交错在一起；也不能完全体现评估方式的准确无误，因为学习者的语言能力被人为地分隔开了；亦不能充分考虑到教学条件的不同，因为在一个语言水平原则上同质的学习者群体里，学习者的需求是多样的。

尽管存在这些困难，我们还是建议在开设任何课程前，尽可能全面和精准地分析一下学习者的需求。一个教育机构为了实施一项新的语言政策而制定工作规划时也应该进行这样的需求分析，再退一步讲，新学期新开一门课时同样有必要进行这项工作。下面是可用于需求分析的一系列做法，教师和教学负责人可根据特定的教学情况加以选择：

——访谈：主要是了解学生希望或者觉得应当在学习结束后知道和学会什么内容，这牵涉到他们的学习动机及意识表征；

——预测验 (pré-test)：又叫预先测试 (test préalable) 和诊断性评估 (évaluation pronostic)，主要是了解学习者现有的语言能力，测试的内容和形式应和教学目标与教学方法相关联。这样的测试最好不要偏重量的要求而忽视质的标准，也不可只考察学习者的语言知识而忽略他们的交际能力等（参见下文）；

——调查：调查对象为教学面向的最终对象、当地的对话人、校外评估员、资助学习的用人单位……调查的主题涉及他们的期待和要求；

——实地调研：这将有助于制作一份需用目的语完成的任务清单，描述任务的执行环境、辨识交流对象，以及常规的互动模式。

通过这样的需求分析，我们将勾勒出学习者在学习结束后的典型特征，设计出一个用于评估学习结果和学习者进步的标准尺度，制定出一个工作细则，其中包含有待完成的任务清单和记载各个学习阶段状况的备忘录。

1.3 期待

探究学习动机和分析学习需求之后，就可以开展教学了。此时，学习者对于将要接受的教学和即将跟从的老师，会有意识或无意识地产生并表现出某种期待。的确，人一旦处于学习状态，便会自然而然地采取一种与之相适应的精神状态，其中就包括对老师的期待与要求。这些期待和要求表现为一系列的隐性指令，由学习者心照不宣地向教师提出 [1]。毫无疑问，不论是外语课堂上的教学互动，还是日常生活中其他情形下的教学互动（比如教育孩子、培养学徒等），都按照这类所谓的"自然"法则传授知识与能力。如果教师能够认识到这一点并加以明细化，将有助于他们开展方方面面的教学工作，预防学习者产生挫败情绪，也将帮助教师科学利用这一自然的学习过程，而不再像从前惯于阻碍它的教学法那样。我们在详述学习期待这一问题之前，还想提请大家注意，尽管学习期待看上去大同小异，但它们还是具备诸多个人特色和文化特质的。关于这一点，读者可以重读本书有

---

1 参见：勒克莱尔.《第 15 届大学教学法国际协会研讨会论文集》（D. Leclercq, Actes du 15e colloque de l'AIPU）。列日，1997，第 19 页起。——作者注

关学习者特性的章节，更具体地说，请重读分析学习者的学习习惯和风格的段落（参见本书第 104 页）。

1.3.1 "请展示给我看！"

众所周知，模仿是学习的一个非常重要的原动力，学习者不论是孩子还是成年人，总会自然地模仿他们想要与其一样的人，也就是想要从他身上学会某种本领。所以，学语言的人特别需要他的老师或者其他人能够做他的样板，以便他能跟着复制相同的语音语调、词语表达和言行举止。若要使模仿发挥功效，学习者还必须经常练习，因为光靠课堂上讲解语法规则之前和之后单举几个例子根本不够。练习的范例必须十分可靠，情境也应该足够真实可信（结结巴巴地讲话和东施效颦般地学样都不是模仿）。模仿还需要学习者对目的语、教学方法和教学条件等持有积极主动的态度，比如对目的语和目的语文化等很感兴趣。我们已经特别强调过教师在这些方面应该承担的职责（参见本书第 116 页）。

1.3.2 "请解释给我听！"

与我们一度有过的认识相反，外语教学不能只满足于让学生浸润在句式、交际和行为的标准范式中简单地模仿和学习。他们还需要在特定时刻，通过适当的方式，得到清晰的解释，以满足自己非常自然的理解需求。他们期待自己的老师能够帮助他们从过去的学习和交际实践中吸取"经验教训"，进而能够在下一步的学习和交际实践中获得更多的教益。有的学习者因为学习习惯和学习风格不同，可能需要得到教师更多的帮助。我们可以看到，教学应该就是不断地从发现问题过渡到解决问题，如果像某些教学法那样，拒不讲解语法（因为儿童学习母语时从来不学语法），让学习者过久处于困惑不解中，反而有可能使学习者失去继续学习的勇气。所以，我们恰恰要遵从如下原则：虽说学习者能够理解某些信息、规则和情境，但还是期待老师解释给他们听。

1.3.3 "请考查我的水平！"

没有哪个学习者承认自己喜欢测验和考试，大家都愿意取消考试，并且认为没有考试，教学会变得更加愉快，从事教学也就完全出于个人乐趣与自我满足。其实，恰恰相反的是，挑战和评估是学习不可或缺的组成部分；学习者为了奋发努力，为了取得进步，需要不断地应对挑战、接受评判。再说，这也是"问题学习法"（apprentissage par problème）的基本原理所在，我们将在第五章进行介绍（参见本书第254 页）。其实，向学习者提问，让他们做练习，交给他们任务等，这些简单的事情都是学习者将要努力迎接的挑战，他们当然也期待能够得到老师的评价。即便是出于原则或其他原因，教师不便评价自己的学生，学生自己也还是会不由自主地这么做，他们不仅会相互比较或者和当地人比较，还会跟初学阶段的自己做对比，尽管这当中可能会带有我们已经讲过的主观性。我们随后将专门探讨评估的问题（参见本书第 188 页）。

上述三种期待属于被动期待，因为它们由教师发起。这三种期待在传统的外语教学法年代很受欢迎，因为那个时候，是教师给出例句，做出解释，而后让学生练习和考试。传统教学法以及后来的教学法对这几个教学方面的重视程度各不相同，这也成为它们彼此区分的依据：语法和语文学外语教学法注重对语言形式的讲解，结构－行为主义教学法强调重复模仿，目标教学法（approche sur objectifs）重视评估。可是，学习还包含其他一些至少是同等重要的需求，要满足这些需求，教师只能少干预，多给予学习者自由，鼓励并引导学习者发挥主动性。这便涉及下面要讲的学习者的主动期待。

1.3.4 "请让我试试！"

我们曾经说过，试错是无引导学习的一种方法，它可能比较费时，而且肯定有风险，但毕竟是行之有效的。在有引导的学习状态下，教师向学生展示和讲解一种情景、一种机制或者一个方法之后，便可以认为学生学会并掌握了。正确地完成了练习或者通过了严格的测验，可以证明学习者在一定时间内理解并记住了一个新的语法规则，却不等于他已达到了融会贯通并能够在需要的时候将之有效地运用到真实的交际中的程度。因此，学习者不论在语言上，还是在文化上，都需要通过个人的、功能性的和真实的体验去实践教师教授的新知识和新能力，以便完全掌握它们（参见本书第 223 页关于中介语理论的论述）。任何时候，我们都要让学习者有机会检验自己学到的知识，亦包括他们的学习的成果（参见本章 1.3.3）。

1.3.5 "请让我自己去发现！"

学习是由未知转化为已知的过程（参见本书第 260 页），发现的诱惑力很可能是学习最为重要的动力。我们说过，因为学习的是一种外国的语言和文化，所以是它奇特的，但这是一扇发现他者和自我的有利窗口。为此，教师不能从一开始就在这扇窗子上钉许多条条框框，而应当给学习者留下空间，让他们自己探索。教师可以组织多种课堂活动和项目，帮助或者必要时激励他们跳出这个窗口去探索法语世界。发现也可以是语言方面的，因为学习者在学习语法规则或翻译之前，要有解读、猜测和想象的机会。理解一条语法规则、一篇文章的中心思想或者是解决一个文化问题的最好的方法就是让学习者自己去发现。

1.3.6 "请让我来发明创造！"

若从学习的源头说起，按照乔姆斯基的观点，人的创造力有两种模式：一种是规则允许的范围，另一种是超越规则，进而主宰规则，使规则相对化并改变规则。掌握语言需要这两种创造力。根据中介语理论，学习者会自发地生造出一些临时性的、自用的语法规则，留待其后的交际经历加以证实或否定，从而创造出更加符合规范、更加有效的新规则。另外，我们也知道，诸多语言、文化现象并不受系统、规范和规则的支配，反而需要话语者具有一定的直觉和想象力，这对于某些外语学习者而言是难以企及的能力，因为他们学习外语是条件反射式的，比如在结构－行为主义教学法框架下的学习。因此，从初期课堂起并在之后的整个教学中，都应当让学习者的创造力有机会得到展现和发挥，方法包括语言游戏、即兴的短小喜剧、写作坊、个人项目，甚至是一场简单会话或者一堂语法课。我们曾在此前的章节中提到（参见本书第 22 页），从运转机制的角度看语言，从过程的角度看学习，它们都属于游戏；做实验和阐释是游戏的组成部分，而发明创造则是游戏的本质。

由此可见，上述各类期待是任何学习行为所固有的，尤其符合外国语言和文化的学习，而满足外语学习者的期待应该是既顺理成章，又至关重要的。每一个犹如指令的期待最终都代表着一种强大的教与学的驱动力，统合在一起便是任意一个教学大纲的工作细则。参见如下图示：

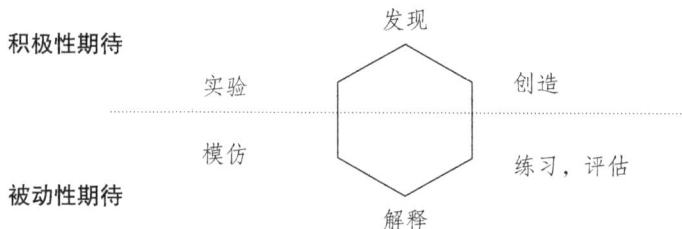

積极性期待　　　　　　发现

实验　　　　　　　　　　　　创造

模仿　　　　　　　　　　练习，评估

被动性期待　　　　　解释

其实，在同一节课上，教师总是不断地在满足学习者的种种期待，比如：给出例句，提问同学，对他们的回答给予回应，要求学习者参与，做出解释，布置练习或自由写作，等等。认识到这些活动均属于对学习者期待的回应，可以使教师学会根据使用的教学方法和自己的教学风格，判定如何满足学习者的每一个期待（指重视程度和花费时间）。教师绝不能强迫自己满足所有期待，而是应该在备课或者进行阶段性教学总结时，反思哪些期待应该优先满足，哪些期待可以暂时忽略，哪些期待适合采用专门的活动予以回应，怎样的教学计划能够综合并平衡学习者的各类期待，等等。一般情况下，可以先考虑满足被动性期待，这当中又应首先满足学习者对解释的期待。至于那些可暂时忽略的期待，通常是指因受限于时间而来不及进行的扩展性练习和让学习者自由发挥的话题。

在结束讨论学习期待这一命题前，必须指出的是，想同时满足所有期待是既不可能又不可取的，因为期待总是相互矛盾的。为了进步，学习者需要激励，需要理解新的信息资料，需要学会解决新的问题，需要准备考试；但与此同时，他们又需要有自我满足感，需要能够自由运用所学知识而不用考虑对其进行扩充，也不用担心考评。教学应该尊重这两种不同的诉求，经常地交替回应之，以免学习者压力过大或滋生厌学情绪——从长远看，这两种现象都不利于学习能力的习得。对于外国语言和文化的学习也是相似的情况：学习者一方面自然地寻求身处异地的感觉和异国的情调，特别是那些差异驱动着他们学习外语，同时也是他们学习的难点；但另一方面，他们又力图获得普遍性规律，减少差异，以此方便学习并掌握外语。这里，我们再次强调，教师要来回调整自己的教学，既要让学生的好奇心永驻，又要确保已知与未知之间的转化。正是教学的这种活力决定了学习的质量和可靠性。

2. 知识、学问和能力

如果说，有一个问题能够在教育心理学、外语教学法和方法论上掀起前沿理论的热潮、热烈的讨论和持续的争议，那就是关于知识的问题。必须承认，这是一个十分重要的问题，因为它关乎教学原则本身，而教学恰恰致力于知识的建构、传授与发展，不论我们给予知识何种名称和形式。在这一节里，我们将更加注意回避争论和细节，它们在其他场合下固然重要，但对教师的日常教学来说并无真正的帮助。所以，如果有读者觉得下面的定义和解读还不够全面，请自行参阅众多专门探讨此问题的专著和论文。

2.1 对知识、学问、能力等概念的初步界定

首先需要指出的是，在日常法语里，savoir（知识）、connaissance（认知）、compétence（能力）、capacité（才能）和 habileté（本领）等基本上属于同义词，但在学术领域，有专家学者根据不同的科学系统，将它们相互对立起来，使之在某一特定语境下显现出确切的区别。下面我们将先从这些词语的通常含义入手，而后再看它们在外语教学上的专业用法。

savoir 的单、复数形式，特别是其复数形式可作为"知识"的统称，因为不论是单独使用，还是后接动词不定式，都涵盖了所有其他同义词的意思，如：les savoirs 等同于 connaissance，le savoir-faire 则相当于 compétence、habileté 甚至 le savoir-vivre（处世之道）或 le savoir-être（为人之道），后两个词已超出了学习的范畴，指人的性格特征。因此，我们可以说，这些含有 savoir 的词语及其表达的概念可用于有关学习及人格分析中的认知、精神运动和社会情感等层面。这一点对语言来说更是如此，我们多次强调，语言在所有层面都牵涉到它的运用者和学习者。

从最抽象的意义上说，法语的 connaissance（认知）指的是我们对外部世界（亦包括我们自身）形成的意象，也就是意象表征，与我们在前一章里讲到的刻板印象大同小异，只不过更切合实际，因为它受客观事实、经验和论证的支持。认知经过设计加工，可以形成一个比较稳定的体系，成为人们日常生活情境与行为的参照。然而，认知始终是被动的：尽管它是合理行为的必要条件，却不是唯一要素，所以必须辅以实施应用的步骤。

目前，在教学和教学法领域，使用最多的词语是 compétence（能力）。该词直指行动，表示"能够……"，如能够实施某种行为，能够

解决某个问题，也包括能够习得新的知识和能力，等等。事实上，人的能力也只有通过实证的表现去评判。乔姆斯基从纯粹的语言学角度提出了"能力"（compétence）和"应用"（performance）这对相互对立的概念："能力"即为一个人只需少量语法规则和抽象模式就能表达、理解无限量信息的能力；"应用"则为将前述（语言）能力运用到每一个具体而不同的话语行为中。

我们认为，法语的 capacité（才能）不如 compétence（能力）更具特定意义、更有操作性；而 habileté（本领）则指为完成某一具体行动而运用的全部能力。

为了区分上述概念，我们以汽车为例。我们可以会开车——这一本领（habileté）可以被分解成一系列特定的能力（compétence）（如启动发动机、变速等）和非特定的一般能力（capacité）（如用两只手同时做不同的事情、估算距离等），却无需懂得发动机的工作原理；或者，我们可以懂得发动机的工作原理，却不一定知道如何修理它，因为需要其他的特定能力（compétence）去发现故障起因，去拆卸和重装发动机各个不同的部件，去校正瑕疵零件。我们知道，一个人可以通过考察汽车了解发动机的工作原理，但我们只有在这个人把抛锚的汽车发动机修好（performance，即运用汽车发动机知识的能力）之后才能确定他会修汽车发动机。不过，这些能力要想真正派上用场还需要汽车修理工足够冷静、专注并有发挥这些能力的动力，总而言之，就是要有一种恰当的态度，即为人处世的能力（savoir-être）。

在展开深入讨论之前，有必要强调掌握语言知识相对于其他知识的特殊性。首先，语言不是同质的，它有多种形式和多种用途，可用来读、写、说……，可表达不同的意图（传达信息、煽情、说服……），可借助不同的体裁（会话、报刊文章、技术说明书、文学……），因此需要具备非常多样化的知识、能力和本领。不论是操本族语的人，还是外国人，一般的语言习得，即便是已经完成或者完全掌握，那也只是理论上的。我们对语言，包括对母语的认知，总是不确定的、相对的、有待提高的，这种状况既跟我们个人的动因和能力相关，也与我们所处的外部环境相连。所以，在外语教学法领域，最好不要奢望理想的操本族语者的典范或完美的双语人，而应该视学习者为"潜在的多形性的多语人"（plurilingues polymorphes en puissance）。换言之，就是培养他们能够根据日常生活和工作中出现的情境、需求和机会，提高并调适自身的语言能力。

另一个问题是，掌握外语所需的能力具有复杂性。一方面，我们很难将学习外语所需要的各项能力相互区分开来，因为它们之间的关联错综复杂，以至于迄今为止的归纳和分类不仅在理论上备受诟病，而且在实践上也总是遭遇令人尴尬的局面。我们将在本书的后面看到，为了分别评估学习者的各项语言能力而将它们分割开来的尝试都导致了一种人为的、缺乏条理的语言学习观。另一方面，很难明确指出哪些能力是语言应用所特有的，实际上大多数能力已远远超越语言的界限，延伸至认知、社会和心理学等领域。神经学家已经证实，人类的大脑有具体负责语言学习的部分；遗传学家也确认，人体内存在专门掌管语言学习的遗传基因。某些疾病还证明，语言尤其和智力虽然密不可分，但还是有着根本区别。尽管如此，除了自然科学和医学领域外，要在语言的日常使用和学习中划分出各项能力会显得既棘手又徒劳。因此，我们从事外语教学时，最好遵循如下原则：为了交际，要综合运用多种多样且相互关联的能力，这其中，语言能力不以简单、孤立的形式呈现，而是系统地与我们每个人的个性和社会生活融合、互动。

2.2 知识的类别

对于自己所教的学生，教师应该能够始终明确要让他们增长哪些知识、具备哪些能力，或者说，他在教学中打算通过某个活动、某项练习培养学生哪些能力。通过听课和参阅教材，我们发现这些问题并非我们想象的那么简单，教和学在这些关键点上并不总是协调一致。如果教师重点培养学生分析、理解文章的能力，就不能奢望他们使用外语进行会话。教学法的特点不仅仅在于它主张采用什么样的教学程序——关于这一点我们将在本书第五章介绍，而首先在于它提出了何种学习目标。我们因此可以把语言知识比作"附加值"，学习者将通过自己的努力逐一获得它们。下面介绍的关于知识类别的几种经典解读既可作为大多数教学实践的参考，也可帮助教师读者明晰、筹划或者指导他们各自的教学实践。

2.2.1 传统教学法视角下的知识

传统外语教学的教学原理与学校其他科目的教学别无二致，在教学方法上又与古代语言的教授类同。所以，传统外语教学法只注重传授被动的、形式的语言知识，更确切地说，就是语法和词汇知识，或者再加上一些文化知识，但从不考虑它们在真实的交际语境中的应用问题。这种教学基本上就是培养学生死记硬背语言知识和理解语法的能力，并使他们能够完成专门的习题和翻译。通常情况下，为了应试而学的知识往往在考完试后不久便被忘记。

2.2.2 结构主义教学法视角下的知识

结构-行为主义教学法的倡导者认为，他们创建的教学法开启了科学的外语教学法的新时代，因为这种教学法注重知识的系统性和功能性。结构-行为主义教学法提出了两组对立的概念，一是语言理解（compréhension）和语言表达（production），二是口头理解与表达（oral）和书面理解与表达（écrit），并在此基础上概括出四种技能，以求尽可能全面、严谨地对语言实践进行划分。这四种技能现已成为经典的"听说读写四会能力"，也就是我们上面小节中定义的"本领"（habileté），而有人一直沿用英文术语 skills。

会 …	理解	表达
口头	…听	…说
笔头	…读	…写

这个"四会能力"表不仅可以用来组织、开展有针对性的教学活动，也可用作制定评估语言掌握程度的标准，了解学习者在学前、学中和学后的学习动态，有些评估还增加了"语言互动"这一标准。这个"四会能力"表还可用于规划教学，因为这四项技能按照难度递增的自然顺序依次出现，就像母语习得给人的印象的那样。所以，结构－行为主义教学法强调一开始就要让学习者长时间地接受目的语的听力输入，然后再逐步要求他们开口说话，先是跟着重复听到的句子，掌握句型。只有等到学习者掌握了口语表达能力之后，才进入阅读理解阶段，最后过渡到写作阶段。在某些激进的结构－行为主义教学法中，特别是针对儿童学习者时，从口语到书面语的过渡期有时会很长。有教学法专家特别强调书面语的特殊性，把它几乎看作另一种需要专门学习的语言，他们确实认为，如果同时学习口语和书面语，书面语有可能会干扰口语的学习。倘若打乱听说读写的自然顺序，很可能会在总体上影响外语的习得。

虽然"听说读写"四会能力一直是绝大多数的教学大纲、教学法和课程的框架基础，但它们的意义和影响力也不能绝对化。同先前的那些概念相比，四会能力的重要价值是从应用的角度看待语言，而不是仅注重语言的形式。然而，如果脱离了交际这一当今外语学习的主流范式，应用便成了抽象空洞的术语。比如，为了分析、教授、学习说的能力，就必须联系交际语境（对谁说？何时说？在哪里说？为何说？……），还必须结合语言之外的其他能力（社会文化能力、心理情感等），否则，那就只是一个纯粹的形式化的练习，其效果不一定比传统教学法的练习更好。同时，过于严格地分隔四会能力，或者过分强调它们的先后顺序，既不符合交际的现实，也不符合外语学习的实际，我们绝不能混淆外语学习和母语习得（参见本书第 225 页）。在大多数的日常交际情境中，我们一般都是听说读写并举，尽可能地综合运用，而且这四种活动总是相辅相成的。在教学上将这四会能力分隔开来，不仅会显得不真实，而且会造成适得其反的结果，因为这种做法既阻碍了各项能力在一起可能产生的合力，又妨碍了各个能力之间的迁移。此外，我们虽然不否认要根据学习者的条件、学习目标和教学环境确定传授知识的顺序，但我们今天所理解的学业进步已经不再是知识或者技能的先后叠加和积少成多，而主要是更基本、更广泛的交际能力以综合性和循环性的方式得到发展与提高（参见本书第 223 页关于中介语理论的论述）。

2.2.3 交际教学法视角下的知识

交际的理念是贯穿我们这部著作的一条主线，我们已在第一章做了阐释（参见本书第 87 页），而交际教学法则将在下一章介绍（参见本书第 251 页）。这里，我们既不必重复已经讲过的内容，也不想提前涉及后面要说的话题，故而将论述的重点放在交际能力的培养上，这是任何交际和任何语言学习的基础，也是交际教学法努力要培养学生具备的能力。我们已经解释过，交际成功与否取决于一系列的因素和过程，它不单纯是话语的交流，而且这种交际能力必然包含一系列的因子，熟练掌握语言只是其中的一个方面。正是这些内在因子的综合作用（其程度和结合方式随机变化）才使我们能够在特定的语境下完成交际，也就是用语言与他者实现互动，让对方了解、分享和行动。根据这一原理，许多教学法专家归纳出交际能力的各个组成部分（sous-compétence de communication），其中最常被提到的有：

- ❏ 语言能力，
- ❏ 语法能力，
- ❏ 社会语言学能力，
- ❏ 话语能力（discursive），

❑ 谋篇布局的篇章能力（textuelle），

❑ 特定背景知识的引证能力（référentielle），

❑ 百科知识能力 / 通识能力（encyclopédique），

❑ 审时度势的情境能力（situationnelle），

❑ 社会能力，

❑ 人际关系能力，

❑ 族群—社会—文化能力，

❑ 交际策略能力，等等。

在交际法之前，语言和 / 或语法能力是被关注的主要对象，甚至是唯一对象。这类能力可以满足语言的语法使用规则，也就是造出正确的语句，但是，语言的应用规则却要求学习者同时发挥其他能力，以便理解并表达出合乎交际语境的话语（参见本书第 48 页）。事实上，一个语法正确的句子如果脱离其语境，很可能令人费解；相反，一个语法不正确的句子如果在各个方面都契合语境，却能够被很好地解读。

值得强调的是，在上述能力清单里，最后一项能力——交际策略能力非常重要，它发挥着根本性的作用，因为它可以联合其他能力，可以暂时补救其他能力的缺失，可以帮助克服意外的困难，可以帮助话语者最终达到自己的目的。这项交际策略能力还可促进学习，特别是在无引导的学习条件下（参见本书第 133 页）。但是，如果学习者经常性地采用见机行事、规避或迂回的策略，那么不仅学习会受到限制，其他能力的发展也同样会受到影响。

上述各项交际能力的清单既不能固定不变，也不可僵化封闭，因为它们完全受制于交际情境或教学环境，但我们还是可以把它们整合为四个基本能力要素，相当于英语里的"四项技能"（skills），涵盖了交际的全部参考因素。

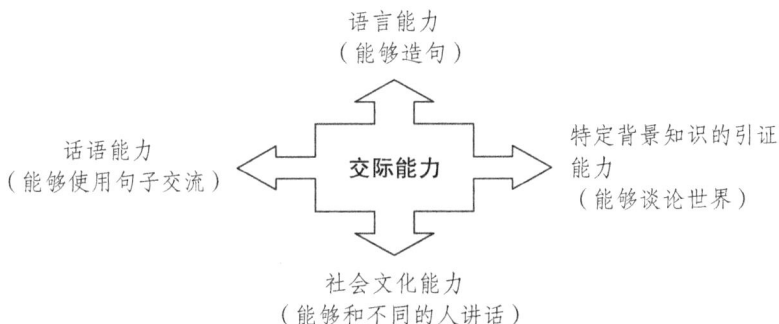

通过考查这四个基本能力要素，教师可以评价他使用的教学方法或教材中交际元素的含量，也可以评判他准备的教学方案或活动中的交际成分。这四个基本能力要素结合在一起，将按照一系列的言语功能呈现，大部分的交际情境和现行教材的目录中都体现了言语功能的主要内容，如下：

（学习者）能够

❏ 实施社交行为（问候、感谢）；

❏ 获得 / 传递事实信息；

❏ 实施有驱动作用的行为（请求、使做）；

❏ 表达情感（讲述自己的激动情绪）；

❏ 表达思想（提出自己的看法）。

2.2.4 传统 – 结构 – 交际三合一视角下的知识

现在如果把上述三个不同视角合在一起看，便会发现它们在教学实践中互补多于对立。其实，这三个视角在一定意义上构成了探讨相同问题的不同切入点，犹如下页图所示的同一个立方体的三个维度。

我们在这里无意为折中主义教学法背书，只想说明问题的关键主要不在于改变教学客体，即传授的知识，而在于改变传授知识的方式方法，在于将知识综合在一起，在于为知识定位。教师在进行每一项教学活动前都应先自问：要传授何种知识（如原因表达法、经济词汇)? 要锻炼何种技能(如口语表达)? 要培养何种交际能力(如协商谈判)? 要适应何种交际情境(如商务会议)? 困难的是,为了实现连贯、有效的学习,教师要在满足每一个教学参数要求的同时,将它们系统地结合起来。

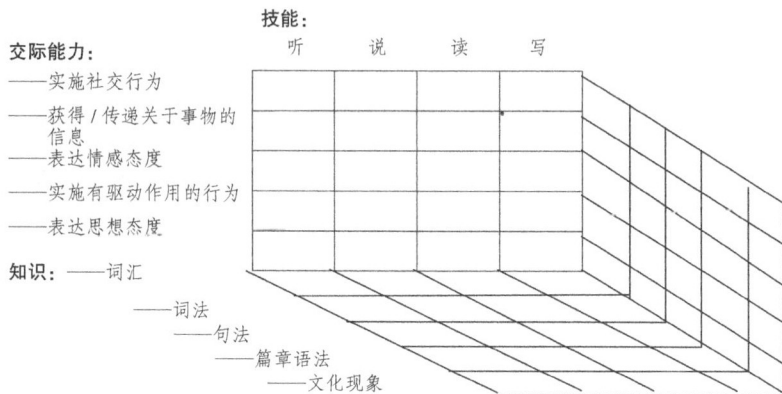

2.2.5 心理认知视角下的知识

自从外语教学法不再只关注教学,也关注学习(此乃本书的另一条主线)以来,它便开始转向认知心理学的研究,旨在明晰外语教学的目的,并且明确哪些知识属于语言实践所必需的,以及怎样掌握这类知识。心理学家证实,各类知识以完全不相同的形态呈现在我们面前,但在我们日常生活的大多数活动中,它们又彼此结合在一起。因此,不论学习什么知识,都不能将它们分离开来。概括地说,知识可分为以下三种类型:

——陈述性知识(savoirs déclaratifs):即可以被记住的事实知识,例如一个日期、一个姓名、一个定理、一项法律等;人们还应该能够将它们口头陈述出来,以便加以运用,或者证明这些知识已被掌握。即使这类知识主要通过习惯的力量获得,人们还是能够意识到自己拥有它们,但这不能证明人们有能力使用它们,比如会用一个定理解决一道难题。

——程序性知识（savoirs procéduraux / savoir-faire）：与陈述性知识相反，程序性知识不依赖口头的陈述，它要通过语言应用能力表现出来，或者通过才干、模仿、试错和经验等方式获得。甚至有时候我们完全掌握了某个工作程序，却无法讲解出来，比如演奏乐器、打领带等。

——条件式知识 / 策略性知识（savoirs conditionnels / stratégiques）：即人们根据既定目标和所处情境，有意识地运用其他知识的知识。例如，虽然我非常熟悉毕达哥拉斯定理[1]，或者虽然我很会打领带，但如果我不知道在什么情况下使用这些知识，那这些知识就是毫无用处的。关乎人际关系的一般都属于条件式或策略性知识。

简而言之，陈述性知识回答"是什么"，程序性知识回答"如何做"，条件式知识回答"何时、何地以及为何"。我们可以复引汽车的例子来说明这三类知识的区别。我对交通法规和车上各个部件功能的了解属于陈述性知识，我能够把这些知识讲给学开车的学员，即便不在车上讲也可以。但是，如果不进行现场演示，我将很难向他解释清楚如何灵巧地操纵方向盘，如何逐步减速，如何灵活换挡。即便有了现场演示，学员也只有通过亲身实践才能够获得上述反应性操作技能，这些皆属于程序性知识。可是，如果这位新手没有学会根据目的地、路况、其他司机和交通法规等情况适时适地地减速、换挡和转弯，那他还是没有完全掌握开车的本领，这些便是条件式知识。

除了上述三类知识外，我们认为还应该加上一个第四类知识，即学能知识（savoir-apprendre）。这是其他三类知识的本源，并和它们始终保持着互动关系。的确，一个人的既有知识，不论习得时间的先后，总是决定性地影响着他对新知识的学习。学能知识可以是有意识的、可控制的；果真如此的话，学能知识又可被称作"元认知能力"

1　即著名的勾股定理，由古希腊数学家和哲学家毕达哥拉斯（Pythagoras，约公元前580年—约公元前500年）发明。——译者注

(métacognition)，我们将在下一章展开进一步的论述（参见本书第234 页）。

在语言学习方面，心理语言学家明确区分了语言能力和元语言能力（compétences métalinguistique）的不同。前者是程序性的，后者为陈述性的。他们甚至认为，这两种能力在人的大脑里依赖不同的工作区域（参见本书第 217 页）。语言能力帮助人们使用语言，元语言能力用来解释语言。这两种能力显然不是相互对立的，却可以被分别习得。这样的区分最终产生了隐性语法和显性语法的概念（参见本书第 219 页）。这里，我们先就各种知识在外语教学法上的应用提出两点看法。

第一，语言学习的模式不同，不同类型的知识发挥的作用也各异：母语习得主要靠程序性知识，而在学校进行的外语学习则基本依赖陈述性知识。这样的差异，一方面说明如果不备课，就很难向外国学习者教授自己的母语，因为这要求自己将那些先前无意识习得的语法规则进行有意识的梳理并使之简单易懂；另一方面也说明即便熟记了一种语言的所有语法规则，也不见得能够轻松地运用到一场会话中。我们将在下一章里具体分析陈述化和程序化的过程，外语教学和外语学习归根结蒂就是陈述化和程序化的过程。

第二，从绝对意义上说，外语学习在诸多相关方面都属于上述三类知识的范畴。例如，由于法语名词的阴阳性没有固定规则，所以我们只能靠自然的领会和吸收，必要时，可依仗持久的用心记忆，一个单词一个单词地选择它们的性别属性。与此相反，法语代词式动词过去分词的性数配合是一个罕见、棘手的问题，很难通过熟能生巧的机械性练习方法解决，所以每次运用都需要回忆相关规则。上述第一个例子是外语习得的程序性知识，第二个例子则是陈述性知识（必须指出，若是母语习得，则很少是这样的情况）。最后，即便已熟知法语动词的第二人称变位，即便让别人为自己讲解了法语的礼貌规则，也还要经过长时间的实践之后才能学会在谈话中何时用"您"或"你"

称呼对方。这一点对儿童和外国人，甚至对法语国家的人来说都很难
正确把握。这是关于条件式知识的一个典型案例。

陈述性知识 = 元语言知识	对显性语法规则的有意识的认知 （参见"显性语法"本书第 219 页）	例如：过去分 词的性数配合
程序性知识 = 语言能力	凭直觉领会和自发使用（参见"隐 性语法"本书第 219 页）	例如：选择名 词的阴阳性
策略性 / 条件式知识 = 社会语言学能力	运用规则，可以帮助理解 / 表达 恰当的语句	例如：选择使 用"您"和"你"

上述一览表表明，认知主义教学法强调的这些知识正好对应了我
们此前描述的交际能力，同时又从学习层面赋予了其新的内涵。

2.2.6 教学法视角下的知识

作为总结，在复述本小节导言里所做的知识区分以及随后不同视
角下的具体分析的基础上，下面用图解的方式扼要概括外语实践、外
语教学和外语学习所涵盖的各类知识与能力，供大家参考，以便明确
自己教学工作的方针和原则。

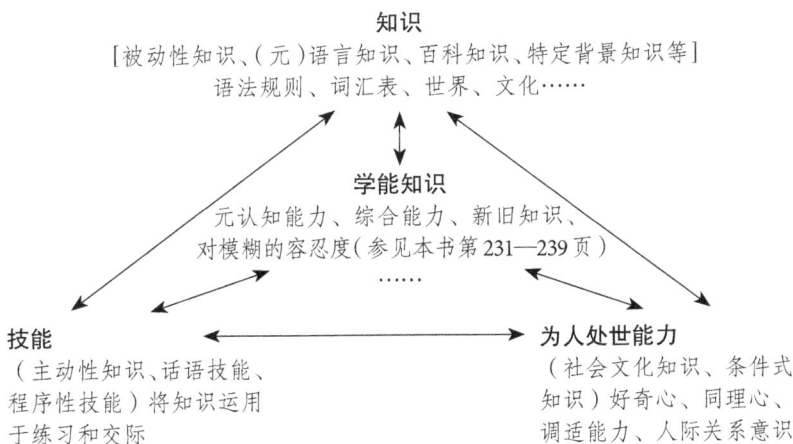

知识
[被动性知识、（元）语言知识、百科知识、特定背景知识等]
语法规则、词汇表、世界、文化……

学能知识
元认知能力、综合能力、新旧知识、
对模糊的容忍度（参见本书第 231—239 页）
……

技能
（主动性知识、话语技能、
程序性技能）将知识运用
于练习和交际

为人处世能力
（社会文化知识、条件式
知识）好奇心、同理心、
调适能力、人际关系意识

3. 外语教学的终极目标和目的

3.1 外语教学的效益性问题

我们已经讲过，为使外语教学更加有效，外语教学法在近 50 年来发生了巨大变化，现在我们还要再次谈到这一点。首先，在传统的语文学教学法和结构主义教学法时代，语言及语言学习的本源与理由尽在语言和语言学习本身，语用教学法和交际教学法则将外语教学的终极目标——也就是在真实情境下语言的真实使用——作为语言及语言学习的驱动力。其次，外语教学是最先走出校园进入市场运作的学科，随后才是经济学和商务教学。公立教育机构和社会私立学校之间的竞争促使外语教学在运作机能上对教学目的、教学模式进行了一定的调适。关于这一点，有人可能会进一步质疑那些充斥外语教学界的争强好胜的理念和招徕顾客的术语，这些表述多为市场销售和企业管理的舶来品，包括我们这本书里也有不少这样的词语，比如"学习策略""教学目标和教学契约""学员顾客是上帝""目标人群""需求分析""语言业绩""对注意力的管理""量身定制的教学""点菜式教学"，等等。但是，最主要的还是外部社会，特别是行业社会越来越急迫、越来越特殊的需求推动了外语教学的变革，要求它不仅让学习者获得人文素养和智力的提升，还要能够产出效益。不管怎样，其他学科的教学似乎无需承受如此压力，好像外语教师既要保证结果完美（obligation de résultats），又要做到方法无瑕（obligation de moyens）。

起初，外语教学视角的变化是颇有裨益的；它为外语教学注入了新的活力，使其重新审视应优先考虑的问题。然而，这些年来，外语教学一味追求效益，往往几近入魔，这一现象也带来了一些消极后果。的确，纵观现今各大研讨会、学术杂志、学校的教学大纲和国际合作项目等，对外语教学的评判似乎只基于投资和回报的角度。效益的理念限制了外语教学、外语教师和学生，但凡看上去可能是无动机的教学活动都被轻视，首当其冲的便是娱乐教学。我们现在把更多的时间和精力用在对结果的评估上，而不关注达到结果的方法，这样的做法自然会偏重那些可评估的内容、可测量的元素和可客观化打分的部分，而有损于外语学习和实践中其他那些更主观、更依靠直觉和更具有人文性的矢量，比如发现的乐趣、个人的发展、文化的丰富、人际关系、民族间的和睦相处，等等。此外，我们追求立竿见影、急功近利的例子屡见不鲜：60 课，每天 5 分钟，包你 3 个月学会法语，只需 1000 欧元！学习的目的越来越狭隘，功利性越来越强，什么"美食法语""接待法语""国际运输法语"等，导致所学的目的语与文化知识是肤浅的、碎片化的和脸谱化的，至多也就是让学习者用几种语言进行糟糕的交际。

我们目前看到的外语教学上变本加厉的急功近利现象，以及对教学技术手段和专门用途外语教学的盲目推崇，使我们对掌握一门外语的概念产生了误解。熟练掌握外语其实还需要其他方法，还要满足其他标准。外语及外国文化不像商品或者技术那样可以买来，而必须亲自去发现、去熟悉、去长久接触、去刻苦地操练，同时还永远不要指望最终能彻底掌握目的语及其文化。尽管我们可以侧重语言和文化的某些专业化用途，确立更具针对性的教学目标，但是，语言和文化始终是整体的、独一无二的，不可以将它们局部化、孤立化和功利化；语言和文化需要一种系统的、细腻的和耐心的路径。外语学习是一场智力考验，是一种独特的人文体验，非此，它就只能陷入效益的纠结之中。

3.2 外语教学的终极目标

我们同样非常简单化地将一些外在的、普遍的目标称为"终极目标"。学校本着这一目标决定展开外语教学，学习者根据这一目标决定接受外语教育。之后再制定专门的教学目标和实施方案，严格地说，这些具体的目标和方案才属于外语教学的范畴。外语教学的终极目标需要从以下三个层面加以区分。

3.2.1 社会、政治及单位领导层面

所谓单位领导，是指教育机构、院系或者私人企业的领导，如：校长、院系主任、经理等。在这个层面，外语教学的终极目标指的是整个相关共同体从其成员的多语言能力中获得的利益。因此，这类终极目标和学校、社会及用人单位紧密相关（参见本书第二章第 98 页），主要内容体现在：

——向教学组织者提交的项目计划书，

——为实现既定目标所采取的措施，

——评估项目进展和结项的监控标准，等等。

在这一层面，教师的参与仅仅是根据学校委以的任务以及执行任务的工作条件（目的、时间、参与人……）选择最佳的教学方法。

从最广义的角度讲，由学校、教育体制或国际机构选择作为语言能力参考标准的评估归属于社会终极目标。这些年来，语言评估不论是其重要程度还是其普及度都是前所未有的，以至于它影响了整个外语教学，将其简化到测试必考的知识，使外语教学的功用被局限在应付考试上。（参见本书第 188 页起）

3.2.2 学习者个人层面

这个层面的终极目标多少具备长期性，不管怎样，都已经超越了教学的范畴，因为教学被视为实现长远目标的手段。正是围绕这一长远目标，学习者才决定开始学习外语，并下决心努力学好这门选修或必修的语言。这一长远目标构成学习外语的强大动力，但我们也说过，务必要有节制地对其加以利用，否则可能会挫伤学习者的积极性，或者使他们养成临时抱佛脚的不良习惯（参见本书第 159 页）。这个层面的终极目标可能涉及学习者的职业、学业、社会、文化和家庭等远景规划，如就业、晋升、出差、考试、社会融入、解决身份、旅游、文学研究、双语夫妻，等等。在这一层面，教师的作用依然很有限，只能是帮助学习者实现自定的或者学校规定的目标，然而这些目

标并不取决于教师。

3.2.3 教学层面

这个层面的终极目标跟上述两类终极目标同样合理、重要，但由教师直接负责。教师要从日常的教学工作中抽离出来，从教学质量、教学效能而非效益的角度考量自己教学工作的影响和意义。就此而言，教学层面的终极目标有三点值得强调：

——广度上，教师要思考其教学是否涵盖了不同方面的内容（语言、文化、交际、人际关系……），还有哪些领域（日常生活、职场、文化……）可以开拓；

——强度上，教师要思考其教学是如何影响学习者的。比如，他的教学是否坚定了学习者对新学语言和文化的看法，是否激励了学习者用新学的语言和文化思考问题，是否对学习者的个性产生了方方面面的影响（记忆力、理解力、创造力、激情、社会和实践的意识、自我形象……），是否激发了学习者使用目的语和继续学习目的语的动力与能力；

——期限上，教师要思考其教学效果在学习结束后续存时间的长短（学习者再接再厉进行自学，或者过一段时间之后再教一遍）。

在开始讲课或者实施项目之前，教师应该反思其教学活动将会在短、中、长期对学习者的语言学习产生怎样的效果，这些效果是否和自己及学习者所下的工夫（时间和精力）相匹配。效能其实就是教师教学产生的效果和他自己及学习者所费工夫之间的最佳性价比。然而，我们太常看到，人们只考虑努力、方式和投入，却很少考虑效果。我们发现，那些最下本钱的项目，比如开设大而全的专题讲座、编撰豪华的教材、购买高精尖的教学设备等，其结果往往差强人意，甚至产生与预期相反的结果，比如原本希望澄清某些概念，结果却让人更加混淆不清；原以为推出了一部寓教于乐的视听说教材，结果却成了学生的课外消遣品；原指望能够激励学习者奋发努力，结果却使他们灰心丧气。事实上，只要适合学习者的水平，契合他们的兴趣点，或者能够满足他们的需求，而且也与教学条件和要求相适应，单纯一次活动、一遍讲解、一项练习或者一个普通的介质就能取得卓有成效的结果。最后需要指出的是，对以效能理念为导向的教学进行评估时，也应该（可能尤其要？）超越时空、专业和体制等因素的局限，因为教学执行于其中，而评估教学的效益又恰恰只能以此为直接参照。

严格区分上述社会、个人和教学层面的终极目标，防止张冠李戴，这一点非常重要，否则会造成很多误解，并将导致规划的失败。但同样重要的是，教师、学习者、雇主、家长、机构和社会等相关各方在教学终极目标上如果不能达成共识，至少也应该达成妥协，这需要正式开课之前进行一次重要的协调、沟通和调整工作。

3.3 确定教学目标

我们不妨始终简明扼要：教学目标就是上述的终极目标在某一具体的教学情境或活动中的呈现或落实。为了满足公共社会或私立社团的要求，也为了满足教育当局、教学大纲、相关的教学法和学习者的设想等要求，人们要确定教学期间将要达到的目标，其中包括：

——长期目标（以课程阶段、学年为单位）、中期目标（以单元课程、星期和月为单位）、短期目标（以相关教学活动和课为单位）；

——决定教学大纲的实施、教学活动的选择和进度；

——学习者应达到的能力，例如：通过这项活动，通过这一段落的学习，通过这一学期的学习，学习者应该能够做……；

——要在课程、活动和项目开始之前向学习者提出清晰明了的要求；

——可随时进行持续、系统、客观的评估。

为了使教学目标行之有效，有必要把它们分解成越来越具体的目标。下面是一组系列性提问，有助于识别这些目标：

需要做什么？
总目标（非语言的）

需要开展哪些交际活动？
功能性目标

需要培养哪些语言学、社会语言学
和文化等方面的技能？
特定目标

等等

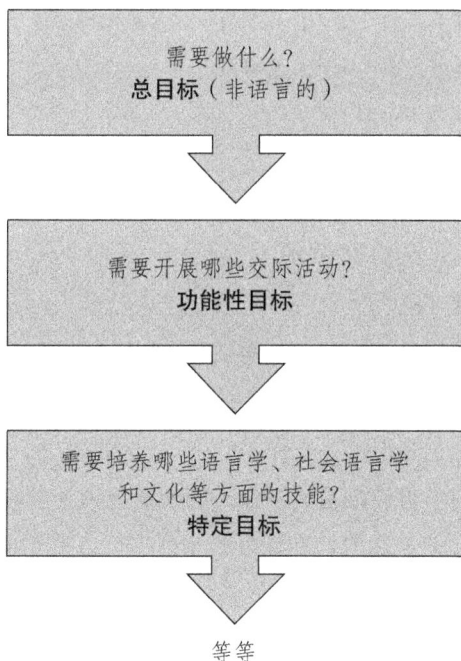

　　这些教学目标应该附有解释，并且得到学习者的赞同，甚至需要和学习者协商谈判。要根据学习者的年龄、动因、需求、期待和终极目标，让学习者不同程度地参与教学目标的制定，并鼓励他们参与实现教学目标。通过师生之间的讨论，最终形成一种"教学契约"。这一做法现在已开始在很多国家和学校流行，我们建议尚未被要求这样做的教师能够主动采取行动。具体的步骤是，开课之初，教师和学习者一起就本章讨论的各个问题进行总结，必要时可用学习者的母语，以便使每一个同学知道他将从何处着手、以何种方式、向着什么目标奋发努力。教学契约的内容包括：

　　——学习者的意识表征、学习动因、期待和终极目标；

　　——社会终极目标、外部环境的制约和要求（课业负担、考试等）；

　　——契约的条款：

　　● 中期目标、最终目标、特定目标和总体目标，

- 契约双方各自的责任（师生双方、学习者之间分派任务），

- 教学和学习方式（纪律、自律），

- 中期和期末评估；

——教学计划安排：

- 教学计划（语言、文化、交际），

- 班级和小组的活动及项目，

- 个人的学习经历，

- 课堂学习、课后作业和课外学习（图书馆、见面会等）；

——教学记事本（标明时间节点）。

若想把教与学最佳地合为一体，若想通过增加学习者的责任心来激励他们学习，并鼓励他们在课外、校外进行自主学习，教学契约是一个不可或缺的工具。

4. 评估、水平等级

4.1 评估的本原

评估是外语学习和学习者期待所固有的、"自然"的组成部分（参见本书第166页）。一方面，教师在不断地有意地或无意地、公开地或隐秘地评估其学习者，以确保教学进度的正常推进；另一方面，学习者也在不断地进行自我评估（跟自己比较，跟他人比较），以确信自己的学习在进步。同样，绝不可低估评估和考试的象征意义，外语教学的可信度和学习的成效尽显其中。

可是，评估在外语学习者的心目中向来名声不佳，因为它仍旧太过于经常地以处罚、淘汰和排斥为目的，惩罚那些犯了"错误"的同学和"差生"，而不是正相反，从正面肯定外语学习者已经掌握的知识和能力，鼓励他们继续进步。评估应起到足够强的激励作用，强化

学习者的学习动因，但当被用作一种震慑工具，以期学习者更用心、更刻苦、更自律时，评估就成了有害无益的举措。换言之，评估应该用作"胡萝卜"，而永远不可当作惩戒的"大棒"。

此外，评估不应该是单方面的：如果我们希望外语学习者成为学习的主人，就应该尽可能地让他们成为评估的主人，并且从一定意义上说，对学习的评估也是对教学的评估，因为教学就是用来促进学习的。应该遵循如下理念：如果学生的评估结果不理想，教师就应该借此机会积极地帮助他改进提高——可以改变学生的学习策略，或者调整自己的教学方法，抑或是双管齐下。评估的另一个原则是，考试首先是为了促进学习，而不是让学习者一旦考过之后反而忘记了学过的内容，故需时刻谨记，从教学角度看，复习考试和讲评考试要比单纯地组织考试和宣告考试成绩更有裨益。

最后，理智上的诚实要求我们必须相对地看待评估，因为评估的对象从来都不是绝对意义上的能力，而只是特定环境下完成的特定语言行为，这样的语言应用和环境有时跟语言在实际生活中的运用情况相差很远。同时，还要从文化角度相对地看待评估，因为在私人公司和一些机构的推动下，如今的外语测试和评估标准均实现了国际化，这就势必造成外语教学的统一化而全然不顾差异和特性的存在。

职业良心要求我们时刻不能忘记，学习不为评估服务，相反，评估应该服务于学习。当前，教育机构和政策部门的领导，还有很多外语教学法专家过度地看重对外语学习者及教师的评估，将之视为在一个竞争日趋激烈的教育体制下保证外语教学质量和效能的砝码。这样的做法，很可能会反过来损害外语教学，使之沦落为应对几个重要国际考试的备考培训，从而牺牲了外语教学的其他那些更具个性化、文化色彩和人文性的培养目标，这些都是评估无法涉及的。

4.2 评估类别

到现在为止，我们一直以单数形式谈评估，而实际上，无论从任何角度说，评估的种类都可谓千变万化。考试学（docimologie）已经成为一门值得深入研究的独立学科，面向教师和学习者的外语测试专著在书店里也比比皆是。为了使教师用好评估工具，我们在此仅限于提出实施评估的一些重大原则、基本要求和相关注意事项。

4.2.1 根据实施评估的时机和目的区分不同的评估

——探测性 / 预后性评估（évaluation exploratoire/pronostique）

此类评估在开课之前进行，设计的预测试或定位测试（prétests d'orientation）用于确定学习者的既有知识和需求，制订教学计划，以及在兼顾各类学习者水平和个性的基础上将班级划分成实力均衡的小组（参见本书第 200 页）。

——形成性 / 跟踪性评估（évaluation formative/suivie）

这类评估在教学期间举行，教师通过多次考查学习者掌握的知识和能力来评判集体和个人的学业进步程度，及时发现学习难点和薄弱环节，了解教学效果并随之调整教学方法。

—— 终结性 / 阶段性评估（évaluation sommative）

此类评估用在教学结束之后，所以又称作"后测试"（post-test），其目的在于总结和评判学习者取得的进步。评估的结果予以公布并且要向被测试者颁布正式的文书，以证明当事人参加了培训，掌握了相关语言。这类评估因此具有认证的性质。

——诊断性评估（évaluation diagnostique）

这类评估可在任何时候进行，由一个独立机构组织实施，只根据测试结果来评判被测试者的需求或水平。这类评估同样能为当事人出具语言能力证明。

4.2.2 根据评估的实施者区分不同的评估

——内部评估（évaluation interne）

这类评估一般由任课教师组织实施，所以教师能根据具体情况判断评估的结果，考量学习者的进步情况，但易受到被测试人个性方面其他因素的干扰。

——外部评估（évaluation externe）

这是由任课教师以外的人员组织实施的评估，评估者可以是其他教师、接受培训的单位（如机构、公司）或外部专家。此类评估可采用标准试题和规范的评估标准。

——自我评估（autoévaluation）

这是一种很有激励作用的评估形式，因为它是由学习者本人利用所提供的相关测评工具为自己组织并实施的一种自发的、非正式的评估。这样的评估如果做得好（既不高估也不低估，参见本书第 234 页），将鼓励学习者走上自主学习的道路。

——合作评估 / 相互评估（coévaluation/évaluation partagée）

这是由教师和学习者一对一共同承担的评估，如有可能，在某些情况下，也可以考虑让同班组的同学加入进来，使评估像其他教学活动那样完全融入整个教学过程中。

大有好处的是，可以考虑交替使用上述各类评估，它们各具优势：增强学习者的责任心，联合外部人员认证评估与教学的效度，淡化评估以便减轻学习者的压力，增添进步的分量……

4.2.3 根据评估的基本标准区分不同的评估

——（相对）绝对性评估 [évaluation (relativement) absolue]

这类评估基于一个统一、恒定的规格，也就是一个理想水平，比如，以操本族语者的语言能力为标准，或者依照通用的国际评估量表及标准。这样的评估起初可能令人沮丧，因为它明确显示，学习者要走的路还很漫长，不过，随着学习者的不断进步，这样的评估愈发变得鼓舞人心。

——相对性评估（évaluation relative）

此类评估或以学习者的水平为依据，有的还采用系数打分；或专门排出相关学习者在班级中的名次；或对比学习者本人在学习期间取得的进步，也就是说有的评估要考量学习者以往的成绩。

通常很难将上述两种评估结合在一起，所以只好给同一个学习者分别打出一个绝对分数和一个相对分数，前者可以反映他通过学习已经达到的语言水平，后者用于记录他学习期间的努力程度。

4.2.4 根据评估程序区分不同的评估

——非正式评估（évaluation informelle）

教师在课堂上，在一节平常的授课活动当中，或者是在实际生活中一个通常的交际情境下，观察学习者，对他的言行和回答进行相对直观的评价，最好是当场用建议和鼓励的方式进行讲评。这种评估的好处是能够记录学习者平常的学习状态，但不可以此为由让学习者时时处于压力之中。

——正式评估（évaluation formelle）

这类评估有专门规定的考试时间，并且会预先通知；考卷也是专门制作的，有明确的答题要求；阅卷时根据明确的标准答案进行打分。这样的评估一般是考前有复习，考后有讲评。这类评估的口笔试的形态也多种多样，但传统命题类型多为：

● 封闭性试题（questions fermées）

这类试题通常只有一种标准答案，多用于完形填空（test de closure）、动词时态填空、同项归类测试等。

● 多项选择题（questions à choix multiples, QCM）

在多个选项中选择一个或几个答案。这类试题要注意避免出现干扰项虽然是错的，却又是可接受的情况——这会在学习者的头脑中造成概念混乱。

● 半开放性试题（questions semi-ouvertes）

对于这类题，考生只需要用几个词或几句话，选择相应的表达法进行解释、举例说明。

● 开放性试题（questions ouvertes）

这是最重要也是最复杂的一类题型，比如写作、口头评论、口头报告等，这要求评估标准既严密又细致。

毫无疑问，上述前两类试题属于最典型的客观性试题，不过它们一般只能考查到学习者有限的语言知识和能力；后两种试题则相反，可以更全面地考查学习者的语言知识和能力，但判卷难度相对更大。

4.2.5 根据评估的语言内容区分不同的评估

在本书的第一章，我们强调说明了外语教学对象的复杂性。这种复杂性不仅表现在狭义的语言和文化层面，也体现在更广范畴的交际层面，以及它们三者在外语学习和语言应用中密不可分的相互关联上。当我们要对学习者的外语或母语能力进行科学评估时，语言、文化和交际这三者既丰富多彩又令人兴奋的组合却变成了一个名副其实的难题。

首先，在语言层面上，分开评估学习者的语音语调、词汇、语法和课文掌握情况显然不够。为了使评估更加细化，我们可以尽量分解评估的指标，下面以 J.-A. 龙达尔提出的语言成分构成表 [《语言评估》(*L' Évaluation du langage*)，1997] 为例。从理论上或者说从一线教学上讲，该表对语言成分所做的划分当然很有意义，却基本不适用于通常的语言教学评估。

音位学	形态词法学	形态句法学	语用学	话语
1. 音素	1. 词素及词汇语义的构成	1. 结构语义的构成	1. 句子的非表现性种类	1. 话语的宏观结构
	2. 屈折形态	2. 意群的构成	2. 人际和情境的适当	2. 话语的衔接
	3. 词汇－语法类别	3. 句子的构成	3. 指示语	
	4. 等级结构和语义结构	4. 段落的构成	4. 夸张	
	5. 直接所指形态和派生形态		5. 省略	
			6. 会话习惯做法	

即便假设上述每一项内容都能分开进行评估，但其各项评估值的总和基本无法真实反映考评对象的语言能力。因为我们已经说过，语言的结构高于其各个组成部分的相加之和，同理，语言的运作并非其各个机能的衔接，语言的掌握也不等于各项语言能力的累积。

其次，在文化与语言的关系层面上，两者之间的界限在何处？在一个语言测试里，如何保证得到真正评估的是学习者的阅读能力和会话能力，而非本不应成为考核对象的目的语文化常识？另外，如果我们认为学习者的文化能力，特别是他的生活文化、语用文化和跨文化能力（参见本书第 81 页起）跟语法一样，也是交际不可或缺的要素，故而也应当在评估里予以考虑，那么在考试的时候，在语言活动中，或者在交际情境下，我们又该如何测评学习者的这一能力呢？到那时，我们所评价的很可能是学习者的个性，而并不是他的文化能力！所有这些问题都悬而未决，现有的回答又都令人难以信服。因此，这需要我们每个人在着手进行语言评估的时候，格外重视常常隐含其中的文化因素以及它们在意识形态和心理方面的影响。

第三，在交际问题层面上，我们此前（参见本书第 173 页起）介绍了听说读写的语言技能和交际能力（语言学、社会语言学、话语、百科知识、情境、策略等构成元素），它们是语言运用能力的基石，也是日后外语教学法研究和大多数外语教学法的重要理据。不论交际教学法多么鼓舞人心，多么恰当适用，它还是存在不少棘手的问题，我们将在后文进行专门的探讨。

4.2.6 根据需要考查的能力区分不同的评估

这个关于评估对象的难题超越了语言知识和技能的范畴，涵盖了学习者的所有能力，人们称之为"横向"（transversales）能力、"边缘"（connexes）能力、"平行"（parallèles）能力或者"总体"（générales）能力。这是备考所需的能力，也是考试时需要发挥出来的能力，还是最终被测评和打分的能力。如果不深入研究测试所要考核的能力要求，测试便有可能会偏离它所想评估的内容。比如，本想考查学习者分析问题和解决问题的能力，结果却成了测试他们理解问题的能力；本想考查学习者运用文献资料的能力，结果却成了评估他们记忆文献资料的能力；本想考查学习者的交际能力，结果却成了评价他们吸引注意的能力。的确，正像一列火车会遮挡住另一列火车那样，一项测试总有可能掩盖另一项测试，一个针对学习者语言能力的考试可能包含有许多与此目的无特定关系的内容。下面是外语教学要求学习者应具备的能力，也是外语考试直接或间接地、以明确或隐含的方式评估的能力：

能够

——熟记（单词、语法规则、文化事件……）；

——重新表述、综述（读过的、听见的和记住的句子……）；

—— 理解（题意要求、会话、书面文章……）；

—— 运用（既定的规则与程序……）；

——（基于已知情境）分析新情境；

——（在被要求提出个人看法时）评断和批评；

——创新（不参照既有规范）；

切不可低估由这样的测试所带来的抗压考验！

不论从智力、实际应用还是从学校层面上讲，人们对上述各项能力的理解很不一致。例如，不同的教师、学校或国家对什么是"文章概要"都有各自不同的解释。任何对上述各项能力的误解、误读都可能影响测试的成功（根据情况，死记硬背可能得分，也可能失分；有的人要求考生表达自己的观点，有的则相反……），甚至会使考试成绩失去效力。

另一个同样不可小觑的问题是，在学习和运用知识与技能的过程中，特别是在学习和运用语言知识与技能的时候，这些各不相同的能力常常紧密联系在一起。我们反复说过，语言能力是千变万化的。但是，教师还是可以通过某些特殊提问，如针对记忆力、理解力或应用能力的提问等，分别测试学习者的相关能力。如果允许考试中查看笔记、语法书和字典，这显然不是要考查学习者死记硬背的能力。对于那些需要运用综合能力的考试，如写作和专题报告，教师亦可列出一份有待考查的能力和技能清单，以便决定如何评估打分，同时也是为了便于向学习者提供必要的提醒和建议。无论如何，考试前一个必不可少的步骤是，教师要通过具体的样题告知学生考评内容和评估标准，包括各种参考因素和权重考量。

4.3 良好测试的质性标准

一场测试的价值取决于下列尺度，命题时必须系统地加以考虑：

4.3.1 测试的效度

测试的效度（validité）主要基于教学方法和评估类别的协调性，考生发挥的能力与评估的能力两者之间的相关性，课程目标与评估目标的一致性，表象的评估内容与真正的评估内容之间的相容性（避免"隐匿的标准"）。

4.3.2 测试的信度

测试的信度（fiabilité）确保同一个测试无论在何种场合始终采用同一种方法判卷和评分。可通过多次预测试检查测试的信度。

4.3.3 测试的灵敏度

测试的灵敏度（sensibilité）指的是能够依照足够精确、恰当的标准和计算表，对比、区分考试结果（和考生）并对其进行分类。可通过高斯曲线（courbe Gauss）检查测试的灵敏度。

4.3.4 测试的客观性

测试的客观性（objectivité）指的是不论哪个考官阅卷，得出的结果都相同。为此，口试的时候可有两个考官，笔试部分则由两个阅卷人批改。

4.3.5 测试的经济性

测试的经济性（économie）也值得考量，它指的是测试在花费的时间、投入的精力的和造成的压力等方面成本不高。

此外，还要特别注意防止下列情况出现，因为它们会不知不觉地影响评估的质量：

——光环效应 [1]（effets de halo）：评估人仅凭考生的外表（穿着打扮、说话声音等）和卷面状况（卷面整洁、书写美观等）打主观印象分；

——以偏概全（amalgames）：对于有些涉及面有限却显而易见的考评项目，比如语音语调、拼写等，考官容易扣分过于严厉，或者过于宽松，并且以此评价考生的总体语言能力；

——先入为主（effets de stéréotypie）：对于同一个考生，只根据他以往的成绩，一锤定音地判断其为好学生或者差学生。

——次序效应（effets d'ordre）：阅卷或者口试的时候，容易受前后试卷和前后考生表现好坏的影响而评分忽高忽低。

——以点带面（la variable choc）：看到某一回答出乎意料地好或者差，便以此为据打分，进而忽略了卷面的整体情况。

——情绪化（la variable de débordement）：这就像总是最后一滴水使花瓶的水溢出来那样，评估人容易被同一个考生或者几个考生一贯犯的错误所激怒，尽管实际上算不上是多么严重的问题。

4.4 语言交际和表达的评估困难

在外语的语法翻译法和结构主义教学法时代，对有限的外语知识和技能进行评估，跟学校其他学科的评估相比，几乎没有出现更多的问题。自从交际法和语用教学法问世以来，针对我们努力培养学生发展的能力，组织、实施与学习原则相一致的评估却是一个难题。

---

1 这是一个心理学术语，指当认知者对一个人的某种特征形成好或坏的印象后，他还倾向于据此推论该人其他方面的特征，也称"晕轮效应"或"哈罗效应"。——译者注

的确，由于考评的参量复杂多样、模糊混乱，评估学习者的交际能力时很难排除考官的直觉印象分，这多体现在对学习者表达个人见解、适应对话者和运用言外之意等能力的评价上。当然，这也造成能力评估复杂化，因为通常以优化检验为借口，各项能力被分解成无数的子项。这样的评估也难以系统化，由于测评项目重叠、试题结构失衡、评分标准不一致，以致大家不知道究竟在考什么，有的能力漏测了，有的能力则被考查了好几次。

困难主要来自两个方面：一是从总的交际能力中推断出各个子项能力，以便单独评估；二是在对这些子项能力加以整合的基础上，归纳出总体交际能力。评估要求将整体的交际能力拆分开来，但交际能力却有赖于其各个不同子项能力间的互动，怎样调和这两者的关系？对交际能力进行评估，导致了作为评估对象的交际能力的分解，如何避免这一悖论呢？

如果对上述问题掉以轻心，便会出现如下危险：我们评价的将是某个人，以及他的热情、自信和魅力，而不再是一个学习者和他的语言水平。此外，人们还会自问，评估在多大程度上应该并且能够考量这个学习者的课堂表现、课外下的工夫、人际关系意识和主动创新精神呢？我们已经强调过主动创新精神在交际法外语教学和沉浸式外语学习中所发挥的作用。

对于口语表达（会话、角色游戏等）和笔头表达（概述、自命题写作等）的评估，我们在考查学习者是否会使用某一具体表达法的时候，一定要时刻注意观察他在交际中是否运用了这个表达法，是否运用得当，并且是否知道变换其他的用法。例如表达原因，是要考查考生：

——会不会表达？

——能否熟练地表达？

——是否会用各种方法表达？

还要意识到，不能因为有些学生勇于冒险并出了错，而去优待那些规避困难的学生。这样的评估需要考官格外专注，具有很强的判断力。同样不易做到的是，忽略考生说话的内容，而重点考查他为了表达这些内容所运用的方式方法。

对于自发性相对更高的口语表达来说，其评估会遇到其他困难，譬如如何做到同时并且公平合理地对下列各项分别打分：语音语调、交际互动、交际策略等。其中，语音语调包括口音、节奏、流利度和语调等，这些是口语考试时我们一向特别甚至是过于重视的。互动指的是按规则问答，懂得合作、协商和论证。交际策略则包括善用解述、迂回表达、迟疑、重述和规避等手段。考官还要注意考查学习者能否使用会意、模仿、手势、神态等非语言交际方法，以及其他一切辅助口头表达的手法，即便考官不一定都明白。

面对上述种种困难，我们必须要不断反思评估的标准，从多角度观察分析，对比数个考官的评估意见。除此之外，我们还建议采用交叉评估或者交叉阅卷的办法。前者是分析性的，按照均衡的评估标准表进行；后者是综合性的，全面考虑学习者在交际和表达过程中的各项表现。这样，既可避免交际能力的碎片化所造成的不合理评估，又可将评估的主观性减少到最低限度。不管怎样，虽然评估交际能力的工作充满风险和复杂性，我们还是要勇敢地面对挑战，不能仅仅为了使评估客观化、合法化就要重新回到结构主义教学法的测试老路上去。绝对不能一方面力主培养学习者的交际能力，另一方面却在最后评估时另搞一套。

4.5 语言水平等级的划分

评估的结果必然产生语言水平等级的划分问题。语言的水平等级应该能够代表外语学习朝着最大限度掌握目的语及其文化总目标迈进的各个基本阶段。但我们发现，确定语言水平等级的原则和方式跟评估语言能力一样，面临许多难题。的确，外语学习的进步远非线性的、清晰的、持续的和规律的，而是自然的、复杂的、模糊不清的，甚至是杂乱无章的，并且我们还不是总能对此了然于心（参见本书第 223 页"中介语理论"）。无论一个语言水平等级系统如何详细、确切，也不过是对外语学习进步的大概估计和反映，而且这样的估计和反映主要依据的是颇有争议的能力评估标准（参见上一节），它们也是语言水平等级系统的基础所在。尽管如此，在教学前、教学中和教学后，一项必不可少的工作便是能够让学习者知道自己的学业过程、与其他同学的差距，以及离通常的标准还有多远。这些通常的标准可以增加外语学习的价值，也可以让学生在别处继续深造成为可能。因此，语言水平等级应该主要充当学习的阶梯，引导并驱动学习者和教师向上攀登，而不应该成为监狱的铁栅栏，强迫学习者和教师去完成事先规定的学习计划和教学方案。如同能力评估那样，我们也要谨慎使用语言水平等级系统，对主张全面普及某一类等级标准始终保持批判态度。

从实际情况来看，主要在开学前将学习者按照水平进行分班时，会遇到语言水平等级的问题。我们在前面提到的预测试和定向测试有助于了解学习者个人和整个班集体拥有的知识和能力，以便把水平相当的同学集合在一起，也便于今后在教学期间和终结时测评他们的进步情况。遗憾的是，学习者的强项和弱项以不同方式呈现，有的人笔头比口语好，或者讲起语法来头头是道，可是一用就出错，有的人却恰好相反。另外，为了组成和谐一致兼具互动性的班级——这是交际教学获得成功的先决条件，还必须考虑学习者的其他因素，如年龄、受教育程度、学习风格、学习动因（参见本书第 100 页）以及他们的长远规划等。在分班问题上，很难做到皆大欢喜，而且还不能忽视每位学习者的调适能力，不能忽视一个班级多样性的益处，这就包括水平的多样性，同时还不能忽视班上学习最好的同学和学习最困难的同学之间的团结互助，这对全班同学都有益，就像柔道那样（参见本书第 120 页）。

关于水平等级的专业术语问题，采用传统的说法当然是最简单也是最保险的，但也存在不精准和不全面的局限。例如：

——初级（niveau élémentaire），有时又细化为：

● 零起点（niveau grands débutants）

● 非零起点（niveau faux débutants）（已经学过，或者稍稍学过，或者很久以前学过）

——中级（niveau moyen/intermédiaire）

——高级（niveau avancé）

——提高级（niveau perfectionnement）（针对学习专门用途法语的学生，如科技法语、商务法语等）。

对上述各个等级的描述主要基于在校的课程量（已学外语的课时数）、语言知识（已经掌握的语音语调、词汇量、语法）和技能（读、写、会话）。

欧洲理事会提出的语言水平等级标准旨在涵盖所有成员国的全部语言教学。我们已经讨论过，如果在学校强行推广这类国际通用的等级标准，可能会给外语教学造成危害。我们希望这样的事情不会发生，所以要第一个站出来强调说明，这些参考标准的意义在于为每一位教师清楚地了解学习者的水平和自身的教学情况提供了宝贵信息。《欧洲语言共同参考框架》的优点是只采用交际的标准，并将其贯穿于传统的"听说读写"四会能力中，在此基础上提出了"听、读、写、口语互动、口语表达"这五会能力。它制定的语言水平等级系统分为三等（初级、自主和精通）六级（每等两级），详见下表：

初级使用者	A. 1. 入门 / 发现
	A. 2. 中级 / 生存（niveau de survie）
自主使用者	B. 1. "门槛"[1]
	B. 2. 高级 / 自立（indépendant）
精通使用者	C. 1. 自主（autonome）
	C. 2. 熟练掌握（niveau de maîtrise）

每一个等级都有与之相对应的能力，并配有比较具体的描述，也就是学习者应该能够做的事。例如：

——听力理解—入门级（A1）

"在说话人语速缓慢和讲话清晰的情况下，我能够听懂有关我自己、我的家庭，以及我所处的具体环境的熟悉词语和很常用的表达法。"

——写作—生存级（A2）

"我能写简短便条和留言；能写很简单的私人信件，如感谢信等。"

——口语互动—高级（B2）

"我的口语表达已达到一定程度的自如流畅，足以同操本族语的人进行正常的互动交际。我能在熟悉的情境中积极参与谈话，发表和捍卫自己的观点。"

——阅读理解—自主级（C1）

"我能看懂长篇复杂的写实性或文学性文章，并能鉴赏不同的写作风格。我能够看懂专业论文和较长的技术说明书，即使内容不属于本人的专业领域也无碍。"

上面对每一个能力标准的描述，难以原封不动地直接采用，但却可以分解成逐渐具体的能力和活动，便于教学和评估。然而，正像我们在上文讨论评估问题时所指出的那样，把这些一个个具体的能力汇集起来却不总能全面、确切地反映相关说话人的整体语言能力。

从一个更广阔的视角说，通过比较各种语言水平等级系统，我们发现可以从三个主要方面观察学习者的学习过程（见下页图所示）：一是他们的语言掌握情况（la maîtrise linguistique），看他们的语言表达是否越来越正确、精准、复杂和多样；二是他们的语用掌握情况（la maîtrise pragmatique），看他们对语言功能的运用是否越来越得体、有

1　原文为 seuil（门槛；入口处），这里引申指基本的语言能力，源自 20 世纪 70 年代问世的欧洲《基本语言能力量表》（Les Niveaux-seuils / The Threshold level, 1975）。——译者注

效和多种多样；三是他们的语篇掌握情况 (la maîtrise discursive)，看他们采用的互动类型和话语体裁是否越来越适当、规范和语境化。

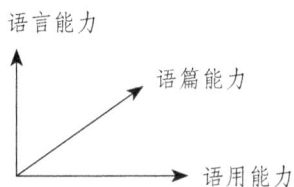

我们知道，学习者可能会在一个方面有进步，在其他两个方面停滞不前。由这三条轴线组合而成的语言水平等级系统应该有助于较好地平衡上述各项能力。

第五章

法语作为外语和第二语言的教／学方法和策略研究：如何教？怎么学？

我们先后讨论了"教 / 学什么"、"谁在教 / 学"、"什么时候在哪里教 / 学"和"为了什么教 / 学"等问题，这已经在很大程度上回答了本章的主题"如何教 / 学"的问题。为了教好和 / 或学好一门外语，比如法语，必须知道语言是何物，它有什么用处，有哪些组成部分，是如何运作的；必须了解教师和学习者的职责、动因和特性，还有他们之间的互动形式，他们和其他人的合作方式，以及他们与外部世界的关系；必须了解与教学环境和条件相关联的资源和限制；还应该能够确定教学目的、终极目标和教学阶段。尽管这些条件下的教和学事实上是不能分开的，但我们还是要在下文尽力描述自发的学习过程，或者说只要有意识就能监控的学习过程，各类教学法应该促其成功。从某种意义上说，我们现在犹如进入了核电站的中心，这里发生着各种化学反应，产生着新的知识和能力。跟前面几章一样，本章不会从头开始再对通常的教育学和教学法展开大规模的讨论，更不会详尽地研究这方面的话题，而是将更加审慎地重申一些基本理念，引发教师思考他们的教学，向他们提供与日常教学工作直接相关的基本思路。

为此，我们将再次阐释在本书的前言（参见第 2 页）和引论（参见第 10 页）里谈过的学习与教学的区别：如果说习得一门外语是外语学习和外语教学共同的终极目标，那么学习则是个人的有意识或无意识的过程，是实现掌握外语这一最终目标不可或缺的过程，而教学只是学习的一种实现手段，是促进学习的众多手段之一，因为学习母语或者外语确实还可以采用其他方法。例如，下意识地利用人类天生的和普遍适用的语言、认知及心理程序——有时也称作"溯因程序"（processus abductifs）（Peirce，Chomsky）或"直觉程序"；或者自发地学习模仿他人，尝试与他人进行互动和交际；或者进行自主学习并努力加以管控，等等。这些方法属于我们前面讲的无引导学习（参见本书第 133—134 页）。有引导的学习，也就是教学，除了它的一些显而易见的特点（教师、教室、大纲、练习、评估……）外，最主要的不同在于它能够，或者说它应该尽量做到利用和借鉴其他的学习方法，并且如有可能，使这些方法得到加强，甚至在不利的环境下也能促进、激活和强化学习。从某种意义上说，教学就是在驯化学习这种自然的、甚至是野生的现象。参见下图：

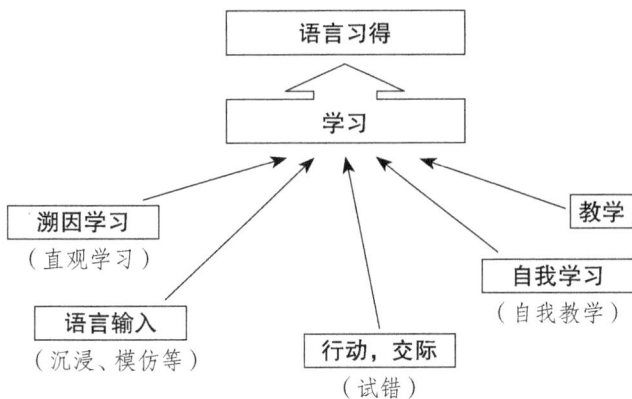

```
              ┌──────────┐
              │  语言习得  │
              └──────────┘
                   △
              ┌──────────┐
              │    学习    │
              └──────────┘
       ↗      ↗   ↑   ↖      ↖
  ┌────────┐              ┌──────┐
  │ 溯因学习 │              │  教学  │
  └────────┘              └──────┘
  （直观学习）         ┌──────────┐
                      │  自我学习  │
  ┌────────┐          └──────────┘
  │ 语言输入 │          （自我教学）
  └────────┘
 （沉浸、模仿等）  ┌────────────┐
                 │  行动，交际   │
                 └────────────┘
                    （试错）
```

由此可见，没有教师、没有教学，照样可以学习外语，但是，没有学习，也就是学习的主体如果不积极参与并且缺乏学习的动因，那就不可能获得新知识、新能力和待人接物的新的态度和表现。传统的外语教学的一个误区可能正是认为可以不顾孩子的意愿让他们上学接受教育，认为他们不需要（真正地）学习，就可以学会外语。现在，我们一定要彻底改变这一思路，要让教学为学习服务，此乃本书建构的基石。

我们说过，教师和学习者的传统角色定位受到了当代外语教学法的质疑。一方面，学习者被要求在组织的教学活动中和完成教学目标的过程中发挥主动性，承担起自己应有的责任，而不能被动地接受和服从；另一方面，教师被要求像专家和高级教练那样，帮助学习者学习，但不要像长期以来人们认为的那样，相信优质的教学一定带来优质的学习。我们这里不是主张教学要按照天赋最差的学生的节奏走，也不是要听凭最不想学习的孩子的任性，而是提倡综合考虑各方面因素。好的教学归根结底是最终能够实现以下三个逻辑和谐相处的教学：

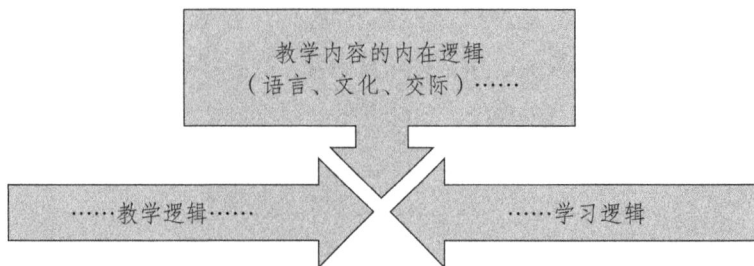

我们现在将从学习策略和教学方法两个层面分别探讨学习逻辑和教学逻辑。

1. 学习过程和学习策略

1.1 学习的基本原理和基本过程

毫无疑问，不论在理论书籍里，还是在我们每个人的心目中，学习观都各不相同。当有人说"学外语"时，我们非常有必要像在本书第一章开始做的那样，先问问他所说的"学"指的是什么，所指的"语言"又是什么。至于理论，不可能让所有的专家在学习的原则和进程上都达成一致，特别是因为认知心理学和神经心理学目前正处在飞跃发展之中，相信在不远的将来它们还会就此提出新的解读。我们暂且非常简要地回顾一下最有特色的语言学习观。

1.1.1 行为主义心理学的观点

在行为主义心理学家看来，学习意味着采纳新的言谈举止，以回应新的情境，更确切地说，是为了回应外部世界的刺激，言语便是众多应激之一。借助不断的重复和正反两面的强化刺激，我们最终通过条件反射得以形成（或者使学生形成）新的无意识行为，而无需知道这当中牵涉的心理状态和过程。按照最夸张的行为主义理论，学习无异于简单的动物训练。

1.1.2 信息理论的观点

在信息理论的视域下，学习被概括为对认知、情感、社会和感官等各个方面的信息进行处理。具体而言，我们首先感知信息（理解它），而后将它归并到已经处理的其他信息中，最后把它再用于新的情境里。虽然信息理论揭示了语言及语言学习的一些重要环节，但我们也指出了这一理论基于简单的语言编码和解码机制的局限性（参见本书第91页）。

1.1.3 先天决定论的观点

根据人的成长先天决定论，特别是语言习得天赋论，学习主要是利用实体的和心理的环境，或者说是寻求和促成实体的和心理的环境，让我们的虚拟能力得以展现、发挥和提升。尽管这些能力是天生的，但它们还相当依赖社会环境，正是社会环境让人的能力发挥作用，也使之成为必要。

1.1.4 认知主义的观点

认知主义学家认为，学习在于将外界的信息和人内在的意识表征建立关系。学习不仅使我们积累新的知识，让我们能够对外部世界的刺激做出新的反应，更主要的是，学习能精制我们的心理进程，丰富我们的认知模式，发展我们的智力建构（感知力、记忆力、推理能力等）。这一切决定性地影响着我们的决策和行为，而且在一定程度上是可以分析和控制的。

皮亚杰（Piaget）认为，在与外界信息建立联系时，所谓"建构主义"（constructiviste）或者"互动"的学习进程主要基于以下三个过程：

1）同化（assimilation），即吸收外界信息并加以调整，以便和内在的意识表征（图式 schèmes）相一致；

2）顺应（accommodation），即如果不能吸收领会外界信息，则反过来由心理图式自行调整，以适应外来信息，学习者的内在意识表征能够因此得到改进和丰富；

3）扩大的平衡（équilibration majorante）：倘若外界信息和学习者的心理意识表征相差太大（以至于可能引起失衡），意识表征将重新组织，以便建构更加强大的、能够同化外来新信息的图式。

为此，还是根据皮亚杰的理论，学习者必须能够调整他所吸收的外界信息，能够根据一定量的案例加以概括，并最终抽象出一些模式。在这一过程中，学习者应尽可能地意识到自己的步骤。

1.1.5 教学法的观点

还有一种被称为"经验论"或"教学法"的语言学习观，它和前面几个观念一样合情合理，一样令人振奋，它甚至是前面几个学习观的综合。简而言之，学习是变未知为已知，变新为旧，变难为易。这一学习观将从学习的主、客体及学习背景等方面思考促进转变发生的条件和方法。

在此经验主义学习观的指导下，很多教学法专家认同学习包含以下五个过程，它们决定着任何学习行为的成败，并且非常适用于外语学习。这五个过程是：

1）探索：能够对新的或者不同的事物、人物和思想抱有好奇心，勇于接受特殊环境的挑战，尝试体验新颖的方式方法……；

2）区分和归并：新的语言信息最初往往不显山露水，看似无足轻重，对此要能够根据语言学的结构原理（参见本书第 34 页）加以区分、归类、组合，并能够与其他已经学过的知识联系起来；

3）抽象化：能够从一系列要素或经验中抽象提炼出一幅整体的思维图像，一种解读或行动的模式，以便更容易地辨识和解决类似的问题；

4）改变和丰富待人接物的态度与方式（comportements）：能够按照同理心和自我批评的原则调整自己的言行举止，使之适应新的需要和新的环境。这种同理心和自我批评的原则已在讨论跨文化教学法时做过介绍（参见本书第 81 页），它关乎所有学习类别；

5）控制自己的情绪易感性：这是因为（外语）学习不仅是对人的一种智力考验，也是一种心理情感考验，所以它的成功需要学习者主体与自身保持一定的距离（参见本书第110页）。

1.2 外语学习的各种相关论点

母语学习和外语学习都属于心理语言学的范畴，因为心理语言学研究人们建立和使用语言系统时的心理过程，还研究成年人的语言处理能力及语言病理问题，这些领域的研究成果也能够为外语教学工作者提供宝贵的信息，我们将在后面进一步讨论。关于外语学习，外语教学法专家、外语教师和外语使用者还需继续思考三个重要问题。

1.2.1 关于（人类）语言的特殊性

我们这里关注的不是人类语言跟动物的交际系统有何不同（尽管这始终是个极具争议的问题），而是相对于人拥有的认知、心理和社会等其他能力来说，语言实践和语言学习所需能力的特殊性。现已证明，人的语言病理并非总是由患者的智力下降所致，对语言学习和正常的语言运作机制来说，可能是同样的道理。尽管如此，不论是在无引导的学习当中，还是在教学实践中，人的语言能力、认知能力和社会心理能力始终相互配合，系统性地相互作用。特别是在进行语言能力评估时（参见本书188页），我们很难从学习者的表现中将上述各种能力分离开来。

1.2.2 关于语言的共性

地球上现有大约6000种语言，分属五大不同的语系（参见本书第54页）。人们一直在思考，世界上的这些语言除了相互不同之外，是否存在着一个共同的根基或本原，它足以构成人类语言的特征，并能够解释人类语言的运作机制。法国17世纪的波尔－罗亚尔语法学派坚信语言的运作机制与理性及世界的运作机制相一致，两种运作机制完全具有普遍性，尽管我们能够观察到各个语言和文化的千差万别。结构主义语言学彻底否定了语言普遍性的观点，认为每一种语言都有自己独立的、任意的系统，不过后来乔姆斯基以另外一种形式重拾语言共性的原则，目前心理语言学家也持相同的观点。与此同时，语言历史学家一直试图追根溯源到一百万年前人类发生大迁徙之前的时代，那时，人们可能在使用一种原型语言，这应该是人类语言的起点，之后随着时间的推移和人类的迁徙，这种语言不断改进，不断多样化。

乔姆斯基在语言学的层面区分了句子的表层结构和深层结构（参见本书第48页），而后探究了深层结构的心理现实及运作机制（转换），提出了如下假设：虽然语言在其表层结构显示出很多重要的差异，但我们却可以在其深层结构确定它们的根本相似性，并在此基础上发现所有语言共同的和天然的定律。这便是所谓的普适语法和语言共性研究，它们吸引了很多外语教学工作者，因为如果这样的语法和语言共性真实存在，那它将可以用作从一种语言进入另一种语言的路径，并成为语言教学的参照基础。可是，这里重要的问题不在于知道（尽管以下问题非常有意义）普适语法和语言共性是否源自上面提到的假定的原始语言，也不在于知道它们是否由人类的思维结构所决定[福多尔（Fodor）[1]猜想在人类的潜意识中存在着一种通用的"心理语言"（mentalais），每一种语言其实都是对该语言的具体翻译]，亦不在于知道普适语法和语言共性的产生是否迫于语言现象的内在机制或是语言使用的相似环境（物质的、社会的和象征性的）。

因此可以说，我们每个人生来拥有语言能力，这种能力不仅使我们在条件许可的情况下学会了第一种语言（母语），然后是第二种语言……，而且还会让我们在新的合适的条件下继续学会更多的其他语言。关于这一点，我们还将多次强调，学习母语并不比学习外语更"自然"，关于母语的地位（参见本书第23页）及其学习过程的

---

1 杰里·福多尔（Jerry Fodor, 1935— ），美国哲学家和认知主义学家。——译者注

争论（参见本书第 225 页）也并不比关于外语学习的争论少。乔姆斯基把这种先天的和普遍的语言学习能力看作是一种"语言习得装置"（Dispositif d'Acquisition du Langage，简称 DAL），其中包括：

——所有语言共有的定律（principes communs），比如：语法词和普通词相区分，元音和辅音交替，用指示词指称世上的物体，在话语中使用复指，等等。

——可替换的参数，即乔姆斯基所说的二元变量（alternatives binaires），每个语言选择其中之一构成自己特有的系统，例如：有的语言区分名词的阴阳性，有的语言采用语法主语，还有的语言区分口元音与鼻元音，等等。

也许正是这种普适语法——我们再次申明它的假设性——使我们能够下意识地、自然地学会外语。倘若有一天该假设得以证实，它也将能够为教学服务，因为我们将可以采用共同的参照基础学习任何一种语言，然后再明确区分出每种语言的特征，比如，主语是法语不可或缺的成分（il y a，il pleut，il vient），但在西班牙语里却是非强制性的（hay，llueve，viene）。我们还可以依照相关的基本原则和被激活的特定参变数重新整编语法成分，比如否定词、副词和量词在句中的位置等。最后，教学可以借鉴学习的理据，继续沿用外语学习的一些方式方法，这样可避免已知已会的语言带来负面的干扰。关于普适语法及语言共性的研究，目前有待得出令人信服且实用的成果，但该领域的发展现状足以激励我们从一些基础性问题和基本方面思考外语学习，比如它与外部世界的参照关系、时间的表达、数的标示，以及词序和复指等，以便能够充分利用语言间的相似性这一无可争议的特征搞好教学，同时鼓励使用元语言。

1.2.3 关于语言能力天赋论和既有语言能力问题

这个问题和上一个相互关联，因为如果语言的共性得以证明，如果不论语言的系统发育基础如何，的确存在普适语法，那么我们会问，从个体发育的角度上看，通过有意识的连续不断的学习（假定语言和语法的普遍性仅仅体现在语言上），或者通过人类共有和特有的语言本能（假定语言和语法的普适性也存储在我们的遗传基因里），人的语言天赋和既有语言能力是否会传给后代。我们这里只介绍三种具有代表性的观点，它们对外语教学有着或多或少的影响。

1）行为主义的观点

按照行为主义的基本理论，人出生时头脑是一张白纸，只有通过学习，也就是通过外部世界或他人的刺激、我们对外来刺激做出的较恰当的回应，以及外部世界或他人对回应的反馈，我们才得以获得能力和知识。使用语言，也就是用语言听说读写（参见本书第 173 页），是一种和其他行为别无二致的行为，斯金纳（Skinner）名著的题目《言语行为》（*Verbal behavior*）或许可以证明这一点，语言学习同样需要条件反射，区别在于复杂程度更高、参变数更多。正是通过系统地操控这些变量并有条不紊地管理强化程序，我们才得以通过不断的重复，学会或者教会他人一种（新）语言的发音、词汇和语法结构。我们曾长期用这种观点解释母语学习的原理，并不折不扣地把它应用到外语教学中，看作是对外语教学的理性改革（参见斯金纳《教学的科学性革命》[1]*La Révolution scientifique de l'enseignement,* 1969）。我们将在后面更详细地介绍这一教学法流派（参见本书第 248 页）。

2）语言能力天赋论的观点

由于科学和意识形态的缘故，语言能力天赋论曾长期遭受排斥，如今人们开始以更加平和的心态，通过更加可信的科学观察重新看待它。特别是人们发现，幼儿的语言进步很快能够超越模仿阶段，他们能够造出他们从未听见过的句子，能够把刚学不久的语言提升到非常复杂的程度，比如能够把洋泾浜语变成克里奥尔语。此外，根据遗传学的观点，除了智力等特质可以遗传外，言语病理的状态也可发生代

1　英文书名为 *The Technology of Teaching*，有学者译作《教学技术学》。——译者注

际遗传。这些简单的事实证明，我们习得母语不单纯是依靠学习，同时也离不开天赋和程序设计，学习不过是激发了天赋并启动了程序。其实，我们不是在学习语言，而是在发现语言；学习主要用于更新一个已经内化的系统并将该系统应用到某一个具体的语言中。我们将会看到，对外语学习来说，道理是一样的。

神经语言学家已证实乔姆斯基的理论：他认为，孩子生来就准备学习任何语言（有人说孩子生来就是一个潜在的多语人），但他最终只学到其语言习得装置（含有普适语法）提供给他的那些语言，以及他的发音器官所能及的语言（幼儿各种各样的呀呀语声是最好的证明），他身边的人鼓励他、支持他选择学习的语言，因为这是他周围的人会说的语言，而其他语言——也就是其他音素、词和词序等——则被过滤或者纠正。这便是所谓的"选择性学习"（apprendre par sélection），换言之，就是优先发展某些能力而暂时牺牲其他能力，这些牺牲的能力也可能在其他情况下被开发。在某种意义上，我们学会了将成为我们母语的语言，却同时牺牲了学习其他语言的能力，于是它们变成了外语。这些未被开发的能力和未被使用的参数最终失去了功用；后来的学习其实就是重新将它们激活。所以，在"选择性学习"母语的时候，"再激活"外语学习（apprentissage par réactivation）的理论主张提早接触外语，以免学习者潜在的相关能力消失殆尽。

天赋性（和普适性）不仅指语言，也包括语言学习，它很可能在我们出生前就已经程序化了。的确，一切似乎都让我们相信，不论母语相同与否，所有孩子的语言能力发展都遵循相同的步骤，并且和他们的认知能力、社会能力和心理动因的发展息息相关。不论是在语言与世界的关联上，还是在与他人的言语互动上，或是在造词组句方面，孩子们都能够完全地从一个阶段过渡到另一个阶段（除非出现不正常的情况），而不需要他们所在的环境具有足够数量和质量的驱动力或者资源直接促成他们的过渡。另外，我们还发现，孩子的这种语言进步既不是连续的，也非线性的，而是经过一段停滞期后猛然跳跃式的，比如，两岁左右时，孩子们处于瓶颈期的词汇量突然呈爆发性增长。儿童虽然在语言能力上不如成年人，但他们完全不会受此影响，他们能够在每个阶段采用与自己交际需求相匹配的特定水平的语言。在做好充分的语言和思想准备之后，他们才会利用此前获得的但尚无能力运用的外部世界的经验，跨入下一阶段的学习进程。

由此可以得出结论，外语学习有它特有的逻辑进程，我们当然可以促进它，但绝对不能控制、强迫它，更不可改变它，否则会损害学习。认清这一点对我们来说极为重要，因为外语学习可能受制于一个先天的、可对比的普遍程序，这将相对降低不同外语教学法的差异，但无论如何，都将会使那些无视这一先天的学习进程及其连续阶段的教学法失去效力。我们把学习进程中的连续阶段称作"中介语阶段"（paliers interlangues），关于这个概念我们将在下文展开论述（参见本书第 223 页）。在这之前，为了支持上述理论，我们想提醒大家注意，外语学习的程序似乎和某些新近语言的产生进程相同，我们见证了它们的诞生，比如克里奥尔语。从某种程度上说，外语学习的程序重现了人类早在初始阶段就有的语言能力发展过程（此为通过个体发育对系统发育进行概括的论断）。

3）建构主义的观点

这个观点是行为主义理论与最激进的语言能力天赋论之间的一种妥协。我们已在前面对建构主义的原则做了充分的阐明，描述了天生的语言能力、先天的语言发展程序和能够让孩子（或外语学习者）运用这些能力及程序的学习环境三者之间可能存在的互动关系。目前，虽然大家对天赋和习得各自的作用及重要性的认识还不完全一致，但都比较认同在外语学习上这两者的结合不可或缺。皮亚杰是首先对天赋与习得的关系展开分析和描述的学者之一，他还分析并描述了语言和认知在儿童成长中的关系。1975 年他和乔姆斯基在这方面的争论成为心理语言学发展史上著名的重要篇章。乔氏坚称人拥有一种先天的特定语言构造，也就是独立于其他智力的能力，皮氏则认为语言学习是儿童全面成长的组成部分，尤其是儿童符号思维功能发育成熟的过程，它的最终结果之一就是学会使用语言符号。智力和语言二者不可分离，它们在与社会环境的互动中相辅相成，共建共长。该领域另一位重要的心理学家维果斯基也将语言习得（一种内化的形式）与儿童成长过程中的社会关系紧密联系在一起，但和皮亚杰不同的是，他认为儿童的成长过程是从社会到个人，而皮氏则相反。

我们这里暂且不必详细介绍他们远非终结的研究及争论。在获得更多的信息之前，我们作为外语教师应该牢记，外语学习毫无疑问是众多因素的综合作用，不是我们总能够控制的，所以教学应该与学习中天赋及个性的方面相适应，尽可能地将语言学习与认知活动和社会活动相结合，因为认知活动和社会活动是学习的载体，同时也是学习的理由所在。

1.3 心理活动与外语学习

1.3.1 大脑的分工

借助于对各种失语症的临床分析、诸多科学实验，以及不断完善的人脑成像技术，我们今天终于能够越来越准确地区分人的大脑里主管各种语言活动的区域。尽管我们还不能够对所有语言现象做出解释，但早已知道，不论对什么人或哪种语言来说，都主要是人的左脑在操控语言，尤其是语言的线性、时序和形式，人的右脑则通常负责处理空间和整体的信息。但是，左右脑可以联合起来，共同应对语言的语义和社会方面的问题。不过，左右大脑的分工远远不止这一点，因为与发音、句法、意义等相关的特定活动分属于大脑的特定区域，并建有特定的连接，犹如城市地图上的街区和大街小巷。人 90% 的大脑结构成形于 6 岁左右，但直到 10 岁，它都具有一定的可塑性，所以如果大脑的某个部位受损，相关脑活动特别是相关语言活动可以在大脑的另一个区域实现。过了这个年龄段之后，将很难再恢复受损的语言能力。看来科学将要迎接的下一个挑战应该是，有朝一日能够同样精准地确定人类基因宝库中负责语言运作的基因以及它们的代际遗传机制。这些问题固然十分重要，却不是外语教师能够左右的，因此我们这里点到为止，感兴趣的读者可去阅读相关的专业书籍。

然而，神经语言学的一项发现却对外语教学法和外语教学产生着直接、重大甚至是关键性的影响。这一发现让我们确定了一个事实：人的语言能力包含四大类型的组成部分。我们已在前文从语言学和心理学的角度通过多种形式阐释过（参见本书第 177 到 180 页），具体如下：

—— 语言能力，

——元语言能力，

—— 语用能力，

——动因 / 动机。

上述这些基本的语言能力要素在语言使用和学习的过程中始终发挥着功用，只是在不同的情况下程度各异。这表明我们阐释的那些语言学和教学法的理论不仅得到了医学上的证实，还得到了神经语言学家的证实[1]。这些基本的语言能力要素受控于四个各不相同、互不相连、形式各异的大脑系统，正如各种不同的病症所展示的那样：有些人不会写词或者造句，有些人不能够理解语言的运作，有些人不能够将语言和世界联系起来，还有人像自闭症患者那样没有足够的通过说话进行交际的欲望。

关于语言能力和元语言能力，它们在人的大脑里没有联系，这带来了严重后果：实际上，教师应该能够从中推断出，尽管他们解释得

---

[1] 请特别参阅：帕拉迪斯 . 隐性和显性记忆：神经语言学的视角 . 载于《隐性和显性外语学习》（M. Paradis, «Neurolinguistic aspects of implicit and explicit memory», *in Implicit and explicit learning of languages*）. 伦敦：Academic Press，1994.——作者注

非常清楚，学生也都能够很好地理解，但对语言形式的理解并不能帮助，至少不能直接帮助语言在交际中真正的使用。教师们还发现，语法理论的讲解（这是外语教学长期以来的教学重点）虽然确实有助于培养学生的某些智力，但不足以使他们学会说目的语。我们再以城市的地图作比喻，语言和元语言活动在不同的街区进行，相互之间没有直接的通道。人们还观察到，通过使用语言学会语言（无引导的学习，首先是母语的习得，参见本书第 133 页）和通过元语言学会语言（学习语法规则并做练习，参见本书第 134 页"有引导的外语学习"），这两种方式都会留下痕迹，因为有些大脑疾病侵害着患者的母语能力，却没有影响他在学校或之后学过的外语，而有些大脑疾病则恰好相反，使患者丧失了他们之前掌握的外语能力，却保留了母语能力。

1.3.2 外语学习的心理过程：显性语法和隐性语法

神经语言学的这些研究成果（需要提醒的是，神经语言学研究还在进行中）向我们解释了为什么陈述性知识很难变成程序性知识（参见本书第 178 页），比如将在学校学习的语法规则应用到交际中，反之亦然，比如在没有准备的情况下，向外国人解释自己母语的运作机制。外语学习上这一理论与实践的差距使得外语教学法明确地区分显性和隐性两类语法。请注意，我们下面的论述同样适用于语言学习的其他方面，如词汇场、话语结构等，总之可以涵盖整个语言学习。

——显性语法

显性语法指的是人们在学校通过教材、理论讲解、系统操练和强化记忆等方式有意识地主动（或被迫？）学会的系统语法规则。之后，人们在交际中深思熟虑地、有控制地运用这些规则，这一过程一般需要付出很多时间和精力。

—— 隐性语法

隐性语法指的是人们在真实的交际过程中，偶然地、自发地，而且经常是无意识地形成的已经内化了的语法规则。学习者通过记忆、对比、模仿和体验一些话语，从中直观地归纳出某些使用习惯或者反复出现的句型。此类规则开始时混沌不清，不够确切，也不完整，但随着中介语的发展（参见本书第 223 页），逐渐变得具体明确、自成系统、行之有效且正确无误。这是人们在母语学习时自然习得的语法，而我们在上小学前就几乎完成了母语学习。

我们还知道这两类语法相互独立，因为有的文盲能够用外语进行很流利的表达，正像学龄前的儿童可以自如地用母语说话一样。另外，有些语言学家能够分析并阐释某个语言的运作机制，却不必会使用该语言。虽然显性语法和隐性语法在内容上并不相互对立（理论上讲，进入学习的高级阶段后，它们甚至应该是一致的），但它们的源头、运作方式和结果却完全不同，详见下图：

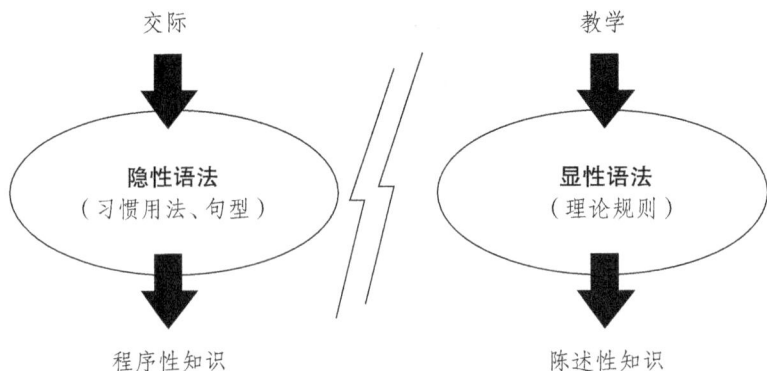

这两类语法可能会相互竞争，特别是在面对不同标准的时候，比如通俗语遭遇书面语（参见本书第 61 页），讲求正确性的语法规则遭遇注重交际性的使用规则（参见本书第 48 和 176 页）等。这两类语法也可能相互妨碍：严格遵守过于复杂的语法规则将会妨碍交际的正常进行，自学中无意识养成的坏习惯则可能影响某些语法规则的实施（"石化"现象）。关键在于将二者有机地结合起来，更好地促进语言的掌握。

事实上，尽管我们需要像刚才做的那样，注意区分元语言能力和语言能力、陈述性知识和程序性知识、显性语法和隐性语法，但仍有待在它们之间发掘相互关系，建立彼此联系，并形成合力。因此，绝不要否定注重形式和系统的语言教学——包括语法、词汇及文化等的教学，但应避免夸大这种教学的影响和作用，并且要特别注意使其与交际能力的培养紧密结合，这是当前的外语教学法努力的目标（参见本书第 251 页）。神经语言学家也鼓励这样的教学，认为语言能力和元语言能力之间需要建立平衡和补偿的体系：随着外语学习者在交际中使用目的语能力的不断增强，他将越来越少地求助严格的语法规则，这就好比盲人随着视力的逐渐丧失会越来越依赖自己的听觉一样。然而，视力永远不可能变成听力，正如显性语法永远不可能变成隐性语法。

显性能力和隐性能力的转换现象被解释为一种认知过程，它"自然地"发生于无引导的学习当中，有如消化这一生理过程，但是教学应该强化这一过程并使之系统化，以便让学习者能够将人们传授给他们的理论知识活学活用。这一过程分三个阶段：

1）认知阶段（phase congnitive）

在此阶段，无论是为了努力理解语言的使用（在自然的环境下，借助交际语境），还是为了理解语法规则（在课堂上，通过老师的讲解），学习者面对外语是紧张的、自觉的和审慎的；

2）联想阶段（phase associative）

在此阶段，初步入门的学习者将开始处理、记住、对比和联系他先前接触过的信息资料，也就是语法规则和习惯用法，他将努力加以运用，尽可能清楚地、正确地进行交际。这其实就是开始培养自己的程序性语言能力，但这一能力还很有限，因为学习者在此阶段还必须把注意力重点放在语法规则上；

3）自动化阶段（phase d'automatisation）

学习者经过一定的交际体验，有了一定量的话语重复和语境重复后，他们将进入自动化阶段。他们将就此发展自动化行为，从而减轻死记硬背相关语法规则的心理活动，得以将精力集中在目的语的功能使用上。因为思想更加自由，所以他们能够愈发容易地学到新的知识，获得新的能力，并将它们和以往的知识与能力融为一体。

这个从思考到自然应用的过程被称作（知识）"程序化"（procéduralisation）；反之，从自然应用到思考的过程则被称作（知识）"显性化"（explicitation），它重在让学习者从理论上明白他先前完全通过交际、未经任何正规教学、单凭直觉学会的语言究竟是如何运作的。这就像小学教师要给孩子们解释他们已经学会的，并且已经会用但不知其所以然的母语语法，目的是要进一步提高和完善孩子们的母语能力。虽然说知识程序化主要靠演绎（从语法规则到自如应用），知识显性化主要靠归纳（从自如应用到语法规则），但这两个步骤无论从那一边开始都是可以相互配合的，教师应该鼓励学习者积极尝试。参见下图：

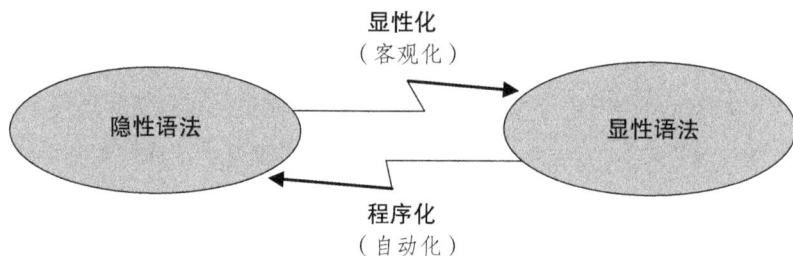

即使隐性语法和显性语法在原理上没有关联，但我们在教学中还是可以将二者联系起来。总而言之，尽管外语学习的理论和实践不能混同，但我们一定要努力使它们互补，一定要根据语言的相关方面、交际的类型、学习者的情况和学习环境等要素，用各种方法将外语学习的理论和实践结合起来，一定要将两者系统地交替应用到教学活动中和交际情境里。无论如何，一条（好的）语法规则在教师讲得一清二楚、学生融会贯通的情况下，应该不全是约束人的一种规范，而是一个有激励作用的样板，一件让学习者感到得心应手的强大的使用工具。另外，在教学中，一个充分而又恰当的讲解应该力争做到通过常规的例子，总结出能够在其他场合举一反三的规则。从这个观念上说，语言能力之间的衔接并非可有可无，相反，它是每一项能力的有机组成部分：规则希望被系统地使用，使用又会立即启发新的规则。

1.3.3 阶段性进步：中介语理论（théorie des interlangues）

传统的外语教学法把语言切分成不同的板块，如语音、词法、句法、词汇、文化等，并或多或少地将各个板块的教学割裂开来（在不同时期，有时在不同的教学计划中，或为了一个特定的评估），教学进度是线性的、平行的、固定的，或者是累积的，多从零开始，希望有朝一日学习者能够达到操本族语者的水平。那时，人们相信，当上述各个方面的语言知识达到足够水平的时候，学习者自然会把它们累加在一起并马上应用到交际实践中。

我们将这种语言学习观比作拼图游戏，只需要将所有拼图模块从盒子里取出来放在桌子上，然后一个个拼装起来即可。参见下图：

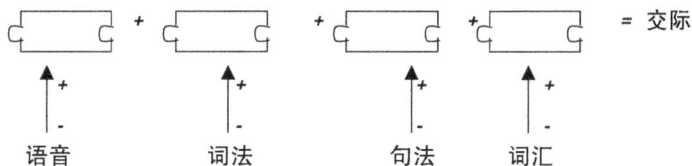

我们曾在第一章里指出，语言不单纯是一种积木游戏，它还是一种社交游戏。我们从上面的阐述中也看到，陈述性知识不能够直接为交际能力服务，心理语言学家也同样证实，像母语习得和无引导的外语学习那样自然学会说一种语言，是不能通过拼图游戏方式进行的。

在母语习得和无引导的外语学习情形下，人们通过交际进行学习，也是为了交际而学习，学习的进展呈整体性和间断性，换言之，在每一个学习阶段，从一开始起，各种各样的知识和能力不论多么有限，都能够被综合应用到交际当中并形成微型的语言系统，即中介语系统。它们相对独立，自成一体，但不够确切，而且是过渡性的，不过却能够让学习者越来越自如地应对交际。学习者在其学习的过程中，经过一段时间的语言接触和领会，并在此基础上终于建立起一个新的微型语言系统的时候，他便从一个中介语阶段跨越到下一个中介语阶段，产生具有典型特征的质的飞跃，有时可能是惊人的进步，而在这之前却看起来是遇到了瓶颈。参见下图：

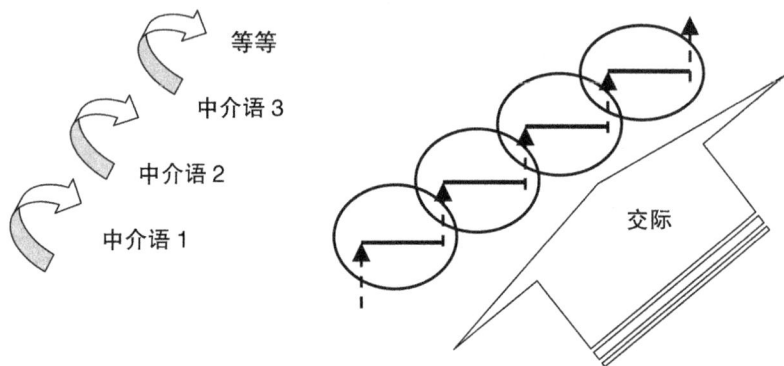

获得这些质的飞跃，也因为学习者在当时所处的阶段拥有很高的语言安全感和强烈的学习动因，当然也离不开个人的特性。通过观察，我们发现，学习母语和外语的各类学习者有很多相似的经历；我们还发现，有些中介语阶段与克里奥尔语的发展进程具有可比性。鉴于此，我们可以推测，可能是某些遗传程序和某些语言的共性原理决定了学习者的跨越式进步。我们已经指出过这样的假设，即从系统发育学的角度看，人学会语言可能都要经过相同的阶段。

无论如何，如果学习者没有准备好，教师再怎么奋发努力，学习者也学不到新的知识，至多能够尽力记住一些单词和语法规则，不过之后很快就会忘掉。真可谓"谋事在教，成事在学"！同一个语言知识点或元语言知识点应该多次呈现给学习者，每次的难度有所增加，以便学习者能够有一天将它们吸收到他的中介语里。这便是螺旋式教学法的基本原理，我们将稍后在本章加以介绍（参见本书第 261 页）。中介语理论还可用来说明为什么有些纠错没有任何意义：要么是因为纠得太早，学习者压根儿就不知道有偏误的存在，所以他对之毫不敏感；要么恰恰相反，因为纠得太晚，偏误属于过去的某一中介语阶段，现在难以触及，已永远地石化了。

相对于把外语学习比作拼图游戏，我们提出另外一个不同的比喻：外语学习有如做蛋黄酱。我们可以先各取少量的鸡蛋、油、醋、盐和胡椒等配料，然后将它们进行搅拌，在蛋黄酱开始成形时，再逐渐地按比例继续添加每一种配料，使蛋黄酱越做越多。同样的道理，语音、词汇和语法等“配料”将通过“搅拌”（交际）变成“蛋黄酱”（活生生的语言），否则，它们始终是死的理论知识，正像不把鸡蛋、油、醋、盐和胡椒等配料搅拌好了倒进菜里，再多的配料，堆满一桌子也毫无用处。

通过介绍中介语理论，我们应该记取的是：尽管语言教学不能够直接作用于学习者的中介语系统，因为中介语有赖于交际并且凭直觉运作，但教学总是可以帮助学习者意识到自己在接受目的语输入（教学有计划地让学习者接触目的语，突出强调某些信息资源）；能够通过将目的语的知识系统化，方便学习者把它们融入到中介语系统；能够激励和评价学习者的语言产出（反馈和偏误分析）；还能够通过重复和培养学习者的娴熟技能，努力地使元语言知识转化为语言知识。我们还将在下文展开进一步的论述（参见本书第 244 和 281 页）。

1.4 母语和外语的学习与教学

我们经常提到的一个问题便是母语学习和外语学习的差异在哪里，特别是为什么母语学习似乎很容易，如此自发和自然，而且总能学会，因为除了个别例外，几乎所有孩子，不论他们的学习能力、学习动因和学习条件如何，在正式上学前都已经基本掌握了自己的母语，他们上学主要是为了学习书写；但是，外语学习却要学生和教师花费那么多功夫，结果反而常常令人失望。有人认为，这两种学习过程原则上讲大同小异，唯一的区别在于它们的方式方法，因此应该尽可能地将这两种学习结合起来，比如，通过开设多语种早期教学班，以充分利用这两种学习的共同基础及相同点。与此相反，其他人则强调，正如母语和外语之间存在着差异（参见本书第 46 页"比较语法"），母语学习和外语学习之间也有所区别，并认为外语学习不可避免地会受母语的制约，因此要特别注意避免母语的干扰，否则将会妨碍外语学习。

1.4.1 两种学习的心理过程比较

关于人脑机能和机能定位会区别对待母语和外语的假设，我们已经回答说这并非取决于母语或外语的特性，与学习者的年龄也无直接关系，而是不同的语言学习方式所致：一种是通过交际习得语言能力（以后有可能再通过学习系统化）；另一种是通过教学，主要获得的是元语言知识（以后有可能加以应用）。倘若外语学习开始得很早，而且是强化学习，比如生活在双语家庭，或在沉浸式的外语学习环境中，与学习和使用母语一样，学习者将以同样的方式调动相同的大脑区域去学习和使用外语。如果外语学习起步较晚，比如成年之后，或局限于理论学习，学习者动用的大脑部分将和他在学校里学习其他科目时的情况一样。我们也在前面说过，大脑疾病有可能以不同的方式损害患者的母语能力和外语能力。

在校学习外语的过程不同于在校学习母语的过程。的确，我们已说过，小学生入校前已在很大程度上掌握了母语，并将其用作交际工具，而教师把它变成教学的客体，最主要的目的就是将母语的运作规则显性化，使之形成具有一定距离感的元语言知识。学生在校学习外语的情形与之几乎完全相反；与母语相比，外语的元语言距离对于学习者来说显而易见，而且无法避免，所以教师要想方设法把这一教学客体语言变成交际工具语言，为此，他将努力地通过启动我们上面讲过的程序化进程，使教学活动一经学习者理解，甚至在他们理解之前（结构－行为主义教学法便是如此），就成为学生自动的、近乎下意识的行为。

还是从大脑活动的角度说，在关于人的言语能力（facultés de langage）（而语言 langue 则总是后天学会的）具有天赋性和普遍性这个问题上，我们也曾提到适用于母语学习的选择性学习理论和适用于外语学习的再激活学习理论（参见本书第 215 页）。待有朝一日，科学家们发现了人类语言共有元素——无论是语言的基本原理，还是其可选参变量——时，我们也许能够再激活主导了母语习得的那些天生的机能和先天的资源，使之为外语学习服务。

1.4.2 两种学习环境比较

首先提醒大家注意的是，如果一个婴儿开始本能地发出声音、喊叫、哭啼，或者牙牙学语，这是他想和身边的人建立联系，跟他寻求和人进行身体接触时采用的方法一样；这也是为了发现世界并试图辨识和控制这个世界上的物件，正像他将物品拿在手里任意摆布那样；从某种意义上说，这也是无理由地探索和练习自己的（发声、语言和认知）能力，他蹒跚学步时也是如此。关于这一点，大家知道，游戏在学习中，尤其是语言学习中，发挥着至关重要的作用，而且弗洛伊德认为，文字游戏可以让成年人感受到娱乐的时光，感受到他们曾经在孩提时代自由发音的那种快乐。婴儿在发出声音寻求建立联系之后会将他的咿呀声与他周围人的反应以及其他交际方式（如目光接触、模仿、手势等）联系起来。他将能够辨别并模仿身边亲人说话嗓音的各种调子，理解大人的意图，如满意、生气、恐惧等，虽然他还根本不懂他们说话的意思。另外，毋庸赘言，婴儿和他最早的对话人——他的父母——之间的感情关系非常重要，它有助于孩子很快学会他们的语言。这一情感因素也将极大地影响到孩子对母语的态度，甚至还可能影响到以后其他语言的学习。

每当学习者缺乏学习动因时，每当为了领会语法、完成练习或迎接考试而牺牲了发现的乐趣以及人文关系、激情、快乐和游戏时，有必要时常地想想母语学习的那些环境。我们还应该铭记，与青少年和成年人学习者相反（参见本书第 147 页），儿童学习语言属于一种通常的学习与成长过程，他们自己及其周围的人都没有在这一总体的过程中对语言学习加以明确的区分，尽管语言有时会受到特别的重视。可以简略地概括说，儿童的这种全方位的语言学习主要围绕以下三个方面进行，它们在儿童的成长过程中持续地相互作用：

——认知学习：学习身份认同的概念、时间概念和因果关系的逻辑概念，等等；

——社会情感学习：儿童努力融入家庭和朋友圈，努力表明自己的个性并试图控制他人，等等；

——语言学习：儿童为了思考而说话，为了说话而思考，正如他为了交际而说话，为了说话而交际。

这些方面的学习因此是**一体化的**（在孩子的思想和生活中不加区别，孩子自己也没有词汇、词法和句法的界限，参见本书第 223 页）、**自发的**（无意识、积极性高、自然强化）和**平衡的**，因为这些学习根据儿童的能力和需求和谐地发展。即便有父母的悉心关照，并且是在一个催人奋进的学习环境下，最终还是要由孩子自己决定按照哪种节奏去理解和表达，孩子的选择总是与其个人的认知和社会情感发展水平相匹配的。由此可见，这正是和校园的外语学习最大的区别所在。学校的外语教学只想着按照规定的教学大纲和节奏培养学生的语言能力，而不考虑学生的认知需求和社会情感需求。如果照搬母语学习的模式，不尊重学习者的个性特点，不懂得综合利用学习者各个方面的优势，这样的外语教学方法将变得幼稚可笑，效果将令人悲观失望，在语言上则给学习者带来不安全感。对此，我们已在前面提出了告诫（参见本书第 108 页）。

1.4.3 各种双语现象比较

最后，我们来讨论一下双语这个不言自明的问题，因为只要在教第二种语言，就必然涉及两种语言间的关系。过去，学习外语便要完全撇开母语，禁止教师和他们的学生使用母语，或者用母语对比外语，以为这样就能在未受母语干扰的环境中学习外语。如今这一时代已经一去不复返了。其实，有些现象，譬如自觉地将两种语言相对照，或者无意识地在深层次上进行两种语言的相互迁移，或者在表层上造成两种语言的相互干扰等，在外语学习的过程中不仅是无法避免的，而且还表明学习路径是正确的，所以最好应该尽量地去理解这些现象并因势利导，通过扬长避短，使外语教学实现最大成效。神经语言学根据语言之间的相互关系，从各种双语情形中总结归纳出三类典型的双语现象。它们和学习语言的环境有着紧密的联系，也与学习者自然养成的学习策略不无关系。必须指出的是，神经语言学家提出的这三类双语现象后来又产生了很多变式，所以这里不是最权威或最终的分类。

1) 复合双语现象（le bilinguisme composé）

这是指说话人讲两种语言，而这两种语言形成同一个且唯一一个语言系统。如果是同时学习或者交替学习两种语言，比如在同一个家庭里可以自由使用两种语言，这个语言系统可能具有双重性。于此情形，优先使用的是两种语言中相同的词汇、句法、话语等结构，而不是相反，但不一定用一种语言更容易犯错，而用另一种语言偏误就少一些。

2) 并列双语现象（le bilinguisme coordonné）

这是指说话人使用的两种语言分属不同的系统，说话人转换语言时会下意识地从一个系统过渡到另一个系统。这种情况和上一种情形并无优劣之分，因为这两种情况下的当事人都有可能成为优秀的双语者。这种并列双语现象可能主要是因为当事人分开习得了两种语言，例如，他移居国外，在家里讲一种语言，在外面讲另一种语言。

3）从属双语现象（le bilinguisme subordonné）

在这样的双语现象中，两种语言间的关系很不平衡，因为第二语言依附于第一语言，第一语言深刻地影响着第二语言。这通常是在校学习外语的结果，学习者一般先学习使用语法规则，向母语规则靠拢，或者参照母语规则操作。尽管如此，学习者如果能够将这样学到的知识系统地应用于交际中，他最终有可能自如地掌握这门第二语言。

然而，我们一定不要认为上面介绍的三类双语现象有的好，有的不太好，更不要认为学习者或教师可以选择最适合自己情况的双语制，我们只能尽可能地利用学习者的语言能力和教学条件上的优势。不管怎样，可以肯定的是，外语学习如果管理得好，一般都会促进学习者既有语言的学习和提高，首先是有益于学习者对自己母语的认知，因为它一定会带动学习者对比两种语言及两种语言的各个方面，并由此激发学习者进行元语言思考，而这样的思考又将帮助学习者更好地掌握他学会的每一种语言。这就叫做"附加性双语现象"（bilinguisme additif）。与其相反的，我们必须加以警惕的则是"削减性双语现象"（bilinguisme soustractif），我们已经多次提及，产生这一现象的缘由是，在学习者已会的语言当中，没有一种语言达到了知识上相当熟悉或使用上相当熟练的程度，它们根本不足以成为学习其他语言的基础，也不能用来从事其他智力、社会和专业方面的活动。之所以如此，主要原因是学习者处于语言冲突的环境中，或彻底地背井离乡，或反反复复地侨居国外，或盲目地接受沉浸式的外语教学。在削减性双语现象下，学习一门新的语言只能使情况更糟，使当事人处于更加不利的地位。对他来说，最好的办法显然是加强和延长母语学习，特别是母语语法的学习和写作练习。

最后，我们想强调指出，试图模仿母语学习的条件和过程来学习外语是没有意义的，但学习外语完全不考虑母语学习的经验也同样不可取。最好采用积极和批判的方法，一方面充分利用学习者母语学习的知识与经验，并且可能的话，还有他们其他外语学习的知识与经验；另一方面注意引导学习者用他们既有的知识、经验和习惯观照新学的语言及新的学习过程，以此发展他们的元语言思考能力和元认知思考能力。

1.5 外语学习策略研究

过去，外语教学只关注如何教，而今，学习者有意识或无意识采用的学习策略（更确切地说，是他的"监控者"采用的策略，参见本书第 110 页）成为众多很有意义的研究对象，内容既包括泛泛而论的外语学习，也涉及特定的学习步骤，比如训练学会一种话语行为、吸收新词汇或阅读理解高难度文章等。这里，我们要再一次提醒，从过去重视教到今天关注学，这一研究视角的改变不应该造成课堂教学实践的革命性变化，而应该是为了使那些经历了实践检验的教学方式方法更加行之有效。当教师更好地在集体层面和个体层面理解了他的学生以何种习惯学习他努力教给他们的知识时，教师便能帮助学生改进他们的学习，同时，他还能根据学生的学习习惯调适自己，从而改进教学。

以学习为导向的转变主要要求教师和学习者在思想上发生改变，以便学习者能够对自己的学习产生责任感，能够自由地发挥主动创造性，最终实现自主学习的目的。不论什么专业的教师，在开始教外语、历史或者数学之前，他的首要任务是教学生学会学习。因此，按照各种教学法优先传授的知识类型，我们可以把"教学生学会学习"补充作为外语教学发展的最后一个阶段，详见下图：

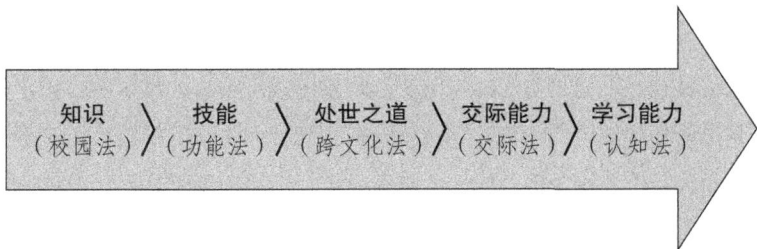

知识（校园法） 〉 技能（功能法） 〉 处世之道（跨文化法） 〉 交际能力（交际法） 〉 学习能力（认知法）

关于如何教学生学会学习，这里没有现成的秘诀，但可以提供建议，鼓励不断地尝试和妥协。这里也不想特别坚持或者强行规定某一种学习策略，而旨在帮助学习者认识到他自发采用了哪些学习策略，评价这些策略的有效性，并且在可能的情况下，使这些策略得到改进，或者尝试采用其他更适合学习者本人的学习策略。

现在的问题是，如何区分哪些学习策略具有共性（普适性），哪些学习策略是属于个人特有的。正如我们在前面论及语言学习能力及其发展过程的时候所指出的，人的部分语言习得过程是普遍的、来自直觉的，甚至是天赋的，这似乎已经毋庸置疑；有些学习策略理论上不如另外一些学习策略好，因为它们和学习的过程不相适应，阻碍学习的过程，这应该是无可争辩的。不过，同样显而易见的是，学习策略千变万化，因人而异（参见本书第 100 页），因环境而异（参见本书第 130 页），每个学习者都可根据自己的学习情况进行相应的调整。

我们将从语言和认知的角度分别讨论外语学习的策略问题。这样的区分回避了外语学习参与者的因素，只考虑方法论的因素。

1.5.1 语言视角下的外语学习策略

沃尔夫冈·克莱因（Wolfgang Klein）在其著作《外语习得》（*L'Acquisition de langues étrangères*，1989）中非常详细地描述了学习者学习外语时积极采取的各种各样的语言行为。我们在下文将只介绍其中的几个重要阶段，这也使我们有机会对此前进行的各种相关评论做一个回溯。

1）分析目的语

要强调的是，不论学习者有什么样的经历，他对目的语的分析都绝非是从零开始，而是基于他先前能够积累的关于语言的常识性知识，关于其母语和目的语的知识，以及待人接物和社会生活的经验等。这些知识和经验是不可避免的，应该能够在分析目的语时发挥作用，但也会被纠正。学习者可以借助这些知识和经验，在目的语的典型特征的基础上，通过演绎的方法学习到新的知识。例如，学习者会对词的使用频率比较敏感，通过词的使用频率，他能够识别句子里的语法词汇或判断对话的主题；对词在句子中位置的感觉也很敏锐，特别是在语句停顿之前或之后；较易察觉到有些人的说话腔调，还能够特别注意话语者的手势、表情和语境等对照性信息。我们发现，学习者通过这些方法总是能够比较快地将语流分割成各个不同的语言单位。

2）解读 / 构造句子

学习者几乎是下意识地运用一些策略去理解或构造句子，而这些策略与语言学家以科学的方法使用的策略并无本质的区别（参见本书第 50 页），比如：分析词序，按照语义和语法将单词归类，把词形变化、词缀、介词等编成索引，当然还有对比各种语调。在表达时，学习者一开始会不由自主地蹦出一些"词素形式"（morphes），也就是一些最简单的语法词汇单位，它们数量上有限，且无任何形式变化，主要特点是具有功能意义。例如：孤零零地冒出一个词"意大利"，可以同时表示"我来自意大利""我要去意大利""我是意大利人""我讲意大利语""这东西是意大利同学的"，等等。这类蹦词儿的做法让人不禁想起幼童的说话方式。这之后，学习者会系统运用语用原则遣词造句，如主谓次序、空间－时间词的前置、疑问语态的语调标记等，最后逐步学会使用更加复杂、更加细腻的表达系统（参见本书第223 页"中介语理论"）。

3）结合 / 融合语言和语境

对于学习者来说，即便他的水平很高，也不容易做到一方面吸收、理解一个具体的句子所传达的信息，另一方面把握、领会作为交际必备组成部分之间的关联信息（参见本书第 87 页），而且要处理好这两者的互动关系。如果学习者不了解自己身边的世界和社会，不知道他所处的交际情境，以及先前说过的话语和眼下正在交流的话语（即上下文），那么他的表达即便再正确、再合理，也必将以交际失败而告终，他也不可能理解对话人的言语。要想获得这些交际能力，需要很多功夫，需要丰富的经验和极大的耐心，才能突破孤立理解句子和脱离语境的瓶颈制约阶段。有鉴于此，人们现在对指示词（déictiques）、复指词(anaphoriques)、省略(ellipses)和冗余信息等手段特别感兴趣，因为指示词可用来指称人和世界上的所有事物，复指词可保证话语的前后衔接，不过，省略则必须要在句子里或故事中加以补充，冗余信息也要适度，以方便理解为原则（参见本书第 56 页）。

4）（自我）比较，（自我）管控

克莱因同样非常重视学习者的自我比较、学习者与教师的比较、学习者与同学的比较，以及学习者和操本族语的当地人的比较，认为这是激发学习者的学习积极性和促使其进步的一个强大驱动力。不过，他也提醒人们注意这种对比的危险性，因为它有可能使学习者高估自己，结果导致他自我满足和故步自封；对比也可能让学习者低估自己，结果导致他灰心丧气，缺乏语言的安全感，最终有可能阻碍他的学习，甚至使他学习退步。教师有责任帮助学习者科学利用对比这一本能反应，尤其要做好严密的、有激励作用的评估工作（参见本书第 188 页）。如果引导得好，对比应该能够促进学习者的自我纠正和自主学习，特别是能够更好地管控自己的表现：包括在表达的过程中，能够自己发现问题，或者通过对话人的当场反应意识到自己的口误；也包括讲出句子后，当对话人向自己提问时，发现自己言语有误；还包括交谈之后，能够回想起自己说过的错话。

1.5.2 （元）认知视角下的外语学习策略

众多专家以不同的方式对各种外语学习策略进行了编录、归类和评估。在研究他们采用的方式之前，我们先请教师再做一个关于自己的学习原则、学习习惯和学习小窍门的调查问卷，之后也可让自己的学生回答。这是一套含有各式各样、内容广泛的问答题的样本，可以在开课之前发给学生填写，以便教师更好地了解他们，这也是让学生更好地了解他们自己的绝佳机会。

在学习外语时，针对下列情况，您是如何做的?

❑ 模仿老师和操本族语人的语音语调

❑ 记住词汇表的生词及其意思

❑ 造一个您自己相信语法上是正确的句子

❑ 听懂一个比较难的口头报告的主要观点

❑ 看懂一篇较难文章的主要观点

❑ 写一篇文章之前以及过程之中

❑ 参与会话

❑ 去见将要与之交谈的人

❑ 当您发现总是犯同样的错误而进行自我纠正时

❑ 当您感觉学习没有进步而需要自我激励时

学外语时，您……

❑ 主动回答老师的提问，即便老师没有问您?

❑ 有明确的进步目标和期限吗?

❑ 用笔记下第一次遇见的生词和表达法吗?

❑ 大声背诵单词以便记住吗?

❑ 在脑子里翻译句子，以便更好地理解吗?

❑ 先一次性看完整篇文章，然后再重读每一个句子吗?

❑ 当没有听懂时，都自然地要请您的对话人重复吗?

❑ 在跟别人说话时，先在心里打腹稿吗?

❑ 在下笔之前先在心里打腹稿吗?

❑ 用目的语读报纸、听广播、看电视吗?

欲知更多细节，请阅读西尔的专著《论学习策略》，下文相继出现的相关概述均得益于他的这本书。我们将会看到，这些概述的提出者各有侧重地提出了考察外语学习策略的各个不同向量。对他们的观点进行比较研究，主要可以帮助我们从总体上考量学习外语时我们能够或应该实现的各种操作，还应该能够促使教师在完成上面介绍的内省式调研之后，向学习者提供其他可选择的学习策略。下面的这些外语学习策略概述基本上不需要评注，因为其中的大部分概念和操作已经在本书的其他章节做了介绍。

1）吕班（Rubin）的外语学习策略分类

吕班是研究外语学习策略的先驱之一，他将学习分为三个知识建构的阶段：理解新信息、记住新信息、开发应用新信息。具体内容如下：

（1）**理解或获得信息过程**

——澄清和查核策略，

——推测和推论策略，

——演绎推理策略，

——使用参考文献的策略；

（2）**储存或记忆过程**

组合、语境化、形象化……；

（3）**再利用或复用过程**

——付诸实施的策略（模仿、重复、应用、自我阐述……），

——自我调控的策略（找出问题、自我纠正……），

——间接的社会策略（寻找关系、请求帮助……）。

2）奥马利（O'Malley）和沙莫（Chamot）的外语学习策略分类

这一分类围绕元认知、认知和社会情感因素三条主线展开。元认知在于意识到人在学习时专心投入的心理活动，并试图管控这一心理活动，使之更加有效。元认知同时涉及学习者的学习动因、责任心和自主性。

（1）**元认知策略**：对学习过程的思考，例如鉴别问题所在、制定学习计划、自我管理、自我评估……

（2）**认知策略**：对语言的心理和实体的操作，例如重复、做笔记、演绎/归纳、概述、迁移……

（3）**社会情感策略**：与他人互动，控制情绪，例如有同理心、交流、合

作、请求帮助、减少压力……

3）奥克斯福德（Oxford）的外语学习策略分类

出于更加实用的目的，奥克斯福德的外语学习策略重述了前面几类策略的基本内容，但将它们归并为两个方面，一是与语言及语言学习直接相关的策略，二是紧紧围绕语言学习的策略。

（1）直接策略

——记忆策略（建立心理上的记忆联系、使用图像和声音、认真复习……）

——认知策略（使用语言、进行分析和推理、做笔记和概述……）

——补救策略（运用智慧猜测，规避困难，生造词……）

（2）间接策略

——元认知策略（专心致志、周密计划、确定目标、自我评估……）

——情感策略（减少焦虑、自我鼓励、和他人分享自己的情感……）

——社会策略（提问题、培养同理心……）

4）好学生的标准［奈曼（Naiman）的观点］

必须承认，教师一般最关心学生在学习中遇到的困难和那些学习上遇到最多困难的学生。所以，可能更有益的做法是另辟蹊径，去调研那些外语学习优秀的同学有哪些成功的学习策略可以提供给学习不太好的同学借鉴。奈曼的调研结果发现：

（1）好的学习者面对学习任务采取一种**积极的态度**，表现为积极参与，利用一切学习的机会，规划自己的活动，尽可能地使用目的语；

（2）他认识到，目的语是一种他将努力发现的**语言系统**，为此，他将和其他语言进行对比、分析和推断，懂得把新旧知识串联起来；

（3）他承认目的语是一个**交际工具**，所以他在"自然的"环境下使用目的语，确定自己的学习目标，也会使用其他交际手段和补救策略，如解述、手势等；

（4）他懂得重视第二语言学习中固有的**情感因素**，对目的语文化及目的语者表现出随和、宽容和同理心，能够承受不确定性，不怕被人笑话；

（5）他关注自己的**应用能力**，注意纠正错误，讲求语言的准确性，能够自我纠正，评价自己的语言能力和进步情况。

5）最后的建议

对于上述各类不同的学习策略和本章论述外语学习的整个第一部分，我们除了提出下列一个建议清单之外，可能没有更好的结论。这份建议清单的主要思路来自西尔的专著《论学习策略》，同时参考了吕班和汤普森(Thompson) 的观点。事实上，它既是科学研究的成果，也是一线教学实践的经验总结，应该张贴在所有教室里。教师有义务帮助学生将这些建议用到他们每天的学习当中。

——策略 1：**做学习的主人**！

例如：努力尝试各种学习方法，从中选择最适合自己的。

——策略 2：**安排好自己的学习**！

例如：制定一份作息时间表。

——策略 3：**发挥你的创造性**！

例如：积极投身于学习当中，努力学会自己发现语法规则，学会"玩"语言。

——策略 4：**主动创造使用目的语的机会**！

例如：在课堂上，自己回答老师提出的所有问题；在课外，听广播、看电视，和操本族语的人建立联系。

——策略 5：**学会在不确定中生活**！

例如：不必要求自己马上就懂，但要强迫自己猜测。

——策略 6：**运用技巧提高记忆力**！

例如：将单词分类；在脑子里建立图像。

——策略 7：**不怕犯错**！

例如：勇于发言；开始时，只需能够让人明白你的意思；对于犯错，持"吃一堑，长一智"的态度。

——策略 8：**使用你已有的语言知识**！

例如：将你已经学会的语言和正在学的语言进行对比。

——策略 9：**重视语境！**

例如：试着先从理解文章中一个句子的大概意思开始，谈话中则从听懂整句回答着手。

——策略 10：**学会机智地猜测！**

例如：善于区分主次，提出多种假设，做好出错的心理准备。

——策略 11：**死记硬背一些表达法，而不用去分析它们！**

例如：大胆使用一些成语和惯用语，注意观察对方的反应。

——策略 12：**学会一些例行的套话和句式！**

例如：打招呼用语、电话用语、开始和结束交谈的套话、表示同意的套话……

——策略 13：**学会使用各种语体等级！**

例如：注意比较目的语国家的人根据情境和对话人的年龄、性别和身份采用的不同说话方式。

2. 教学方法与教学实践

我们现在完全懂得，从外语教学法的维度看，教学的局限性是没有给予学生任何选择，只要求他们适应教师，适应教师的教学方法和教学内容。因而，如今人们在外语教学的过程中赋予学习者越来越重要的角色：他们被视为合作伙伴，参与确定教学目标；只要条件许可，他们的特定需求、特殊情况，以及他们个人的认知策略等，都会得到足够的重视；他们被鼓励争做自己学习的主人，同时在课堂的互动中也参与其他同学的学习。教师因此不再是"唯一的船长"，学习者也必须承担起他们外语学习成功或失败的应有责任，这对于增强学习者的学习动力不无积极的效果。

我们同样知道，不上任何课就能学会外语，这不仅是完全可能的，而且还一直是件非常普通的事情。面对学校外语教学（相对）的低效无用，从专家学者到广大民众，很多人都认为，没有老师，外语也许会学得更好。这一观点如此大行其道，以至于有些私立机构违反常理，不惜花费巨资重建无引导的外语学习环境（参见本书第 133 页）：让学生围坐在餐桌边展开结结巴巴的讨论，或举办只能用目的语交流的一本正经的晚会。在这样的情境下，教师千方百计地要让学生忘记老师的存在，有人甚至主张禁止使用"老师"一词。

随着一种为学习服务的教学的兴起（个性化是其最主要的特征），随着教师开始主要扮演学习者与操本族语者之间的中介人的角色，随着校外学习外语机会的不断增多（大众传媒、互联网、出国语言进修……），我们应该在课堂上做些什么才能激活学习者的学习过程呢？这是一个十分古老的问题，但现在变得非常关键，我们这里不是要给出答案，而是想努力地提出一个思考框架，使我们每个人都能够根据自己的教学情况进行探索。

2.1 教师的作用

下图简明扼要地概括了本章第一部分详细描述的外语学习过程。它将使我们在明确的基础上确定教师发挥作用的时机，并区分教师可发挥哪些作用，这可让我们最终认识到，从理论上讲，可供教师选择的教学模式并非我们认为的那样多。

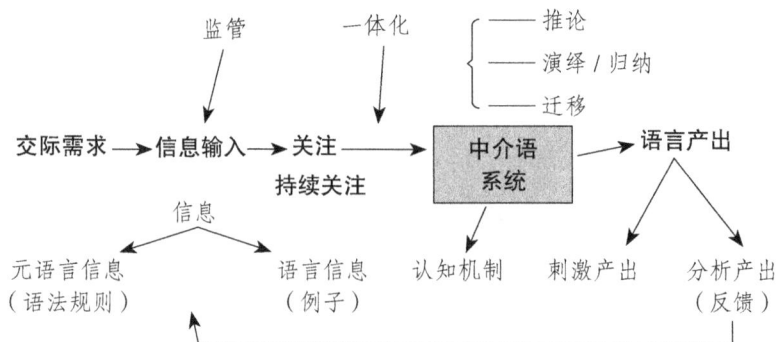

2.1.1 交际需求

这是一个有必要强调的显而易见的道理：任何学习都由需求所决定，这种需求既可能是外在的需要，也可能是内在的动因，或两者兼而有之。同理，没有交际需求，则几乎不可能学会外语，并且交际需求一旦得到满足，或者说看似得到满足，外语学习也就会停止进步。一个讲英语的人可以非常喜爱法国电影，每周看多部带英文字幕的法语原版电影，但假如他不会说法语就能满足他对法国电影的喜好，他可能一直都不会说法语。法语国家的移民在后来的法语学习中也遇到了相似的情况，他们为了确保在法语社会中能够生存下来，不得不立即学一点最初级的法语。开始的时候，他们的交际需求和驱动力很强，所以进步很快，但是，等他们能够在日常生活中听得懂别人的话，并且也能让别人听懂自己之后，他们的学习积极性就下降了，从此语言进步停滞，讲话时口误不断，语法错误连篇，母语负迁移的现象比比皆是。这之后，随着他们在定居的国家融入程度的加深，他们感到有必要提高自己的语言能力，同时也发现交际的内容需要更加准确，表达需要更加正确，可惜通常为时已晚，因为相同的偏误已经被重复了太多次，早已"石化"了（参见本书第 134 页）。

2.1.2 语言、元语言、副语言、语境等信息的输入

虽然我们现在知道人类学习语言（母语或外语）的能力有一部分是天生的，但同时不可否认，如果没有语言信息输入，我们则不可能学会语言。因此，输入（input）既是语言学习的基础，也是哺育语言学习的养料。这正是现代外语教学法对此高度重视的原因所在。每一次的目的语输入都是学习者有意识或者无意识汲取语言信息（données linguistiques）的机会，其中包括音素、词语、词组和句法结构等，学习者会将这些语言信息和相关的交际参数结合起来，其中包括对话人的身份、态度和举止以及他们的处境（参见本书第 266 页关于副语言和语境信息的论述）。

日常交际中的语言信息产生于自然的交际过程，未经任何筛选。与此相反，教师则需要根据学习者的水平为他们选择相应的语言信息并有计划地进行输入。另外，教师也可重复、丰富或调整这些信息。然而，教师不可能让学习者长久地、高强度地和实际地处在目的语输入状态，除非他们处于沉浸式外语学习的环境中，和操本族语者保持着稳定的互动联系。不过，教师可以选择直接向学习者提供元语言信息（données métalinguistiques），包括提出学习语音语调和语法规则的建议，讲解一个词语的正确用法和讲话的方式方法等，希望他们能够加以应用，哪怕这些信息对培养他们的交际能力没有直接的影响（参见本书第 219 页）。教师因此面临两者择一的取舍：要么优先发展学习者的目的语交际能力，要么重点讲解目的语的运作规则。我们将随后对教师的教学方法进行比较分析，这些方法一类是归纳性的，另一类是演绎式的，可与上述每一种选择相结合。

我们还是要指出，绝不可相信外语学习是线性的，因为学习者通常会面对大量千差万别的语言信息。在现实中，大部分的教学既有交际法的成分，也有比较注重语言形式的时候。即便是几乎不讲交流的语法－翻译法（参见本书第 246 页）也没有完全无视交际。反过来，在无引导的外语学习情况下，一个不懂目的语的人不可避免地会提出一些有关目的语使用规则的显性语法问题，他的对话人也会偶尔给他一些元语言性质的讲解。在交际和语法这两个极端之间，有可能存在各种各样的区分度极小和两者兼而有之的混合情况，而且规律性总是多于例外。

2.1.3 关注和储存

毫无疑问，学习者不会记住他所接触的所有信息。他会有意和／或无意地选择那些在他看来值得关注的信息，忽略许多其他与自己现阶段学习无关的内容，因为这些内容对他来说不是太熟悉，便是过于专业和复杂，难以吸收到他的中介语当中。于此情形，学习者会对这类信息不予理睬，很快忘却，或者作为元语言假设储存在记忆中，还不能形成流利、自然的语言产出。所以说语言输入的效果很大程度上取决于它在学习过程中的发生时机。无论如何，一定要相信，向学习者一次甚或多次输入语言或元语言信息是远远不够的，不足以使他们马上收效，或者在需要使用时回想起来（参见本书第 261 页"螺旋式上升的教学步骤"）。

2.1.4 中介语系统

教学可以直接作用于语言输入和语言输出，但在这两者之间，学习者的中介语却始终是一个保留的领域，不属于严格意义上的教学范畴，而属于学习的问题，有着自己的逻辑。人们对这个领域知之甚少，更谈不上可以对其施加影响。我们先后在上一章和本章的第一部分（参见本书第 232 页起）描述了如何能够促进中介语系统的运行与发展，主要是刺激学习者的学习驱动力，为他们创造真实贴切的交际机会，提高他们对自己学业进步的责任心，激发他们对自己认知机制的意识，同时向他们建议有助于其完成学习任务的策略，等等。

我们这里不再重复中介语的运作机制（参见本书第 223 页），但想强调指出，中介语的构成不是一种由学习者负责机械地积累信息的下意识活动。事实上，学习者运用一系列复杂的认知策略建立他们自己的微型语言系统。对于这些复杂的认知策略，神经语言学家尚未能够全部解释清楚，他们发现：学习者提出假设并进行验证，基于自己能够熟练掌握的多个相似的用法，总结出相应的语法规则，或反之，将他人告知的语法规则置于例子中进行检验；他们还会将一种语言中的情境迁移到另一种语言……另外，新的信息被吸收融入到中介语当中，这必将引起一些比较重要的变化：当它们和既有中介语系统里的各个元素不相冲突时，既有中介语系统只是得到了充实；反之，学习者将被迫进行调适，甚至要重组中介语系统，于是便进入下一个平台期。

2.1.5 语言产出和反馈

学习者通过使用其中介语系统的资源（尽管非常有限），将能够使用外语输出句子（尽管很不精确），使他们得以勉强地和他们的对话人进行交际。如果对方是操本族语者，这便是真实情境下的交际；如果对方是老师或者同学，则多半为课堂交际。在此语言产出阶段，教师可以发挥作用：他可利用操练句型的机会让学习者多说，这种练习通常是按部就班地重复句型，旨在训练学习者的熟练度；教师也可通过封闭性的问答驱使学习者开口说话；他还可在做比较自由的练习——比如开放性问答或其他创造性活动时，鼓励学习者更多地产出语言。

然而，这些语言产出并不等于学习过程的终结，因为在互动过程中，它们经常引起对话人的回应，特别是教师的回应。这些"反馈"（feedback）既是交际不可或缺的组成部分，也是外语学习不可或缺的组成部分，包含着非常不同的方面。例如：对话人可能会要求进一步的解释，会用一个正确的句子重新表达你刚才说的话，会利用手势或者声调重点指出你的错误，还可能直截了当地、明确地纠正它，或者提醒相关的语法规则，等等——教学法专家会对这些不同方面的反馈带来的近期和长期影响进行对比分析。教师对学习者良好的或者糟糕的表现做出的所有反应其实是新的学习机会，因为他们的反应意味着出现新的信息，这些新的信息又将被吸收融入到学习者的中介语系统里。由此可见，外语学习的过程不仅让我们获得学业成功的滋养，而且也让我们通过犯错和对话人的纠错获得教益（参见本书第 281 页"对偏误的处理"）。反馈还有另外一个功能，便是让学习者在意识到自己没有被理解的情况下，能够知道他的语言表达和一个操本族语的人所能接受的程度有多大差距。如果这个差距不是很大，这反而能够刺激他的交际需求并再次推动他的学习进程。

2.1.6 教学方法

众所周知，任何教学在步骤上不外乎是归纳法或者演绎法，因此我们也可料想到，外语教学不论其性质如何，也不论其采用什么样的方法以及何时采用，应该也不例外。

在进行语言输入时，归纳法的步骤应该是教师向学习者提供比较统一的标准例子，以便学习者能够自己从中发现问题，并且自己尝试总结出这样或那样的语法规则。如果教学的重点是语言输出，教师要通过自己的句子和由此激起的全班同学的反应引导学习者揭示隐藏在其中的解释。当教学采用演绎法时，其过程正好相反：学习者先听教师进行元语言讲解，然后用它们分析例子。同样，假如重点进行语言输出，教师要首先认真地阐明语法规则，而后让学习者立即应用于交际活动中。详见下面的图示：

	教师的介入	
	语言输入 ←———	语言输出 ———→
归纳法 ↑↓	分析例句 ⬇ 阐述语法规则	语言产出 + 反馈 ⬇ 阐述语法规则
演绎法	阐述语法规则 ⬇ 分析例句	阐述语法规则 ⬇ 语言产出 + 反馈

这个双向入口表格虽然很初级，但可以更好地帮助我们理解教师进行的教学介入（从最简单的到最复杂的）所依据的基本原则和框架。理论上，没有经验可以证明，教学上此一类方法从短期或长期看一定会比彼一类方法更有效[1]。但毫无疑问，教学方法多样化、关联化和协调化也是必不可少的，也一定要适合学习者的能力和水平，一定要与

---

[1] 参见昂德里克斯.《论语法教学的程式化方式对二语话语能力习得的影响》（L. Hendrix, *L'impact du mode d'implémentation de l'enseignement grammatical sur l'appropriation des compétences langagières en langue seconde*）.布鲁塞尔：布鲁塞尔自由大学，2002. ——作者注

教学内容、目标和条件相适应。最后，教师的教学方法若想取得成效，就必须有利于促进学习者元认知能力的发展，有利于激励学习者自主学习，而自主学习是一切教学的最终目的。

2.2 主要的外语教学法流派

现在，教学行动的框架确定之后，我们来快速地回顾一下那些主要的外语教学法流派。有的流派特别推崇我们上面介绍的某一类教学方法，有的则偏爱另一类教学方法。回顾外语教学法的历史总是有益无害的。首先是因为过去的教学法能够让我们通过和现在的教学实践相比较，揭示当下的教学法的特性和独创性。其次，鉴于没有任何教学法差得一无是处，因此可以对照多样的外语教学环境，将不同的外语教学法进行比较。外语教学环境千变万化，这一直是本书再三强调的。另外，过往的那些教学法流派提出的原则和规则也不总是像它们的设计者和出版商鼓动大家相信的那样完全相互对立，这在今天看来反倒是一种优势，因为现在大家更倡导互补，而不像过去那样一味地排斥异己，搞宗派主义。事实上，我们将会看到，有些老的教学方法在过去一段时间里被禁了，而今又获新生。最后，应该由教师自己考虑，只要他们的选择是合情合理和严谨的，只要他们最大限度地借鉴了不断发展的外语教学法提供的指导，他们有权最终决定采用最适合学习者和教学情况的教学方法。

2.2.1 语法－翻译法

语法－翻译法最早用于教授古典语言，也就是"死亡的语言"(langues mortes)，过去只有这些语言配得上在学校里学习。如果说它的教学方法确实还能够让人最终很好地，但主要是被动地掌握拉丁语和古希腊语的话，那么，它一旦用于学习用"活的语言"(langues vivantes)，即现代语言进行交际，就不那么令人信服了。遥想最早使用该教学法的那个年代，当时的人们除了从语文学的角度考虑语言教学的目的以外，没有可能再设想其他用途。倘若我们记得这一点，就会更好地理解语法 – 翻译法的逻辑。所以，该教学法的目的主要是要让学习者拥有广博的文学知识，对学习者进行一定形式的智力锻炼，这两方面都是开展基础的智力教育必不可少的条件，至于实际使用相关语言进行交际的能力，则被视作是次要的。

语法 – 翻译法重在用演绎的方法讲授语法知识。挑选的课文主要作为载体，用于逐字逐句的元语言评析。读完（很少听完）课文后，教师开始讲解语法规则和课文里的词汇，接着让学生做理解练习、背诵练习和应用练习，最后进行翻译（外语译成母语，母语译成外语）。教师讲授的用法和让学生模仿的例句主要是书面的文学语言，其他语体则一概不教不学。语法教学从句子入手，通过列表展示各种形态变化，逐个分析句子的各个组成部分，之后开始学习词类，进行句法分析。词汇教学是语法 – 翻译法的另一个重要部分，但词汇学习通常脱离语境，并要求学生背诵单词表。语音教学一般被压缩到最低限度，只要学生在课堂上的发言能够被听懂即可。用目的语进行互动交际应该说非常有限，而且很脸谱化。此外，课堂教学大多使用母语，学生仅限于听讲。关于文化教学，通常是正统地宣讲相关国家的文明和文学史。

语法 – 翻译法作为教学法流派失宠于 20 世纪上半叶，不过今天，至少在大的原则上仍然有些国家、学校或教师在使用。必须指出的是，一度被后来的外语教学法禁止的语法和文学如今早已强势回归外语教学法的舞台，当然，其教学形式和教学目标与以往不同。同样，被排斥的翻译也许不久也会恢复它应有的地位。

2.2.2 直接法

与语法 – 翻译法相反，直接法以讲授语言的内容和使用语言为目的。该教学法首先注重培养学习者的听力和语言表达能力，期待学习者积极参与课堂教学。在学习刚开始时，教师先说出教室里现有的或他带到课堂的物品的名称，或者他指着图片上的物品并说出物品的名称，而后把它们用到简单的句子里，并借助手势或者模仿说明句子的意思，例如："这是一本书""我拿着书""你拿着笔""红色的书在桌子上""……在椅子上"，等等。在第一阶段，学生跟着重复，并将刚学的词汇用到与老师或同学进行的问答练习中。课堂上，学生和教师都被严格禁止使用母语，尤其不许翻译。然后在下一阶段，随着学生的进步，课堂教学逐渐转向更加自由、更加抽象的语言输出，教学的场景也不再局限于教室、人物和物品。与语法－翻译法以及后来的结构主义教学法相反，直接法先从词汇教学开始，同时非常强调发音，语法已经退为其次。所教的语言形式为日常用语和口语，笔语很久之后才出现，采取的教学步骤为归纳式，而且经常是隐性的。

20 世纪上半叶，由于语法－翻译法不再能够满足现代社会对外语教学的需求，应运而生的直接法从此声名鹊起。直到今天，直接法仍然在一些教学活动和一些非常明确的场景中使用，尤其是在针对零起点学生最初的几节课上。不过，直接法很快被结构－行为主义教学法取而代之，从某种意义上说，是它为后者开辟了道路。虽然直接法的重要贡献在于使传统的外语教学面目一新，但它毕竟还是以过时的语言学理论为指导，没有超越学校语法教学的传统理念。直接法的另一个错误是它试图在外语课堂上重建母语习得的过程，而我们已经讲过，外语课堂根本不具备母语习得那样的认知、社会和语言条件（参见本书第 225 页）。只是到了下一个外语教学法问世的时候，人们才开始尝试借鉴语言学和心理学的研究成果。

2.2.3 结构－行为主义教学法

正如其名称所示，20 世纪 50 年代诞生的结构－行为主义教学法是结构主义语言学（参见本书第 34 页）和行为主义心理学（参见本书第 214 页）结合的产物。该教学法得以发展还因为充分利用了当时最新的录音、视听介质和语言实验室等技术。

让我们先简要地提醒一下，结构主义语言学将语言视为一种积木游戏，也就是语音、词汇、句子和文本等元件的一种组装。因为这些元件存在着对应关系和内在的、系统的相互关系，所以能够传递由对话人编码和解码的信息，这一过程不受交际环境的影响。另一方面，行为主义心理学家致力于研究人的可观察行为，其中包括语言（母语和外语）使用行为；他们将人的语言习得过程看作是对外来刺激的反应。外语学习因此属于一种可以通过教学进行管控和促进的条件反射训练，实施的方法主要是联想和机械重复，即著名的"句型操练"（drills）。

这一结构主义和行为主义相结合的教学法特别讲求科学性和有效性，因此十分严苛，具有强制性，甚至有点令人厌恶。的确，在语言实验室或教室里上视听课，或做句型操练和脸谱化的短小喜剧时，学生先系统地接受语言信息的输入——这些信息是按照他们的语言水平精心筛选和编制的，而后学生要跟着重复无数次，却几乎不需要明白句子的意思，也没有更多的语法讲解，更没有真正的交际实践。该教学法也反对使用母语或与母语对照，以防止受母语的干扰。在结构－行为主义教学法专家看来，母语对外语学习只会有负面的影响，因为每一种语言都有自己特有的系统。

正是结构－行为主义教学法把语言能力划分为四个基本技能（参见本书第 173 页），其中口语能力占据首席，以至于在该教学法盛行的时代，笔语学习通常仅限于阅读对话和听写练习，且多为口语中学过的内容。尽管语法教学都采用隐性的方法，而且主要通过句法的机械操练让学习者无意识地学会，但它始终是结构－行为主义教学法的主要内容，词汇教学则几乎没有。结构－行为主义语法学家将词汇主要看作是可相互替换的部件，只需把它们置于语法结构中合适的格子里。在进行综合概括时，经常把学过的单词归类构成词义场。语言和文化的教学也是分开进行的。教学材料毫无真实性可言，因为从对话到课文，再到句型练习，全部是按照要讲授给学生的语法结构人为地编排的，完全不考虑语境问题，在他们看来，语境也是可以相互替换的。至于教师，他的工作在于课前根据结构主义语言学的新理论，编制语言输入及操练；上课时，确保教学活动顺利展开，纠正学生的语音语调，把握学生的反馈，评价学生的表现。那时，人们对结构－行为主义教学法的可靠性深信不疑，乃至有人认为，只要严格按照此法操作，学生不可能犯任何错误，因此不需要考虑纠正的环节（直接的、间接的、真实的和现实虚拟的）。

第一代结构－行为主义教学法产生于20世纪40年代的大西洋彼岸。当时的美国正在参加第二次世界大战，需要以最快的速度教会他们的士兵、外交官和管理人员等使用外语，所以要求教学法专家推出一套新的教学方法。这套新方法完全按照结构主义语言学和行为主义心理学的规则行事，后来成为外语教学的标准模式，取名"听说法"（méthode audio-orale）。上个世纪60年代，法国人按照同样的理论指导，创建了一种教授法语的方法，因为法国开始担忧英语在全世界的霸权地位。法国学者通过一次大规模的统计调查，编写出一本叫作《基础法语》（Français fondamental）的手册，该手册汇集了最常用的法语词汇、表达法和语法结构。然后在此基础上，教学法专家逐步确立了法国版系列"视听教学法"（méthode audio-visuelle）的教学内容和进度，其中最引人注目的版本当推"整体－结构与视－听教学法"（méthode structuro-globale audio-visuelle，SGAV）。该教学法属于第二代结构－行为主义教学法流派，但它受到了与其上一代相同的批评。不过，还是应当承认，这第二代的结构－行为主义教学法已经做了很多改进，从某些方面看，它预示了随后的交际教学法的到来。例如：它更多地主张语法为交际服务；在听力理解和阅读理解教学活动中，它更积极地启发学生的思考；等等。

人们曾认为，结构－行为主义教学法开启了科学的外语教学的新时代，而今这种教学法也已风光不再。除了它的语言学和教育心理学的理论根基受到质疑之外，该教学法流派的主要缺陷是没有考虑学习者的因素，包括学习者的动因、需求和能力，也没有考虑交际的因素，包括交际的情境和交际的重要作用。现在，当我们重新审视上面两点，它们似乎构成了结构－行为主义教学法在外语学习方面的两个悖论。尽管这样，该教学法还是极大地推动了外语教学法的进步与发展，让勤奋努力的学生很快地掌握一门新语言的基础知识。遗憾的是，那些强制性的操练，在之前和之后没有辅以其他形式学习的情况下，其效果几乎很难持久。所以，在今天的交际法框架下，我们依然不放弃句型操练，而且也使用语言实验室，但不再是大规模地、经常性地使用。

2.2.4 交际法

在 20 世纪最后 25 年，语言学变成了语用学，将自己从结构主义中解放出来，开始不再像过去那样局限于研究句子、陈述及其运作机制，而转向关注语言交际及其各种媒介，关注语言的意义以及对话人之间对语言意义的协商，关注语言行为和言语功能。另一方面，在心理学领域，互动理论的出现、社会心理学的进步，最后还有认知主义的发展等使人们对学习的探究超越了行为主义机械论的狭隘范畴。这里不再详述这些曾经深刻地影响了外语教学法的种种巨大变化，今天的外语教学法正处于语言学和心理学两大学科的汇合处。

正是在科技和文化发生天翻地覆变化的形势下，交际教学法问世了，所以也难怪最早的交际法有点过于强调交际的作用。克拉申的自然教学法（méthode naturelle）主张只能通过交际学习外语，认为教师只需要负责组织交际，尽可能少地介入其中，尤其要避免任何只注重形式的讲解和纠错。事实上，学习者只能自发地开口说话，而非努力地跟着语法规则发言，后者很可能适得其反，学习者表达的欲望会被抑制或受到干扰。的确，有的人，特别是孩子，在接受了这种自发的外语教学后就能够很快地应对交流，但我们也应该注意到，这种教学法的弊端，如回避矛盾、停滞不前、错误石化、洋泾浜外语等，与它模仿的无引导学习法的弊端别无二致。虽然这一激进的交际法现在很少有人采用，但它长期地成为后来各种交际法的样板。不过，结合目的语开展其他教学（如数学教学、地理教学）的主张，也就是用目的语学习其他专业的交际法教学始终具有现实意义。

目前正忙于政治联合的欧洲对于推动交际法的新发展发挥了重要作用。欧洲理事会希望促进全欧洲的外语教学，资助了一个重大的研究项目，该项目后来编纂了一个全面、详细的语言功能大纲汇编，其内容不再是词汇列表或语法规则总结，而是语言在多种多样的社会用途中所具有的功能，从最简单的到最复杂的，以及实现这些功能所需要的言语表达形式。1976 年，欧洲出台了《法语学习基本水平标准》（Un Niveau-seuil），成为日后各类法语交际法的理论源泉和参照依据，也是我们目前在市面上看到的法语教材的编写依据。完全按照《法语学习基本水平标准》的内容和原则执行的第一批教学法，后来被称作"功能 – 意念教学法"（méthodes notionnelles-fonctionnelles）。随后，被称作"混合交际法"（méthodes mixtes）的其他教学法陆续问世，与前一种教学法稍有不同的是，此种教学法既有对语言和文化的思考活动，又将这些活动与真实或逼真环境下的交际活动相结合。此种教学法之所以被称作"混合的交际法"，也是因为它们毫不犹豫地借鉴了其他类型的（甚至是过时的）教学法或做法，并根据学习者的水平加以改进完善，从而为交际服务。

尽管如此，交际法还是彻底颠覆了以往各类教学法流派的基本理念。过去的教学法一直认为，必须先从语言的各个层面，如语音、词汇、词法和句法等入手，学生只有足够熟练地掌握语言之后才能将其用于交际；而交际法则相反，它的原则是，只有从一开始就通过交际进行教学才能指望学会语言。因此，交际既是学习的手段，也是学习的目的。当然，交际必须是真正的交际，抱有明确的目的，并配合使用除语言之外的其他资源；交际情境也必须是真实的，至少是可信的；

最后，与对话人的互动同样必须是真实的。本着这一目标，交际法鼓励学习者和目的语世界开展多种形式的交流——直接的、间接的、真实的和虚拟的（借助新的通信技术手段）；交际法还鼓励在课堂上开展角色游戏和其他模拟活动，以使交际情境多样化。

因此，教学必须促进交际，为学习者提供参与交际的方法，如在刚开始学习外语时，学习者可借助动作、表情、模仿等其他言语形式参与交际。我们已经分析介绍了能够让我们进行交际的各种能力，在这些能力中，语法能力虽然依然至关重要，但不再具有唯一性。要让别人理解自己的表达，仅能造出正确的即合乎语法规则的句子，还远远不够，这些句子还必须要符合特定的交际场景和交际意图，也就是要合乎语言的运用规则（参见本书第 48 和 176 页）。交际法安排的语法练习源自交际实践的经验，目的是为了将来的言语互动。正是通过保障语言实践和元语言思考这二者之间有条不紊的循环往复，学习者的交际能力才得以培养。我们详尽地阐释过，语言和交际的运行完全离不开文化因素，文化现已成为一种能力，和其他能力同等重要。此外，它极大地影响着学习者的学习热情和他们学习外语的理由。因此，交际法注重将文化因素紧密地融入课堂的各类语言输入、输出和思考活动中，并注重文化因素的真实性，采用的方法包括寻求与操本族语者建立直接的联系，以及开发利用一些并非专门为教学需要设计的真实而现时的文化素材及物品（参见本书第 288 页）。

结构－行为主义教学法和激进的第一代交际法剥夺了教师在教学上的中心地位，而今的交际法则使教师在课堂上的主导角色得以回归，但教师的角色被化解成很多个方面（参见本书第 115 页），并且有赖于教师与学习者以及其他校内外合作伙伴建立的合作关系。学习者的情况也发生了很大变化。事实上，他们已不再可能像在语法－翻译法时代那样只满足于上课听讲、跟读老师或录音的句子而不进行自己的思考。他们不仅要积极参加课堂上的交际和思考活动，而且还必须为组织这样的交际教学承担起自己的责任。也正是在认知心理学的影响下，教和学的两极关系被颠覆，同时也被拉近：教师现在要越来越重视学习者的情况，以及他们的语言学习策略。

还是在交际教学法的框架下，"情境－问题教学法"（méthode par situation-problème）或曰"任务－问题教学法"（méthode par tâche-problème）开始在外语教学法上获得一定的成功，但要能够充分发挥它的作用，还有待于学校的整个外语教育体制变得更加灵活。任务－问题教学法进一步强调培养学习者的交际能力，并且要让这种交际能力在危急情境中得到锻炼。的确，按照该教学法的基本理念，外语学习重在找到解决我们面临的问题的办法，特别是语言上的办法。该教学法不是依照教师或教材认为非常重要的语法点安排课程，而是建议从日常生活中特定的活动出发。例如，倘若我们想去报名上音乐课（或乘火车、看医生等等），就必须有能力完成一系列的话语行为，比如自我介绍、咨询情况、说明自己的水平和目的、询问价格、预约见面……这便是由需要解决的问题来决定选择相应的话语行为和语言手段，并构成学习它们的驱动力。

关键在于选择什么样的问题。任务－问题教学法遵守交际教学法的原则，选择学习者在现实生活中最有可能遇到的情况。利斯·普瓦里耶－普鲁（Lise Poirier-Proulx）在其《教学上的解决问题》（*La Résolution de problèmes en enseignement*）一书中也明确指出，必须是一个对学习者构成真正挑战的问题，但同时又不能超出学习者的能力。换言之，选择的问题既要刺激学习者，又不能挫伤他们。选择的问题应该能够促使学习者学到可用于其他语境的新知识或新策略。问题一经说明或者碰到，学习者将采取以下三个步骤加以解决[1]：

——学习者首先必须认识到，他现在面临一个无法通过已知程序

---

1 参见：路易.《法语教学法语境下的文化能力培养和跨文化探索》（V. Louis, *Compétence culturelle et découverte interculturelle en didactique du français langue étrangère*）.列日：列日大学，2001. ——作者注

得到解决的问题；

　　——接着，他必须分析面临的问题，从中区分出问题的各个方面，有学者将这些方面称作"任务－问题"；

　　——最后，为了解决问题，学习者必须设想可能的办法，并对它们进行检验。

　　因此，在提出问题之后，课堂上组织的每一项活动都应该围绕解决这个问题而展开。例如，如果遇到的问题是要向警方报告一起背包失窃案件，我们可以设想开展包括听说读写和互动在内的各种练习，比如描述人物、讲述事情经过、和警官对话、书写笔录……这些练习活动既关乎话语功能，也涉及句法形式和词汇场。

2.3 教学的计划安排和循序渐进性

　　在外语教学上，关键的问题是从何开始教，接着应讲什么，以及怎样将内容和形式结合起来。为了能够让学习者从外语学习中获得最大收益，教师要按照一定的顺序向他们传授目的语及其文化知识，而确定这个顺序必须要考虑语言和文化的难度、语言和文化的逻辑、言语互动的复杂性、社会融入的必要性和外语学习的要求（产生系列的中介语）等因素。虽然这方面的研究有待继续深入，特别是对于"语法先决条件"（les préalables grammaticaux）的研究期待有重大成果的出现，但教学语法（参见本书第 47 页）和教材已经提出了一系列的教学路径，教师将本着有利于学习者自主学习的思路选择其中既适合整个班级，也适合每一个同学的教学流程。

　　我们在此主要先介绍一堂法语课的整体布局。学习者的注意力和他们语言能力的进步确实与课堂教学的时间安排紧密相关。如果我们以学年为教学时间的基本单位，那么可以把它分成长度为一个或几个星期的教学单元（séquence），如有必要，单元之间可部分重叠，每个单元包含一系列的 1 至 2 小时的课程（séance），每节课再分为各种各样的活动或任务。

```
                    一学年的教学安排
┌───────────────────────────────────────────────────────┐
│ 单元 1                          单元 4                   ↗
├───────────────────────────────────────────────────────┤
│ 单元 2              单元 3                  单元……        │
├───────────────────────────────────────────────────────┤
│ 课程                                                     │
├─┬─┬─┬─┬─┬─┬─┬─┬─┬─┬─┬─┬─┬─┬─┬─┬─┬─┬─┬─┬─┬─┬─┬─┬─┬─┬─┬──┤
│ │ │ │ 任务 │ │ │ │ │ │ │ │ │ │ │ │ │ │ │ │ │ │ │ │ │ │
└─┴─┴─┴──────┴─┴─┴─┴─┴─┴─┴─┴─┴─┴─┴─┴─┴─┴─┴─┴─┴─┴─┴─┴─┴─┴─┘
```

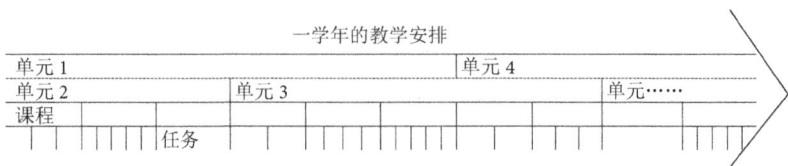

然后，我们将阐释教学螺旋式渐进的原理，它是上述课程安排的依据，最能够满足中介语构成的需求，而中介语的产生又使外语学习有了一定的节奏。

2.3.1 单元

现在，包括笔者在内的很多人都把单元视为外语教学安排的基本单位，用以取代过去的课（leçon）。这样做的目的是打破以往课时的限制，使课堂教学活动更加协调、更有意义，而课时界限终究是武断的规定。每项活动既是前项活动的延续，又是下一个活动的引子，将这些教学活动重组在一个单元里，可鼓励学习者持久地努力，树立更长远的奋斗目标。尽管如此，还是可以将一个比较特定的单元嵌入到另一个比较宏观的单元中，或者同时展开两个单元，一个充当长远的主线，另一个用作近期的工作计划。这样可以交替推进两个单元，发挥它们产生的既分散又协同的效果。必须坚持的原则是，每一堂课或每一项活动——哪怕只是一个会话、一个语法练习，或一次参观博物馆的活动，都要善始善终。在论述如何设计教学单元之前，我们想强调一点：每个单元开始时，师生要讨论商定好本单元的教学目标和教学方式，结束之际则要有收效评估，这两项工作可参照我们在第四章介绍的教学契约的制定模式进行（参见本书第 187 页）。

1）专题单元（séquences thématiques）

又称意念法（approche notionnelle）。最便利的一种选择是，单元时限 1 至 2 周，主题为学习者感兴趣的一般问题，但又能让他们从跨文化的视角（参见本书第 81 页）对目的语文化和源语文化进行有意义的对比。法国学者路易·波尔谢（Louis Porcher）把这些可选的主题叫做"共同－特别的专题"（thèmes universels-singuliers），我们可根据学习者的情况和教学条件，决定选择诸如家庭、职业、体育、天气、污染、传统节日、对外国人的刻板印象、妇女地位等专题，这些问题世界各地都存在，但处理方式却因人因地而异。选择的专题也是学习语言的媒介，可用作阅读理解的材料，也可用作接触和了解目的语国家社会的载体，还可用来开展其他各种专项活动，引导学习者初步接触与所涉专题相关的词汇，深入学习语言输入和语言输出中选定的语法要点。

2）实用性的单元（séquences instrumentales）

一个单元的教学活动既可以围绕语言的某一个功能展开，也完全可以按照它出现的不同场合和使用的不同语言形式——罗列出来。例如，教师可让零起点的学习者熟悉与陌生人接触、打招呼、自我介绍和告辞的各种方式以及相关的礼貌用语。在这一周的专题活动中（与此同时也有其他活动），教师和学生将通过录像、见证和模拟游戏等看到与人打招呼的方法在日常生活中发生怎样的变化（要考虑对话人的身份、性别及和他相见的地点），采用了哪些语言手段（词汇、词法、句法和话语方式等）。这类实用性的单元教学还有另外一个值得研究的功用，那便是让学习者学会用最礼貌、最审慎的方式请求某人做某事，或者用最坚决的口气命令某人做某事，抑或是针对某一特定的学习者群体，教他们如何进行商务谈判。尽管实用性的单元教学有这些优点，但它不能拖得时间过长，否则很容易让学习者感到厌倦。所以，有学者建议要与其他类型的单元配合使用，或者用于在一系列其他单元的教学完成之后进行总结时，因为这种实用性功能在那些单元里也用在了各种不同的情境中。

3）情境式单元（séquences situationnelles）

这类单元教学将交际置于一种具体的情境中或者一个具有典型参照特征的地点，而且如有可能，与学习者的经历相联系。对学外语的低幼儿童来说，操场、课间休息的院子和家里就是非常有意义的地方，因为很多千变万化的互动交际就发生在这些地方。移民学生会很高兴地能够在课堂上经历这些他们到达接待国以来遇到的真实情境，如政府部门的办事窗口、火车站大厅、孩子的学校、大商场等等。针对每一种情境，可根据该情境下应该实施的话语行为，比如自我介绍、提问、查阅文献、填写表格、发表意见、付款等，考虑采用必要的语言表达手段，包括经过调整的句子短语和专用词汇。对于这类情境式单元教学，可以在开始前或结束后实地走访一次相关的场所，如有可能，甚至约见或者邀请相关情境中发挥特殊作用的当事人。从一定意义上说，此类情境式单元综合了上述专题单元和实用单元的特性，同时更加突出了单元中各项活动的场景性。模拟游戏（参见本书第 296 页）指的是在某一特定情境里，由每个学习者扮演其中一个人物的角色，例如：召开市镇议会，讨论新修一条公路的问题（社会和政界各方人士与会）；学年结束时，召开教师会议进行成绩审议；街道居委会讨论深夜喧闹的问题…… 有些模拟游戏只要和其他活动配合起来，可以持续进行几个星期。

4）项目单元（séquences par projet）

我们已经介绍了问题教学法和反映现实生活的情境教学法，这些方法都是为了开启外语学习，而外语学习重在找到合适的解决问题的办法，重在培养学习者的相关交际能力。本着这一相同的指导思想，以项目为教学单元也是一个理想的做法，它可以持续一整学年，围绕项目这条轴线，以交际、语言和文化为导向，组织非常丰富多彩的教学活动，激发学习者的学习热情，给他们分配个人或者小组的任务，鼓励他们向外部世界开放并在其中发挥主动创造性。这样的项目设想应该有很多，比如策划一次郊游、组织一个展览、安排一次见面会、进行国际交流、办一份班级日志、互联网通信…… 这类以项目为中心的教学单元可以作为其他类型教学单元的载体，它的很大优势是有助于加强班集体的团结和谐，因为班上的所有成员，包括教师，都是合作伙伴，每一项决定都要经过大家的共同协商。然而，教师的角色并不因此变得简单了，因为他必须要组织协调好各种任务，确保任务切实地为外语学习服务。

只要我们注意编排好教学单元中的各项任务，使任务丰富多样，并将它们有机地结合起来，那么所有类型的教学单元都会是有益的。教学单元也是一个统一体，教师可以在其中交替培养学习者的不同技能（参见本书第 174 页），并有条不紊地满足他们的不同期待（参见本书第 164 页）。最后，应该定期地从跨文化、元语言和元认知的层面对开展的各项活动进行总结和反思。我们已多次强调了上述这三个层面的重要性。下图简要地展示了教学单元里各个向量是如何组合成一个整体的。

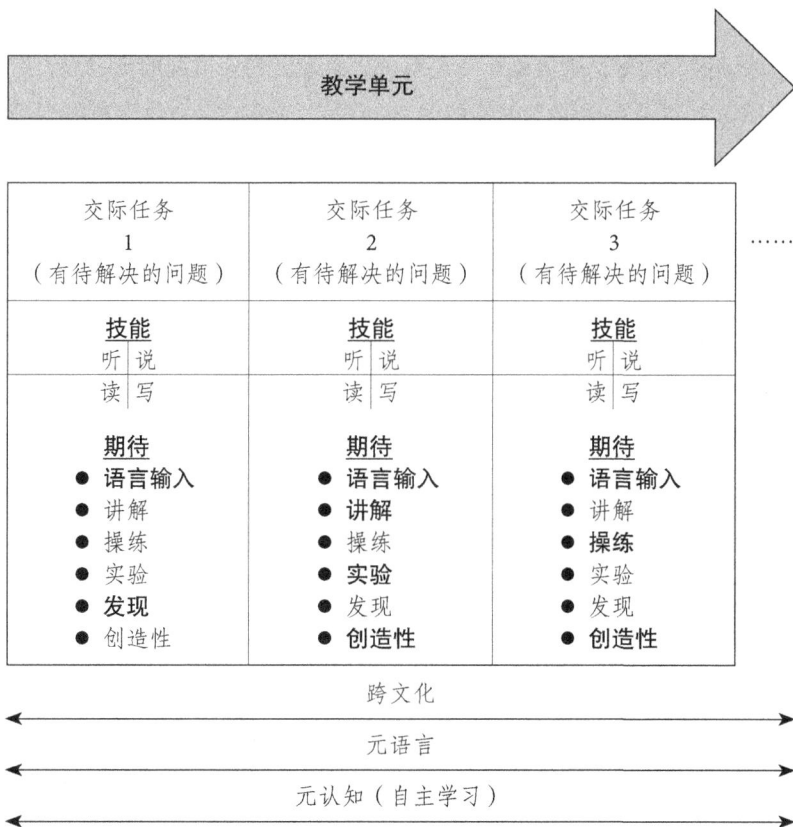

教学单元		
交际任务 1 （有待解决的问题）	交际任务 2 （有待解决的问题）	交际任务 3 （有待解决的问题）
技能 听｜说 读｜写	**技能** 听｜说 读｜写	**技能** 听｜说 读｜写
期待 ● 语言输入 ● 讲解 ● 操练 ● 实验 ● **发现** ● 创造性	**期待** ● 语言输入 ● **讲解** ● 操练 ● **实验** ● 发现 ● **创造性**	**期待** ● **语言输入** ● 讲解 ● **操练** ● 实验 ● 发现 ● **创造性**

跨文化

元语言

元认知（自主学习）

2.3.2 课程

行课的进度同样不是任意的。它的过程传统上可分为五个步骤,学习者通过这五个步骤的引导,将逐渐学会自主地运用他们既有的知识:

——激发兴趣和关注(sensibilisation)

开讲新课之前,先要引发学习者关注所要教授的内容。教师利用这个机会,通过询问学习者的实际生活经历以及获得的经验,激发他们的兴趣、动因和好奇心。教师也要利用这个机会激活学习者以往的知识。

——语言输入(exposition)

在这个阶段,教师让学习者与即将学习的新的语言点及文化现象产生接触。正是在这个阶段学习者开始发现和探索新的语言信息,并意识到这些新信息向他们提出的新问题。不过,此时一定要小心把握合适的尺度:如果教师解释得太繁杂,会让学习者望而却步;反之,如果讲得太浅显,则可能让学习者失去兴趣。另一方面的难点是,有时候学习者没有能够掌握新的语言知识,纯粹是因为他没有发现新的知识点。我们已经讲过语言重听和文化失明现象(参见本书第111页),也就是学习者感觉不到新的语音或未知的意思,没有能力对新情况进行解码,因为他们自己的文化系统里没有任何对等物。

——吸收新知识

倘若语言输入过程没有出现重大问题,则可进入吸收新知识阶段。换言之,学习者将把吸收的新知识当作个人的解决办法,用于应对他们切实面临的交际问题。为此,他们先将这些信息一一区分开来,然后进行归类并加入到他们已知已会的知识和能力中,以便最终融会贯通,构成自己的中介语。吸收新知识阶段还包括思考性练习、应用性练习和重复性练习,以便形成习惯性语言行为。

——语言输出(productions)

学习者将积极参与更加自由的语言输出活动,通过这些活动,他们将有机会把学到的知识和能力运用到千变万化、真情实景的交际互动中。这样,他们能够评估自己的学习成效,以及为学好外语付出的努力。他们将从中获得加倍的继续学习的驱动力。

——（自我）评估

这是课程教学经历的最后一个阶段，其重要性我们已在前面讨论学习时做了说明（参见本书第191页）。这一阶段有助于学习者检测自己的新能力。当然，我们不会以错误的多少来评价学习者，恰恰相反，我们要让学习者了解他们取得的进步及可以进一步提升的空间。

我们认为，每堂课依照上述全部五个阶段逐一展开不是必须的，但我们应鼓励教师遵循知识习得的认知逻辑来组织课堂教学。教师可根据课程的教学内容或者本节课在教学单元中的重要程度，决定把更多的时间和精力用在语言输入阶段、语言吸收阶段，抑或语言输出阶段。

2.3.3 螺旋式上升的教学步骤

我们已经阐释了中介语的渐进原理，这些微型语言系统从外语学习一开始便形成，使学习者只要有机会就能够用目的语和他人进行交际。我们明确说明过，现在还难以预先知道何时这样或那样的语言或元语言信息能够融入学习者的中介语，并且能够最终促使中介语向更高一个层次过渡。只有在新知识和新能力足以构成一个新的系统、一个新的有机的整体时，学习者才能够迈上一个新台阶。"谋事在教，成事在学"，这便是我们的结论。因此，以线性的方式依次向学习者讲述语言知识，之后便不再重复，认为学习者已经一劳永逸地掌握了，这样的教学不可能满足中介语的要求，因为我们永远既不敢肯定传授的这些语言知识都是合适的，也不敢否定假如这些知识是强迫灌输给学习者的，那很可能反而会阻碍他们的外语学习。所以，在对学习者进行语言输入和讲解时，显然最好采用螺旋式的渐进步骤。按照钉钉子需要反复敲打这一古老的经验之谈，对教师来说，螺旋式的渐进就是要在导入新的信息时做到

——比较频繁地多次反复；

——选择相对不同的语境；

——采用比较多样化的方式，比如先笼统介绍，然后详细分析，最后总结归纳；

——根据学习者的进步情况，逐步加大难度。

我们在语言、语用和文化方面各举一例，如法语的人称代词系统、提问方式、"你"和"您"的使用礼仪，这些信息教师不能一次讲完，学习者也难以一次全部吸收消化。因此，必须分期、反复进行语言输入和讲解，一次比一次地明确、详细，直到学习者完全掌握并能够用在交际中。参见下图：

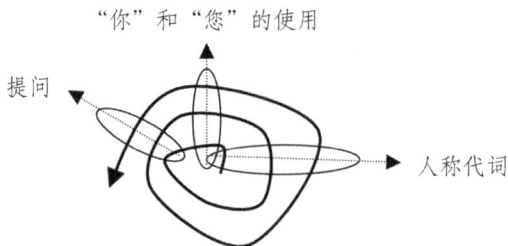

螺旋式的教学既适用于规划特定的教学内容和语言技能，也适用于设计语言形式的学习和复杂的言语活动。

2.4 外语课堂教学实践

根据我们的原则，我们在下文中既不给出预先制作的单元，也不提供课程模板、成套练习和资料汇编等。现在市面上有很多教材、语法书和教参文集，其中大多数质量上乘，但必须用得恰到好处，针对合适的学习人群，与相应的教学条件相匹配；还必须对使用的教学材料进行对比、修改和补充，使它们与教师自己的教学原则和教学目标相适应。的确，千万不能让这些教学工具阻碍教师发挥他们的主动创造性，教师最了解其学习者的兴趣、需求和进步，因而也最知道采用合适的方式，通过他们自己设计的教学活动方案、准备的讲解步骤和借助的载体满足学习者的兴趣和需求。作为本书的终结，我们现在简要介绍各种不同的外语教学方法和手段，主要是为了给大家提供基本的参考和启迪思路的源泉。

2.4.1 听力课教学

听，这是我们在日常生活中使用最多的技能，它在外语学习上也占有十分重要的地位。有的学习者因为听不懂别人的话，有时索性不发言，以免别人回应他。听力理解的问题确实很特殊。首先，它是我们人类至今唯一未能完全掌控的活动，因为我们可以自己决定看书、写作或者讲话，但不论在教室里还是在大街上，我们可能随时毫无预见地被别人招呼说话。其次，除了所有语言技能共同的困难之外（词汇、语级、语法等），听力理解还会遭遇其他特殊的障碍：语调、口音、语速、节奏、音量等。这些因素对操本族语的人来说根本不是问题，但对非本族语者却是困难重重。单单是区分几个音素（参见本书第 39 页）就足以让初学者灰心丧气。会话人的身体语言可以提供其他征象，例如，他可通过手势或者竖眉强调某个要点，可通过面部表情反映自己的精神状态，可用动作和表情描述他看见的事物，等等。虽然说这些身体表现对理解信息是一个宝贵的帮助，但它们却打上了深深的文化烙印，所以也能让外国人出错。另外，在有些情况下，比如看电影、听现场演讲等，学习者不一定总有机会能够倒回去重新听，如此，无论是语言信息还是视觉信息，信息的丢失都可能是永久性的（所以外语课堂上配备录像机是有益的，参见本书第 290 页）。这一切说明为什么听力理解经常需要更长的学习时间。

1）听力类别

首先必须明白，确定的目的不一样，听信息的方式也就不同。听的方式因此可分为：

——泛听

泛听在于让我们理解信息的主题，而无需顾虑细节。在此情况下，为了帮助学习者听懂，教师可先向他们提一些简单的问题，如："报道的主题是什么？""事情发生在哪里？""说话的人从事什么职业？"……

——辨听

这是我们需要获得一个特定信息时首选的听力方式。例如，我们在看电视天气预报时，一般只关注本地区第二天的天气情况，而对其他地方则不太在意。当有些活动需要进行辨听时，教师可先给出关键词，让学生在听的过程中注意，然后在听到相关信息处给予提示，通过这样的方式将学生引导到正确的信息上。

——精听

这类听法要求认真听完全部信息的内容，不放过任何细节，主要用于在开展班组活动或操练前学生必须听明白相关的各项要求时，或需要完成体操教师讲解的动作时，等等。如果教师在精听的过程中适当停顿，或者将听力材料分成几段，效果会更好。例如，可让学生先听一遍全文，让他们知道有几个需要关注的段落，然后再集中精力逐段细听。

——概括性地听

这是在集中听过多遍信息后，采用的另一种听法，旨在让学生抓住主要信息并进行概述。教师可结合班组讨论和写作活动进行这样的听力练习。

2）听力策略

最经常见到的情况是，学习者不知道把他们在母语中无意识采用的听力策略转用来听外语。因此，这需要教师去启发他们，促使他们将母语中的听力策略转用到新的场合。为了便于更好地理解，我们可将各种各样的听力策略综合归纳为四大类，这也是听力理解优秀的学生不加区分且同时采用的四大策略：

——接受不确定性（参见本书第 102 页）

一定要认识到，听懂口语表达的全部信息不是必须的。在听母语时，我们会自动排除某些信息，以便抓住重点要点。这种意识在阅读上很重要，但在听力理解上更加重要，因为听的信息会跑掉：如果学习者将注意力全部放在他没有听懂的一段材料上，并且试图记在心里，以便回头再来推敲，那么他将漏掉随后的所有其他信息。接受不确定性这一策略既需要教师反复阐释，也需要学习者反复操练。

—— 利用语境

如背景噪音、音乐伴奏声等，如果是在交际现场，或者在看一段视听材料，那么也包括周围的环境、室内的装饰、谈话人的外表……当这些背景元素非常富有启示性时，教师可通过提问引导学习者关注这些具体的细节。消掉声音，在电视上看人物采访、新闻报道、广告等，也是一种突出视觉背景的方法。这种语境化策略也需要向学习者解释清楚，因为对于使用语境而非使用语言去理解信息，学习者时常感到顾虑重重。

—— 将副语言媒介解码

语调、节奏、音量等副语言媒介为信息的形式和内容以及说话人的意图提供着非常宝贵的提示。正像我们刚才指出的那样，这些副语言特征也具有鲜明的文化色彩，所以同样需要学习。虽然学习者对这些副语言媒介时有误读，但它们却可以用作跨文化对比的起点。

—— 提出假设

从听见第一组单词起，便尝试着根据所了解的主题预见将要涉及的话题，或者预测一场谈话、一个报道中将要继续的内容，这也是良好的听力理解的基础。我们要鼓励学习者使用这种预设策略，比如，让他们去听一场关于一个熟悉主题的讲座（当前国际形势报告，或者不久前课堂上才讲过的内容），或者暂停讲话录音，让他们想象一下下文，或者听完之后，问他们之前的假设是否得到证实。

关于听力类别，一定要注意避免强迫学习者使用与其要处理的听力材料不相适应的听力方式。举例来说，辨听要求学习者集中精力找出具体的词或词语表达法，这种听力很少用在日常生活中，除非是要记一个电话号码、一个地址、一份参考文献、一首歌的歌词…… 绝大多数情况下，我们听信息只抓大意，不会关注具体的用词。因此，不要动辄让学习者做听写全文、完形填空和那些完全依赖好记性的练习，这会进一步弱化他们忍受模糊的能力，也会阻碍他们自发地提出假设。因此，我们务必注意，向学习者提出的问题，要像操本族语的人在听一篇类似的语言材料时，在真实的交际情境下提出的问题。

然而，针对初学者，保证听力练习与真实交际接轨却是一个艰巨的任务。要找到一篇既生动有趣，语言上又足够简单的真实听力材料，有时真像在下一场赌注，以至于有些教师不得不自己生造录音材料。其实，我们总能找到一些妥协的解决办法，只不过要反复跟学习者强调，他们不必强求全部听懂，对于那些没有听懂的部分，可以试着猜测理解，为此，要学会利用一切副语言提示和语境。听前的准备应当使学习者树立自信，还应该能够使他们进入语境，这样的准备可借助其他载体，包括自由交谈和问题填充等。

选用的真实听力材料不仅要契合学习者的兴趣和既有水平，也要能够体现不同类型的语体和互动。最经常选用的素材是电视新闻报道，其优势在于电视新闻报道谈论的是时事热点，学习者大多已在课外听说，因此比较熟悉。但是，这些真实语料很大程度上属于口语化的书面语。这类话语固然有意义，但不能因此忽视其他更加自然的口语表达形式。所以，教师要努力地让课堂的听力教学像日常生活那样丰富多彩。

2.4.2 口语教学

通常情况下，人们都认为语言教学首要目标是口语表达。在日常话语里，我们说某人"讲"外语不就是指他懂这门外语吗？在听说读写四会能力中，口语表达能力是熟练掌握一门外语的标志。但是，对于那些不善在班上发言的同学来说，口语表达又是问题最多的（参见本书第 109 页）。的确，在社会生活中，我们经常根据一个人的讲话水平评判他的能力：讲话含糊不清，常犯性数配合的错误，句子结构不合乎规则……这些毛病有时会使人的信誉丧失殆尽。

在任何情况下，教师既要备课充分，又要讲究策略，这样才能组织好口语教学活动。教师的主要任务是促使大家在课堂上积极发言（参见本书第 112 页）。为此，同学之间必须要有一个良好的学习氛围和团结友爱的互助精神。教师虽然不能强迫学习者这样做，但也非束手无策或者无能为力。例如：游戏活动就能缓和气氛并加强同学之间的关系；二人或者三人一组的会话练习比在全班面前讲话更自由自在些；有些教师还建议鼓励学习者在班上多走动，准备一些需要他们站着和移动的活动。

特别不要过早地对学习者提出过于严厉的要求，不要指望他们一开始就能说得既言之有物，又准确无误。在学生讲话过程中纠错，或者在他们刚开始试着表达时纠错，这将不可避免地动摇学习者的信心和决心，可能非但没有消灭错误，反而导致出现更多的错误。最后，假如教师已经想尽一切办法，学生依然喜欢保持沉默，那就要更加耐心地教导，努力增强他的自信心，因为跟学习母语一样，每个人都有自己的学习节奏，任何强迫都是徒劳无益的。

1）口语表达策略

口语表达能力和其他几个语言基本能力情况相同：学习者在用母语讲话时，会自然地使用相关的表达策略；但是，一用外语发言，他们就丧失了这种能力。我们将口语表达策略归为四类，在此对它们进行简单的描述。

——善于倾听

口语表达，至少是互动中的口语表达，首先要求说话者善于倾听别人的讲话，这样才能跟得上谈话的进程，才能适时地表示同意或者不同意，才能避免重复他人已讲过的话。由此可见，有效地参加交流不但需要我们能够听懂别人，还需要我们注意倾听对方。很多学习者只关注自己要说的话而忽略了这一点。有一些简单的练习可以帮助他们提高注意力。例如，"阿拉伯电话"游戏（向左边的同学耳语从右边的同学悄声传过来的话）、"既不肯定也不否定"游戏（回答问题时不许使用"是"和"不是"）。

——遵守话轮

如果每个人在交谈中不知道把握分寸，那同样不会取得富有成果的交流。口若悬河或寡言少语，都不利于开展正常的交流。因此，教师要确保参加交际的同学遵守话轮制度，让有些学生暂时安静下来，同时鼓励另外一些学生发表意见。教师要意识到，学习者的发言表现不单纯是个性所致，也与他们对待学习的思想认识和各式各样的文化习惯相关。

——懂得求助

在遇到理解和被理解的困难时，在苦想不出一个单词、一种表达法或在无法将说了一半的句子继续下去时，优秀的外语学习者应该学会求助别人，不论是在课堂上与老师和同学在一起的时候，还是在真实的交际情境中和操本族语的人在一起的时候。这一求助策略应该成为自发的和常态的，因为任何一次交谈都有值得改进之处。

——懂得使用其他表达法救急

如果学习者一时词不达意，他应该能够适当规避困难并采用其他的表达法救急。有时候，一句代用语、一个象声词或者一个手势便足以传递想要表达的内容。即便什么都会说，也不妨学会利用手势、模仿、提升语调和变换讲话节奏等手段来强调自己的话语。反复分析视听材料，去掉声音或者慢速放映，练习模仿等，这些方法可以吸引学习者关注手势语言和人的体态语言。我们甚至可以在听完第一遍录音，学习者还没有完全听懂的情况下，让他们解读录音材料中说话人的语音语调。

2）口语表达练习

在语言输出方面，针对每一项新的语言功能用法，一定要设计一整套的掌握流程，从开始照搬固定句型操练，到最后让学习者自由发挥。例如，在初始阶段，要求学习者按照标准问题的清单向其同学提问，或者让学习者根据提供的连环画，想象其中的人物对话（原有的对话框事先遮蔽掉），或者组织学习者表演小品，里面的对话内容像电报那样概述在一张卡片上……这之后，一旦学习者熟练掌握，接下来的练习将变得越来越开放。例如：口头描述班上的一个同学或者一件物品，但不指明，让其他同学猜；根据从报刊上剪切的人物照片，想象这个陌生人的性格特点；全班同学依次每人添加一个曲折的情节共同讲述一个故事；模拟一起只有粗略剧情的事件…… 由上可见，在这类口语活动中，最初的操练指令用于鼓励初学者只输出与他们语言水平相当的句子，这可避免他们因不能表达自己想要说的话而产生挫折感；而后的练习要求则相反，旨在激励学习者更加大胆地想象，鼓励他们甘冒深入表达的风险。

在口语教学的最后阶段，可以考虑围绕专题组织小组讨论，这些专题将引发辩论，促使大家交流观点并学会论证。可以想到的专题有：教育制度、消费社会、职业规划、个人经历、社会问题、艺术鉴赏、政治或哲学倾向，等等。这些专题讨论应该能够既在语言学习上又在跨文化教育上吸引学习者，但在选择具体的题目时还是要谨慎从事。的确，教师有时候容易被一些严肃的或者颇有争议的、让任何人都不可能无动于衷的题目所诱惑，但他未曾料到的风险却是让学习者处于一种尴尬的境地：对于那些敏感的话题，他们只能表达大概意思，有些同学可能宁愿保持沉默，而不想被人误解，甚至被糟糕地评判，他们会因此倍感痛苦。但是，如果一味地回避那些可能出现问题并引起争论的主题，有时则会陷入相反的另一个极端。例如，在一个多文化的班级里，几乎所有的话题不是对这个国家的学习者来说存在潜在的危险，便是对另一个国家的同学来说可能是雷区，所以绝不可因为害怕发生任何的文化碰撞而满足于讨论最稀松平常的话题。事实上，一切都取决于教师的态度。教师若表现得友善和善解人意，则大多能化解看似爆炸性的局面。最后，不论选择什么题目，最好不要突然地提问学生，而应该提前为他们热身。采用的方法有阅读理解、集体自由讨论，或者观看一些视听材料，这些活动有助于学生集思广益，有助于他们思考论题的各个方面，从而在讨论的时候既积极活跃，又恰如其分。

有效的角色游戏也同样需要等到学习者已经形成了良好的口语互动习惯之后（参见本书第 296 页）。这类角色游戏很多时候需要临场随机应变，因为学习者除了必须按照语境和他们所扮演的人物特性表演外，其余一切都可自由发挥。从最实际的生活情景到最别出心裁的想象，一切都可模拟。开始的时候可让学生在班上演两个人的短小喜剧，其他同学则承担听力的任务（辨析出其中的一个信息、评价演出的人物等）。也可增加角色（一个小区的全体居民、比赛失利后在更衣间里的一支球队的全体队员、正在瘪掉的热气球吊篮里的游客、在一家旅行社求职的人，等等），让全班同学一同参加演出。如此，这些游戏活动会促成令人兴奋的多层次互动。

3）日常的互动交际

各类练习不是课堂教学中唯一有益的互动交际活动。只要用目的语进行教学，所有的指令、同学之间的交流、请求讲解等都是在学习交际，而且从这个意义上说，和专门的口语表达活动一样有用。教师的作用在于创造各种各样的交流机会，他还要尽可能多地和全班同学讨论教学计划，征求他们的意见，促进全体同学协调一致地行动。总而言之，只有在这样的环境和氛围里进行的交际才是最真实的交际，也才可能有最直接的效果。

2.4.3 语音教学（参见本书第 38 页）

对于一个外国人来说，如果他的外语发音不好，就会经常产生一种晕环效应（参见本书第 197 页"语言能力评估"）。换言之，这位外国对话者会从他的发音缺陷得出结论，认为自己其他方面的语言能力也一定较差。这当然是一种没有道理的推断，但不管怎样，这足以成为影响当事人获得社会认可的一个严重障碍。因此，认真对待学习者的发音具有重要意义，但也不能过于执着，否则容易抑制学习者的驱动力。此外，操本族语者的发音现在已经不是双语教学的绝对标准；所以在大多数情况下，学习者操练发音主要是为了能够让大家在任何交际情境下都能轻松听懂和听得舒服，而不仅仅是为了让老师听得懂、听得舒服，因为老师已经习惯各种不同的口音。这之后，只要学习者自己用心，通过和当地人的密切交往，发音将继续得到改进。

1）发音困难的原因

一般情况下，我们只听得见自己的语言中具有的音素，因为人类的语言系统有如一个过滤器。透过蓝滤色镜观看一张白纸，白纸呈蓝色。同理，法语的 [a] 音在一个英国人听来和英语的 a 基本相同。通常情况下，我们只能发出我们听见的音，所以发音问题的根源在于我们不能区别相关音素。有时候，外国人能够自然地发出一种在其母语里没有区别意义的音，而他自己却听不出来。比如，西班牙人看到单词 desdeñar 会很自然地将其中的 s 读成 [z] 音[1]，但当他们说法语时就遇到了困难，因为在法语中 [z] 是有区别意义的。在其他情形下，只是发音问题。例如，虽然法语国家的人听得出西班牙语中字母 j（jota）的发音和大舌颤音 [r] 的区别，但这并不能帮助他们更好地发出西班牙语中的这个 [r] 音。

2）发音练习

一般先让学生做听音练习和辨音练习，使他们清楚地了解法语音位系统各个音素的对应性。教师为学生读成对的两个词，如 vient/bien、vue/bue、vous/vous、brille/vrille、bas/bas，问他们听到的是否

1　西班牙语中 [s] 在浊辅音前浊化为 [z]。——译者注

是相同的音。然后，将这类词语置于简单的句子中，如 elle l'a vu/ elle l'a bu。我们也可以让学生听完整的句子，如 Viviane viendra bientôt au bureau，要求他们说出听见几次 [v] 音，几次 [b] 音。这类听音和辨音练习还可以扩展到副语言方面（参见本书第 41 页）：学生应该能够根据语调判断是陈述句还是疑问句，是表示怀疑还是表示生气……

倘若学生辨音没有问题，但发音始终不好，建议进行发音部位的操练。为了发好法语的齿音、舌音和唇音等，可以借助图片和小镜子。学习发浊辅音时，让学生用手摸着自己的喉结，这样就能感觉到声带的振动。例如，教西班牙同学发 [b] 音时，告诉他们只需在发 [p] 音的同时振动声带即可。同样，在发鼻化元音时，可让学生用手摸着鼻子，以感受鼻子中气流的颤动。对于发鼻化元音有困难的外国学生，可教他们先发 [a] 音，然后过渡到发 [an]。还有，我们曾经说过，如果将发音部位、发音方式和共振类型相似的音素放在一起学，则比较容易学会（参见本书第 40 页）。有一些计算机互动程序借助扩音器设备，最初用于重听人的康复训练，现在可用来帮助外语学习者学习他们不会发的音，因为互动程序里有各式各样的图示。

如果教师长期教同一母语的学生，那么他将逐渐熟知这些学生在语音层面（当然也包括在语法、词汇，甚至文化层面）遇到的特殊困难，并能通过专门配套的语音练习帮助他们克服这些困难。不过话说至此，语音纠正是一门专业学科，有专门的语音教材和语音教学参考书阐述相关内容，我们在此只能略述一二。

2.4.4 阅读教学（参见本书第 57 页）

在外语教学中，阅读并不比口语表达更轻松自然，虽然大家觉得只要会用母语阅读，就应该也能够用另一种语言阅读（在懂该语言的语法和词汇的前提下）。人们还觉得阅读文字不像口语表达，阅读的好处是在阅读的过程中，学生可以随时再看再读，可以随心所欲地精读细读。让我们先回顾一下阅读的基本原理，然后再看外语学习上的阅读存在哪些特别的问题，以及可能的解决办法。

阅读绝不是先辨认字母，然后把字母相加构成一个单词，再把这个单词与其后面的单词组合构成句子，最后一句一句地合成一篇文章。事实上正相反，我们阅读时一般都采用整体的方法抓取字、词、句子，乃至文章的段落，遇到问题时才再返回去细读。阅读也是在提出假设，然后验证，接着对尚未阅读的部分提出新的假设。这一不断假设—验证的过程使我们从一开始阅读就能够了解文章的整体意义，这比逐字逐句地阅读效率高很多。只有在面对一篇非常艰深的文章，或者一份我们很不熟悉但又必须详细了解的技术资料时，才应该进行线性的精读。

上述那种需要精读的情况在日常生活中其实是不多见的，然而，这恰恰是外语学习者一贯地、经常不由自主地采取的无用的阅读方式。所以说学习外语阅读的首要任务是让学习者重新学会他们在母语阅读中自发和惯常使用的一般阅读策略。下面介绍其中最重要的几条，想必能够为外语阅读教学和开展有意义的外语阅读调查带来些许启发[1]。

——利用先前习得的知识

要学会利用已知已会的知识去预见阅读材料的总体意思，甚至在没有完全通读文章之前就要预测下文的主要内容。这些先前获得的知识分为多个方面，包括对世界的一般认知、对某一特定主题的了解、先前用母语看过的类似文章，以及对目的语某些方面的掌握程度……阅读之前，教师可组织学生对这些既有知识进行讨论。开始阅读时，要引导学生最大限度地挖掘文章大标题、副标题、插图和第一段等内含的信息。教师也可以在学生阅读到关键段落时打断他们，让他们接着设想随后的论述或者叙述。为了培养学生的文本建构能力，可让学生将孤立的句子重新理顺，将打乱的段落恢复正常顺序。这些练习是

---

1 详情请参阅：科奈尔，热尔曼.《论阅读》（C. Cornaire et C. Germain, *Le Point sur la lecture*）. 巴黎：CLE International, 1998. ——作者注

非常有用的，因为它们将促使学生发现文章内在的严密结构，并能加以利用（参见本书第 58 页）。

——克服困难，忍受模糊性

富有经验的读者不会被阅读过程中偶尔遇到的困难所动摇。倘若有他不懂的生词或者句子，他会继续往下阅读，寄希望于后面的文字能够帮助解读前面的意思。如果不行，他也能够坦然接受，只要这一难点不影响他对整篇文章的大致理解。外国学生在此情况下大多会停下来，直到全部弄懂了他前面读过的内容。比利时著名漫画家贝约笔下的"蓝精灵"语言充分表明，在不懂全部生词的情况下，完全可以理解一篇文章。按照这—原理设计的一些练习使那些过于抠字眼的学习者在阅读理解上取得了迅速的进步。教师还可以建议他们把多次试图理解但依然不懂的生词或者段落暂且划去，先集中精力阅读看得懂的部分。如此，他们将惊讶地发现自己已经充分理解了文章。

——带着具体的问题浏览文章

这是针对初学者的对外法语教材里经常让学生练习使用的策略，主要是学会在一篇阅读材料中找到独有的和特殊的信息，比如在火车旅行手册里找到前往某处的车票价格，或者发现城里能够看到某部影片的地方。值得指出的是，这种阅读策略和前两种阅读策略有竞争，所以要根据阅读材料不时地更换相应的阅读方式。

——对信息进行等级分类

重要的是要学会快速阅读一篇文章，从中了解文章主题论及的主要思想，提取文章的主要信息，不被细枝末节所困扰。为了方便学生阅读，教师可向他们提出明确的指令或者问题，如"请找出文章的两个主要人物""情况发生变化的原因何在"，等等。这样可以促使学生有一个整体的视角，培养他们概述的能力。通过计时阅读可向学生表明，对一篇文章的程度理解不一定和花费的阅读时间成正比。

——批判性地阅读文章

这是对所阅读的文章进行分析和评价，我们对文章进行质询就好似一个对话者在自己面前。为了鼓励学习者使用这一阅读策略，有益的做法是让他们对同一主题的不同文章（如各家报刊的文章）进行对比，比较它们的体裁、定位、准确性、可靠性，等等。我们也可以让学习者进行自我评估，具体做法是：借助于自我测评表或文章范例，让他们用第三者的视角重读自己刚才写的文章。这个方法还可用于批改同学的作文。

——学会使用媒介、上下文和语境

副文本、文本的媒介（报纸、杂志、著作、通知、包装……）、文章的语境（发表的时间和地点），以及上下文（同一份报纸的文章、一部专著里的前后段落、同一布告栏里的相邻的通知）等都有助于我们理解阅读的文章，包括其中的某些表达方式、论述意图和叙述结构…… 在这方面，将脱离了语境的文章重新置于原有背景中是一种很有意义的练习。

——学会推理

读者还应该能够发现文章没有明确讲出的内容，也就是那些间接的、暗含的、隐性的信息。对外国学习者来说，这经常是一个棘手的任务，因为理解这些信息需要了解目的语国家的文化。关于这一点，我们已经强调了文学阅读的意义，指出文学蕴含丰富的文化内容，而且与语言有着密切的关系（参见本书第 77 和 84 页）。因此，我们可对这些阅读可能产生的各种各样的理解展开讨论。对于其他更普通的阅读材料，如广告、幽默等，可使用多项选择题考查学习者如何理解脱离了语境后语义模糊的句子，从而使他们认识到，一篇文章的最终意思有可能超过字词本身的意思。

上述这些阅读策略尽管存在着各种各样的细微差别、变体和混合体，却是我们日常阅读实践的基础，只需在学习外语时重新激活——当然是在我们达到一定年龄和一定受教育程度的时候。关于外语阅读能力问题，已有很多非常精彩的研究，我们仅仅做了一次非常快速的扫描。结束之前，我们还想强调一点：阅读材料的多样化是非常必要

的（这里用"文章"作为阅读材料的统一代名词），同时要使它们的开发利用

——尽可能地功能化：如果教师让学生阅读一个烹饪菜谱，目的应该是为了让他们学会做菜谱上的那道菜；如果要查看最新的电影预告，那应该是为了去看一部影片；如果要学习一项社交游戏的规则，那是为了要去玩这个游戏……；

——尽可能地娱乐化：要通过幽默、文学和娱乐使阅读轻松愉悦，而不能让阅读变成艰难的、令人厌倦的练习题，后者是有的学校外语阅读教学出现的现象；

——尽可能地面向行动化：使阅读促进学习者的口语交际，帮助他们通过类似的范例和主题写出有创意的作文。

2.4.5 写作教学

在外语教学的历史上，写作练习首先用于检查学生对语法和词汇知识的掌握情况，所以其主要导向是为了规范和评估。现在，外语学界在努力地使外语写作和口语一样，具有完全的思想表达功能，同时强调外语写作中话语表达和交际情境的多样性。与外语阅读一样，外语写作也需要一个学习和再学习的过程，这一过程需要加以一定的组织，循序渐进地引入课堂教学中。

科奈尔（C. Cornaire）和雷蒙（P. M. Raymond）在其专著《论笔头输出》（*La Production écrite*）中将外语写作分成三个阶段。在这三个阶段里，写作者调动多种知识和能力，例如与写作主题相关的背景知识、词汇知识和能力、句法知识和能力、语篇能力和文本建构能力等。

——写作前：在这一阶段，写作者收集并汇总信息和观点，确立写作提纲。

——写作中：写作者按照写作提纲将他汇总的信息写成文字。

——写作后：写作者重读他写的内容，并对内容进行修改。

写作者在用母语写作时，虽然会按照事先设想的总体顺序进行，

但也会根据写作的动态进程、信息资料的拥有量和文本的形成过程，自由地从一个阶段进入另一个阶段。计算机文字处理软件更使写作者如虎添翼。可是，从外语学习的角度看，我们觉得第一步最好是明确区分上述三个不同的阶段，在每个阶段向学生提出具体的要求和指令并进行专门的评估，这将帮助他们更好地监控自己的写作过程。我们也应该想到，在每一个阶段，什么样的写作练习会对哪一类学生产生困难。值得思考的问题还有，从文化背景和相应的话语体裁的角度看（参见本书第 68 页），哪些语言迁移是可能发生的、希望发生的或者是不利的。下一步，我们应该鼓励高年级的学生打破写作三个阶段的严格界限，鼓励他们像用母语写作那样，不停地往返于"写作前""写作中"和"写作后"三个阶段。

另外，教师将帮助学生：

——理解写作计划

这项忠告看上去可能显得很平常，但一定要确保学生对于每一项写作任务清楚地知道谁写，给谁写，在什么背景下，为了说什么，目的何在。需要指出的是，倘若写作是一场真实的交际活动（写信、写日记等），而不单纯是交给老师批改的一次语言练习，那么这样的写作活动更有驱动力。这样的写作活动如果和阅读配合起来效果也很好；学生因此能够有机会分析不同交际情境支配下的各种语体、文本结构及互动。

——集中信息，确定写作提纲

开始写作前，教师组织学生就写作主题自由地交流各自的看法和信息，也可以向他们提供同一主题的各类阅读材料，或者让学生自己去图书馆和互联网上收集相关资料（参见本书第 292 页）。这项导入性活动结束时可考虑进行一次口头的概括小结，将寻找想法与实际写作区分开，对初学者来说，这将极大地帮助他们的写作。

——遵守一定的文本结构

刚开始的时候，为了便于学生写作，教师可向学生提供文本的篇章结构，让他们必须照着写作，或者仅供他们参考。应当说明的是，这里所言的篇章结构可以包括开篇入题、突发情况或者结语。例如："今天早晨，我收到一封来自澳大利亚的信件……""……当皮埃尔突然听见花园里一个奇怪的声响时……""……骑士暗想，这是他最后一次中仙女的圈套"。学生可以照此组织自己的故事，同时发挥个人的想象力。我们还可以给学生提供一篇模板文章，让他们自己从中析出文章的结构，然后再模仿写作。

如同前面几项教学那样，写作教学也必须既要突出写作的功能性，也要强调它为付出心血的写作者可能带来的愉悦性。我们还应该努力地将这项教学和其他教学结合起来，包括听力教学（比如做笔记练习）、阅读教学（比如模仿、滑稽模仿等）、口语教学（比如设计对话、撰写会谈记录）等。

2.4.6 语法教学（参见本书第 45 页）

语法在外语教学法的历史上经历了太多的不幸。不过，我们应该记住的是，自从语言学的研究领域扩大之后，对语言的元语言思考突破了以往形态句法研究的局限，进而覆盖交际的语义、论证、话语、文本和互动等各个方面。外语教学法专家和学者曾就语法对外语学习的有用性进行过长期辩论。一度垄断了外语教学课堂的显性语法遭到了结构－行为主义教学法和激进的交际教学法的排斥，因为这两类教学法认为语法阻碍外语学习，而非促进外语学习。而今，语法重归外语教学，但它本身不再是外语学习的目的，而成为外语学习的工具；它应该源自交际并服务于交际。人们现在认为，成人外语学习者如果不经过元语言学习，将很难超越中级外语水平。

1）语法教学内容的选择和教学进度

有些学习者因其学习习惯使然（参见本书第 104 页），要求开设语法课并做语法练习，他们觉得这是学习外语不可或缺的，但也有其他学习者拒绝语法学习和语法操练，因为他们主要想学会说外语。为了使两方达成一致，教师可以在开始的时候，先让大家学习那些在现阶段真正影响他们交际的语言现象。这类教学语言点的选择将取决于交际本身，取决于学习者在交际当中遇到的挫折和困难：他们在语言输入活动中碰到的难以理解的语言形式、在语言输出当中经常犯的错误、始终没有掌握或者不能完全区分的言语行为，等等。根据这些问题，教师不失时机地进行个案处理。这样做的好处是直接回应了学习者的需求，并且让他们感受到立竿见影的效果，但这样做可能会将语法教学碎片化，而语言也是一个系统，学习者最好能够把语言的各个组成部分连贯成整体。因此，为了使学习者能够在各种语法现象之间建立起关联，使他们对语言有一个系统的概念，教师要在课堂教学中对一些更普遍的语言问题进行细致的概括与总结。

2）语法教学的步骤

热尔曼（C. Germain）和塞甘（H. Séguin）在《关于语法教学》（*Le Point sur la grammaire*，1998）一书中，根据对富有教学经验的外语教师进行的广泛调研，描述了大多数教师教授语法时经常采用的五个步骤。虽然不是所有人都完全按照这五个步骤教授语法，也不是所有人都依照这样的顺序行课，但这一"五段教学法"似乎可以作为语法教学的基本流程。

——辨识（identification）

这一步骤的目的在于让学习者自己找出严格意义上的语法点，或者其他更广泛意义上的语法形式，如话语、叙述和论证等的形式。教师可以借助很多媒介，比如学生的作文和现时造的例子，也可选用歌曲、录音材料和各种各样的笔语资料等。教师还可以明确地提出一个元语言问题，要求学习者自己去寻找可以解决该问题的例证。

—— 分类（classification）

这一步骤的目的在于要求学习者将事先选定的语言点加以区分和

重组，如：阳性名词和阴性名词；在复合过去时变位时，以 être 做助动词的动词和以 avoir 做助动词的动词；区分感叹句和疑问句（如在做听力理解练习时）；区分用"你"和"您"称呼对话人的不同场合（如在做调研或角色游戏时）；等等。

——系统化（systématisation）

在这一阶段，学习者重在从已归类的语言形式中析出相同点和不同点。在此基础上，要求学习者针对已辨识的语言形式提出初步的语法规则，然后，随着学习者接触的语言面越来越广和对语言理解的逐步加深，再要求他们进一步完善之前提出的语法规则。例如，刚开始时，学习者可能会总结说 la 是唯一的阴性代词：Marie, je **la** vois demain.（玛丽，我明天将见到**她**。），但当他们学到 A Marie, je **lui** ai donné rendez-vous demain.（玛丽，我跟**她**约好了明天见面。），就会发现阴性代词还有另外一种形式。

—— 概括（généralisation）

在此阶段，学习者要能够概括出新的语法规则，它不仅适用于这之前选定和归类的语言现象，而且也通用于其他情形，也就是要有足够的普遍性，至少能够满足学习者现有语言程度的交际需求。但是，这样的语法规则依然是临时的，等到学习者形成新的中介语后，它又将发生变化。

——举例说明（exemplification）

最后一个步骤是引导学习者按照相同的范式造出新的例句。一般情况下，学习者学完新的语法点之后，教师会让他们先按照标准的固定形式操练，使他们全神贯注于相关的语法表达方式，最后再做交际性练习，后者在语法知识的应用上给予学习者更大的自由度。

关于语法练习，需要指出的是，如果说我们现在依然采用句型操练的形式的话，操练的方式已完全不同于结构 – 行为主义教学法时代。首先，我们现在只是在教学内容需要的情况下才进行句型操练，例如，如果要求高年级的学生在口语中熟练掌握法语人称代词的用法，那么我们可以让他们做以下的句型练习：La pomme, à Pierre : je **la lui** ai donnée；Le livre, à Marie : je **le lui** ai donné；Les réponses, aux élèves : je **les leur** ai donné；等等。其次，设计的句型操练一定要对学习者真正有挑战性，而不能是简单的陈词滥调。只有这样的句型操练才会被学生接受，也才有可能是有效的。另外，此类练习不一定都要在语言实验室里进行，完全可以在教室里让学生组对操练。最后，除了句型操练之外，还有许多其他纯语言形式的练习：句子填空，短文填空，问答配对，时态和语态转换（现在时变过去时，主动态变被动态，直接引语变间接引语……），重新梳理词、句子或段落的顺序，等等。

其他更自由的练习要从最简单的入手，逐步过渡到最复杂的水平，这样既能让语法规则得到例子的印证，又能使学习者感受到创造的喜悦。例如：让学生用法语条件式为自己画像（"如果我是一个国家、一朵花、一个体育项目、一个名人……，我将是……，我将做……，我将……"）；根据一部无声动漫影片讲故事；在角色游戏中，用过去时向警察陈述自己不在犯案现场的理由；通过提问发现同学藏匿的东西；用简单将来时为他的伙伴预测未来……

3）对偏误（erreur）的处理

外语学界针对外语学习中学生的偏误进行了很多研究，他们的分析使我们更好地理解了外语学习的原理和中介语的形成过程（参见本书第 223 页）。我们现在认识到外语学习中的偏误在教学法和教学上具有重要意义，它是外语教学和学习不可或缺的组成部分。

外语学界因此将外语学习者的偏误划分为几种类型，或按照语音、句法、词汇和社会文化等语言要素，或按照听说读写等交际能力区分学习者的偏误。偏误还可分为：疏忽偏误（omission），如 *je ne le crois；添加偏误（ajout），如 *je n'ai pas vu personne；替代偏误（substitution），如 *je non le crois pas；以及移位偏误（déplacement），

如 *je ne l'ai cru pas。根据偏误的严重程度，还可以区分不影响意思理解的近似偏误和可造成完全曲解的偏误。有些偏误呈现出屡犯难改的特征，已经成为学习者能力的一部分，这便是石化性错误；有些偏误则是偶尔出现，主要与学习者当时的表现状态有关，比如不留心、疲倦、激动等。最后，按照偏误产生的原因可以区分：受源语影响造成的偏误（语际偏误）；目的语没有掌握好导致的偏误（语内偏误），如过于简单化地理解一个语法规则，或者将一条语法规则泛化。我们在准备纠错时应该对这些不同类型的偏误心中有数。那么，我们该如何纠错呢？

——是在犯错的当时还是犯错之后？

——是仅仅指出偏误还是要同时改正？

——是由教师改错还是引导学生自己改正？

——是就事论事地改错还是重新系统地讲解（语法、词汇或话语）？

在外语教学法历史上，关于如何对待学生偏误的问题，可谓见仁见智。语法－翻译法认为，学生的偏误属于错误，必须进行惩戒，以防再犯。结构－行为主义教学法则试图通过特别的操练预防学生犯错，他们相信，这些特别的操练应该能够消解学生的母语对目的语的干扰。人们那时也确实认为，学生的大多数偏误都是语言的负迁移造成的，因此要千方百计地避免。混合的交际教学法提出了截然不同的偏误观。在他们看来，偏误首先证明学习在进步当中，因为学习外语要求学习者对目的语的运作机制提出假设并进行验证，这一过程不可避免地会出现偏误。如果不敢冒险怕出错，则不可能学会外语。根据对话人在交际中的反应，偏误成为学习的源泉和素材；当教师懂得利用学习者的难点，引导他们展开元语言思考的时候，偏误也能成为课堂的教学资源和材料。

今天，外语学界首先主张，在指出学习者的偏误和纠错的时候，要充分考虑学习者的目的语掌握程度和他们的语言安全感程度。初学者一般比较焦虑，可能不太容易接受频繁的纠错，而一个高水平的学生却相反，他期待教师的干预。另外，对偏误的反应要适度，不能绝对地根据偏误的严重性，而应该看偏误对正在进行的交际产生的影响，纠错应该有助于交际，而不能妨碍它。例如，在口语活动时，教师一般不要出面纠错，除非偏误已经影响同学们的相互理解，即便纠正，也要注意避免长篇大论，否则可能使学习者失去继续说话的勇气，教师可以考虑用专门一节课集中讲评偏误问题。还有，要重点纠正那些经常性的偏误，反复地讲解和操练，但对那些因为粗心或紧张偶尔出现的偏误则不必太在意。最后，也是最主要的，要打消学生因为犯错而产生的罪责感，采取的办法包括强调偏误对于外语学习的重要意义，鼓励学生自己分析问题所在，而后自己改正，最后找到解决问题的（元语言和认知主义的）办法，使偏误越来越少。

2.4.7 词汇教学（参见本书第 42 页）

在外语教学法的历史中，词汇虽然一直是外语学习的重要一极，和语法并驾齐驱，但是，词汇学习又经常被简化成背诵生词表和句法结构练习填空。然而，词汇练习应以词汇场内在结构、词汇和句法的关系及词汇和语境的关系为基础。

1）词汇的构造

一种语言的词汇不等于各自独立的语言单位的总和。构成词汇的词语首先构成一个个的集，其中的每个词语的意思取决于它跟其他词语之间保持的关系。例如，"座位"（siège）、"扶手椅"（fauteuil）、"椅子"（chaise）、"沙发"（sofa）等词同属一个词汇场，但在这个词汇场里，这些词语又是相互对立的，所以人们不会将它们混淆。

我们已经讲过，语义场因语言而异，法语的一个或多个词可能对应源语言的一个词，也可能没有一个法语词与这个词对应。对比性的词汇练习可以吸引学习者注意这些区分，并能够预防因语言的负迁移而造成的偏误，俗称"假兄弟"（faux frères）。词汇场分析也是一项为写作和阅读做准备或做总结的最佳活动，因为相关词语在篇章里相互结合在一起。开展集体自由讨论可对学过的某一领域的词汇进行总结，但更主要的是能够训练学习者运用那些主导心理词汇构建的技巧，如同义词、反义词、近义词、类比词、同韵词等。做这类练习，有时只需提一个简单的问题，如："如果我跟你说'节日'这个词，你会联想到什么？"或者让学习者补充句子，如："今天是个'节日'，我将做……，我将摆放……，我将去……"。

通过前缀、词根、后缀等造词可用于进行其他的语言输入或输出练习，比如 **pré**parer（准备）、**pré**venir（预防）、**pré**diction（预言）或者 comestible（可食用的）、intelligible（可理解的）、irréductible（不可减少的）。教师还可以组织派生词或合成词练习，让学习者用后缀 -eur/euse 造出表示职业的名词，如 vendeur/vendeuse（男售货员 / 女售货员）；或用后缀 -ité 将形容词转换成名词，如 généreux/générosité（大度的 / 大度）；或用动词 + 宾语补语造出名词，如 porte-manteau（大衣架）、attrape-nigaud（只能哄骗傻瓜的花招）、pèse-personne（体重计）。不过，教师应提醒同学们特别注意这类构词法包含的诸多例外情况，他甚至可以让学生自己造词，亲身感受一下操作上述各类构词法的愉悦。这些练习将有助于学习者学会认知陌生的词汇，当然，它们也有其局限性，因为有些词缀表示多种意思，很有可能非但不能指导学习者，反而会误导他们。对于那些难以解释的固定短语或特有的表达法，做练习主要是为了向学习者输入这些短语和表达法，帮助他们熟记在心，教会他们正确使用。

2）词汇与句法

语言学家越来越认识到，句法和词汇处于相互依存的紧密关系(参见本书第 42 页)中。如此，我们在吸收领会词的含义的同时，也掌握了它的句法特性；在我们的记忆中，词语始终伴随着它们的用法。正因如此，我们学会说 on tombe amoureux de quelqu'un（爱上某人），

而不是 *avec quelqu'un 或者 *sur quelqu'un。所以，一定要经常地把句法教学和词汇教学结合在一起，可是在我们今天的外语教学中，它们却常常是分开的。此前的论述一直倡导强化对学习者的语言输入，除此之外，我们还可以要求学习者对那些结构和／或意思类似或不同的表达进行对比。在进行语言输出时，教师可向学习者提供一系列不同的语境，要求他们把刚才对比分析过的表达法复用在所给的语境中。教师要特别提醒学习者留意，有些词语是否能相互兼容只有约定俗成的用法能够说明。

3）词汇与文本语境

词语只有在文本语境中才能获得真正的含义，因为上下文使词的某些义素得到实现，却使另一些义素失去作用。很多练习可以让学习者充分认识到文本语境对一个词的功用及理解的影响，例如，可以先让学生脱离上下文猜测一个生词的意思，然后再让他们理解该词在一个有含义的句子中的意思。我们也可变换文本语境，使学习者看到不同的语境可能会完全改变同一个词的含义。我们曾多次提到的完形填空练习可使学习者发现信息冗余现象，正是它把各个不同的词连接起来，形成一个句子的整体意思。以上各种练习将使学习者养成通过上下文猜字悟义的习惯。

关于这一点，我们可以谨慎地借助外语学习上广泛使用的两个工具：词汇表和词典。词汇表将目的语的一个词直接对照源语的一个词，两词均无上下文，这种呈现暗示了两词之间语义对等的关系。然而，目的语的这个词，根据其使用的语境，将产生很不一样的意思，其中有些含义可能与源语的意思相差甚远。词典也有同样的缺陷，因为其收录的词一般都缺少上下文。此外，词典有时还会阻碍阅读理解，因为它把学习者的注意力吸引到一个个孤立的单词上，而学习者本应着力从整体上理解文章。

2.5 教学资源及媒介

教师很少空着两手走进课堂。他和他的学生都需要有可供观察的素材和可供操弄的工具。即便是开展自由的、富有创造性的语言输出活动，也应该基于可靠的范例、真实的信息和具体的事物，它们将刺激并引导学习者的语言输出。还必须牢记，语言从来不会单独出现在我们的日常生活中，而会跟其他的交际系统发生互动，一起参与我们的个人生活和社会生活。课堂上的交际教学应该能够体现并得益于由万千符号构成的社会生活，我们除了上课之外，无时不深入其中。

2.5.1 语言和其他言语

现代外语教学法立足的本原是，交际促使人们使用语言并学习语言，因此，在语言能力特别是口语能力有限和不确定的情况下，就必须要通过其他手段激发和弥补了。在学习外语之初，特别是对于孩子，有益的做法通常是将口语和其他言语结合起来，后者充当前者的"援军"，以防止说话人陷于不能沟通理解的绝望之中。关于这一点，我们可以从攀登的原理中得到启发：攀登岩壁总是需要三个支点来稳定身体重心。同理，口语交际将通过如下支点得到加强：指明交际的背景环境、使用照片和插图（视觉）、操弄物件、灵机一动的修补（触觉）、手势、模仿、在教室里的移动（动觉）……怎样才能使初学者熟练自如地用目的语区分"左"和"右"、"往前"和"往后"呢？通过游戏难道不是更好的办法吗？例如，让学习者轮流发出指令"向左一步""向前两步"……，另一个同学蒙着眼睛，依照指令回转于各个障碍物之间。听觉能力的练习除了听说话以外，还可以听音响效果和音乐。比如，可让孩子哼唱一首歌曲，并同时用动作或表情模仿，然后再让他们按照同样的主题绘画。通过盲眼辨识游戏或者组织聚餐，可调动学习者的嗅觉和味觉以学习诸如"香的""熏衣草""桂皮""醋""甜的""咸的"等词汇。

2.5.2 教材与其他图书

专注于对外法语教材及其他图书的出版社经常推出新的系列产品，以至于大家不是总能够看得出目前市场上层出不穷的书籍有什么区别以及有什么新意。我们不在这里做任何筛选，但想冒昧地说，世界上没有十全十美的书，原则上也没有糟糕的教材、语法和练习册，关键在于经过了选择并且使用得当。

学习者人群和教学环境是我们在挑选教材和其他图书时首先要考虑的因素：学习者习惯采用哪一类的教学法呢？他们有什么特殊的困难或者想要达到什么特别的学习目标？学校强制他们采用一种学习方法吗？学校有语言实验室吗？教室有复印机和录像机吗？在教学层面，教师要查核选用的教材主要采用的是传统的语法－翻译法，还是交际教学法，抑或功能教学法（参见本书第 172 页），是重视口语还是笔语，是优先发展学习者的理解能力还是他们的表达能力，是实施归纳式教学还是演绎式教学，是否配有简明的语法讲解和基础词汇表……

在文化和社会层面，要知道教材是在哪里编写的——一般都是在法国、在巴黎，要知道教材里描写的情境是否和采用沉浸式学习法的学习者所处的情境相一致。各类教材千差万别，实有必要在选用时货比三家，挑选的参考因素包括语料的真实性、练习设计的创新性、指令要求的明晰度，以及目录的详细度和精准度等。

其他一些看似很表面的标准也同样值得重视，因为它们还是能够对学习者的学习动因产生一定的影响，比如教材外观的吸引力。因此，我们在选购时要考虑：教材翻阅起来让人感到舒服愉悦吗？书中的插图有趣且富有深意吗？书中的各类图表有助于学习吗？等等。不论选择什么质量的图书，即便是最缺乏经验的教师也必须记住一点：教材是为我服务的，而不是我为教材服务。所以，教师完全可以对使用的教材进行调整、补充，并且随时可用其他更合适的材料替代。

2.5.3 真实的语言素材

　　交际教学法高度重视使用真实的语言素材，而结构－行为主义教学法却惯于使用专门编制的教材。原则上讲，真实的语言素材最初不是用来教外国人学语言的。因此，文学作品、电梯里的安全须知、雅克·布雷尔[1]的歌曲、城市的交通图、商店的付款凭据、报刊文章、家用电器的使用说明书、罐头盒子上的食品配料清单……简而言之，一切真正来自目的语国家的事物，但凡能够促使学习者用目的语进行比较真实的交际并熟悉目的语文化的都可视作真实的语言素材。它们的优势在于驱使教师多样化地使用教学媒介，以此激发学习者的学习热情，让他们感到惊奇和惊喜，还可以让他们接触到目的语的各式各样的表达法。然而，现在的问题是，这些素材一旦脱离了它们原先的语境，被用来进行课堂教学，那还算是真实语料吗？无论如何，它们不应该成为一堂本来就没有什么交际特色的课堂教学的挡箭牌。

　　1）真实语言素材的几种类型

　　——图像

　　包括图画、绘画的复制品、漫画、海报、照片等。它们在对外法语教学中发挥着图例说明的作用，方便学习者理解口笔语文本，也有助于引出或者复习词汇。当然，它们还可以用来开展其他可让学习者发挥创造性的活动。例如：学习者可以想象一个漫画人物的性格特征；可以通过向同学描述，对比两幅几乎完全一样的图案（"七个错的游戏"）；可以一边重新组合拼图，一边和拿着其他拼图模块的同学对话；还可以根据无字漫画编写一件趣闻轶事或者一组对话；等等。

　　——歌曲

　　歌曲是特别能够激发学习者兴趣的真实语料，因为即便学习者不能听懂全部的歌词，但至少可以欣赏乐曲，并能从中受到启发而猜测

1　雅克·布雷尔（Jacques Brel 1929.4—1978）：比利时歌手、作曲人和演员。——译者注

到歌词的整体意思。教师可先让学习者做听力理解练习（问答、填空、给歌词排序等），然后开展其他有创造性的活动，如让学习者像电台主持人那样介绍他们自己喜爱的歌曲，或者让他们为熟悉的歌曲创作新的歌词，等等。在文化层面，可以对比不同国家、不同时代的歌曲，或者只是不同风格的歌曲。

——实物

在进行角色游戏和讲解生词时，实物当然有它们的用处（参见本书第 247 页"直接法"）。它们还可以用于其他教学活动，比如，让学习者向其他看不见相关物品的同学描述该物品。教师可以请同学带一件与目的语文化相关的物品到课堂上来——如果班上的学习者来自不同的国家，则可带来一件与母语文化相关的物品——并请他们向全班同学讲解所带物品的意义所在。有些奇特的或者虚构的物品则可用作猜谜活动，让大家猜测它们的功用。

——书面材料

这类真实语料除了用于阅读理解和写作以外，也可用于很多的口语表达练习。例如，将阅读报刊上的一篇社会新闻延伸到角色游戏，让学习者根据报道内容编排情节，如起诉犯罪嫌疑人。广告以及各种其他的出版物，比如我们经常免费收到的竞选传单、旅游宣传页、小广告和政府的各类通告等，成为我们进行丰富多彩的"情境–问题教学"取之不尽的真实语料源泉：购买一辆新车、组织全家外出度假、主动给一个政治领导人写信……用于目的语国家学生的那些教学和教育资料也能激发学习目的语的外国学生的兴趣，因为他们可借此进行各种比较研究。成年外语学习者则喜欢阅读与他们的职业或者业余爱好相关的真实语言素材，一方面这是为了学以致用，另一方面也是为了换一个视角看待他们的工作和业余生活。

2）真实语言素材的开发利用

——交际上的开发利用：这已在前面详细讲过（参见本书第

262—278 页）。总之，从交际层面开发利用真实语料应该能够启发我们开展很多其他的口笔语教学活动。

　　——语言上的开发利用：大多数真实语料可用于语言输入或语言案例讲解。例如，要求学习者在提供的真实语言材料里辨识语法点；或进行文章填空；或变换文本的某些部分，如现在时变过去时，第一人称变第三人称……；或将词汇分类，并构造词汇语义场；或记住固定短语表达的含义，设法复用到其他语境里；或析出一篇文章或有声资料的整体结构……需要提醒的是，这类语言上的开发利用必须始终为交际教学服务，否则，真实语料便失去了它的所有真实性。

　　——文化上的开发利用：从最不起眼的餐馆菜单，到最高端的文学作品，真实语言素材所包含的文化意义自不必多说。在这一点上，单是报刊阅读就向我们提供了海量的显性和隐性的课堂教学资源，足可以让我们开展阅读理解和听力理解教学，让学习者发现并分析目的语国家的人的生活方式、工作态度、思维模式和娱乐形式。不过，这类文化的开发利用还是要审慎而为，因为人都喜欢过快地下结论。正因为这样，跨文化的思路（参见本书第 81 页）让外语教学对（自我）意识表征展开批判性的分析。

2.5.4 视听材料

　　视听资料成为对外法语教学中非常丰富和吸引人的教学材料。外语学习者，特别是学习困难的外语学习者，可从中得到有助于听力理解的视觉帮助。如果法语教学是在非法语国家进行的，这类视听材料还能让学习者发现法语国家的一些文化元素，比如谈话人之间的距离、他们的体态、面部表情、一些惯常的手势含义，等等。这些方面如果没有生动的画面展示，外国学习者则很难把握。有了录像机，学习者可以反复地观看图像，可以慢速放映，可以停留于某一个画面，可以只听声音不看图像，或者只看图像不听声音。这些操作都是日常生活中不可能有的，但在教学中却能够更好地管控语言的输入和学习者在课堂上的注意力。

除了上述这些无可否认的优势之外，视听材料也有缺陷，因为它有时会让观众变成被动的看客，任由影像牵着鼻子走，而无自己真正的回应。因此，在教学中，教师要鼓励学习者积极主动地，甚至是批判性地去倾听；教师最好挑选短小的视听片段放映，以保证学习者的注意力不会分散。

1）视听材料的类型

——电影片段：法语国家与地区出产各种各样的影片，它们用现实主义甚至是悲剧的方法，当然也用喜剧的手法，描写法国、比利时、魁北克以及非洲等国家和地区的日常生活。这些影片不论是倡导同理心还是鼓励批判精神，都是让学习者接触目的语及其文化的最佳媒体，也是让他们进入近乎真实交际状态的最佳途径。其他体裁的电影只要是根据法语教学的培养目标选用的，也都是有意义的教学材料。

——电视游戏、真人秀电视节目、电视辩论：这些电视上的"即兴表演"（happenings）有的平淡无奇，有的相当极端，但很少让人无动于衷，它们经常显露出目的语国家的社会文化背景，我们因此可以"窥一斑而见全豹"。这些节目也在不断的游戏中让观众清楚地看到可接受的底线，引发人们对电视角色、尊重他人私生活和电视观众品位等问题的思考。所有这些都可组织学习者进行讨论，并同其他国家的类似节目进行比较。

——电视新闻报道：我们已经讲过这类电视节目的好处以及用于外语课堂教学时必须注意的问题（参见本书第 263 页"听力理解"）。

——电视广告：这些电视广告短小精炼，可加以多种形式的开发利用，比如，让学习者根据广告内容编导短剧，引导学习者学习广告词的说服力等。文字游戏和标语口号也可用作创意写作练习的基础。广告艺术广为使用的刻板印象可引发学习者就不同文化背景下理想的家庭、社会成功的标志、妇女的地位等主题展开对比和讨论。

2）开发利用的类型

除了用于单纯的听力理解练习之外，视听材料还可用于其他更全面的技能训练。第一步可重点观察视觉可见的语境：学习者观看关闭声音的视听材料，并尝试利用各种迹象，如外表、人物的行为举止、布景、物件等，猜测视听材料的主题；第二步，学习者围绕视听材料的内容、人物的说话内容提出假设；第三步，重放录像，但这次是带声音的，以验证大家的假设，并分析假设可能出错的原因。上述过程若反其道而行之，即先听声音不看图像，同样可以让学习者受益。最后可进行写作练习，比如，为一家专业杂志写电视评论或影评，筹划一则广告的剧本，等等。还可组织学习者对视听材料的制作进行技术上的或者美学上的分析，包括图像取景、配乐、置景、摄像、演员的演技、导演、剪辑……

2.5.5 互联网

互联网对于广大公众尤其是青年人的诱惑力无以复加，以至于我们想将互联网应用于所有的教学活动，但并不非常清楚除了象征意义之外，它还能为外语学习带来什么样的好处。互联网本身既不创造文本，也不创造图像或声音。倘若我们仅仅是为了做阅读理解练习而使用互联网，那跟其他同类练习的唯一区别只在于学习者面前是一台电脑屏幕，而非传统的一张纸，必须承认，如此使用新技术实在是大材小用。其实，互联网是可以帮助我们开展富有独创性的教学活动的，但我们一定要时刻牢记，互联网跟教材和语言实验室一样，是为教学服务的工具。

1）教师与互联网

教师能够在互联网上获得很多文章，包括在线的报纸杂志、插图和信息等，这些资料有助于他们备课并寻找需要的教学材料。对于在非法语国家从事法语教学，而又想在自己的课堂上使用最新的法语真实语料的教师来说，互联网显得特别有用。众所周知，网上的那些资料质量上有时不尽如人意，而且为了找到需要的东西，常常会浪费很多时间。不过，法语教师通过一些专门的搜索引擎，能够在网上找到成套的教学案例和资料，以及针对课堂教学中可能出现的问题而提出的丰富而实用的建议。我们也能够在网上找到专门适用于互联网的跨文化活动、关于教学法专著和教材的分析评论文章，以及世界各国的法语教师提供的独一无二的教学故事体验与经验；网上还有"很潮"的法语学习者发送的富有原创精神的学习案例；最后，法语教师可通过网上互动平台，与近在咫尺或远在天边的同行建立联系。不过，请允许我们再说一遍，这些网站良莠不齐。教师通过互联网也能够比较容易地找到传统的语法和词汇练习题，他们只需原样打印出来即可在课堂上使用。

2）学习者与互联网

对于使用互联网开展教学活动，应当优先考虑那些不上网便无法进行的项目。所以，我们列举下面几种情况，以供参考：

——查找资料：互联网可使学习者及时获得丰富多样的信息，查找和筛选资讯本身就是一种绝佳的语言和文化学习机会。

——阅读理解：我们前面介绍的那些阅读策略也适用于网络阅读，唯一不同的是，在屏幕上，学习者可同时接触到数个性质不同的文本。多媒体环境下才有的那种图、文、声三位一体的效果也让他们受益匪浅。为了使网络搜索和阅读产生实效，最好先交给学习者一些非常明确的"问题 – 任务"，例如，比较不同产品的优劣、查询前往目的语国家旅游的资料、了解刚刚发生的一起事件，等等。这些任务完成后，要进行评论小结。

——教学：互联网上有很多非常令人兴奋的远程教学互动网站，这些网站提供理解、表达、语法、文化等方面的教学，可供学习者自主学习目的语。教师可告诉学习者一些网址，或让学习者在教师的指导下，根据需要学习的知识和需要锻炼的技能，自己在多媒体教室或家里上网搜索。

——交际：互联网为与讲目的语的人或学目的语的人建立电邮联系提供了可能；有些教学网站专门为个人或全班提供这类虚拟交流的渠道。在教师的管理下，还可考虑让学习者参加线上论坛或者群聊。不过，需要指出的是，网络语言既不是口语，也不是书面语，却有很多创造性表达法，外国留学生会因此茫然不知所措（参见本书第 66 页）。

——长远的学习规划：在外语学习将要持续较长时间的情况下，可考虑建立班级自己的网站，并对外宣传。不过这样的网络联系必须有利于学习外语，最终促进外语的交际活动。

2.5.6 游戏

玩游戏不仅要吸收领会规则，也要能够发明新的规则，所以，无论对于孩子还是对于成人而言，游戏是学习的组成部分。因此，所有课堂教学活动可以带有，也应该带有娱乐的成分。游戏有利于增强班组的团结，有助于激发学习者的积极性，即便是面对最艰苦的学习；游戏能够使最拘束或最焦虑的学习者放松情绪；游戏还能够让犯错变得不那么可怕，并能够促进交流。可用于对外法语课堂的游戏活动不胜枚举，很难甚至不可能列出一个完整的游戏清单。在这方面，教师发挥了无限的想象力，他们能把同一个教学游戏活动变换成无数种玩法。请看下面四类典型例子：

1）语言游戏（jeux de langage）

我们曾经说过（参见本书第 22 页），在语言的各项功用中，美育功能不容忽视。归根结底，从功能性的视角看，玩语言和使用语言同样合情合理。通过篡改、曲解和违犯等手段，语言游戏特别能够揭示语言的定律、机制及承载的文化。此外，我们可以借用幽默的表达法或好笑的故事从反面去说明一个刚讲过的语法规则或者是一个词的意思。积木游戏，也就是搭建句子、文章和故事的游戏，正符合语言的基本运作原理，因为按照结构主义学家的观点，语言就是一个由可装可拆的部件构成的系统。这些语言游戏非但不会妨碍学习者学习语言，反而能够促进他们对语言的掌握，巩固他们的语言能力，鼓励他们的创造性。

这里可能应该区分两类语言游戏。一类是**用**语言游戏（jeux **avec** la langue），如填字游戏、吊死鬼（les pendus）[1]、猜字谜等；另一类是做**关于**语言的游戏（jeux **sur** la langue），如限韵诗（bouts rimés）、行囊词（mots valises）、文字接龙游戏（cadavre exquis）[2]，这些游戏涉及语言本身的运作机理，有时甚至属于诗歌创作。

2）社交游戏（jeux de société）

这类游戏种类最多，虽然不主要是练习使用语言，但在对外法语教学中却有其一席之地，因为这类游戏必定会驱使学习者相互交流，比如，他们要在一起准备游戏，在游戏中互动，提醒下家出牌，对自己的牌运、手气等进行评价…… 一场简单的扑克游戏就能在外语课堂上产生奇迹，特别是如果有一个同学教大家一种新的玩法的时候。下鹅棋既可用来复习法语的动词变位，如走到第 14 格的要求是"将句子 Je n'ai pas de chance en lançant les dés（我在投色子的时候手气不佳）变成过去时"；也能促成同学间的交际，如走到第 12 格的要求是"请

1　一种猜单词的双人游戏。甲方心里想一个单词，乙方猜其所想单词的每一个字母。要猜的单词以一列横线表示，让猜的乙方知道该字有多少个字母。如果乙方猜中其中一个字母，甲方便于该字母出现的所有位置上写上该字母。如果乙方猜的字母没有在该单词中出现，甲方便会画上吊人的其中一笔。游戏会在以下情况下结束：1）猜词的乙方猜到所有字母，或猜中整个单词；2）甲方画完整幅上吊人的图。

2　Cadavre exquis 是由超现实主义者发明的一种集体文学创作游戏。游戏的规则是：按照"主语—谓语—补语"等的顺序，每个参与者依次写出一个词，最后连成一句话，但在游戏过程中每个人不知道其他人给出的词是什么。从这个游戏产生的一句话是：Le cadavre – exquis – boira – le vin – nouveau，这句话的前两个词组成了这个游戏的名字，直译为"美丽的尸体"。这种创作方式往往制造出离奇的效果，后来也被应用到小说、绘画、电影等艺术创作中。

向别人讲述你最近看过的一部电影"。

3）猜谜游戏（jeux d'énigmes）

猜谜游戏特别有吸引力，因为猜中谜底不仅要靠准确的理解，还要靠正确的表达，以及同伴间的交流。猜谜游戏有很多种：可以猜物品、人、职业等；也可以把一个奇特的词尽可能自然地塞进一个故事里，让其他同学毫无察觉；还可以在一个真实的趣闻轶事中偷偷地加进一句谎言，让大家甄别；等等。滑稽模仿可让学习者在课堂上发掘利用口语之外的其他言语手段进行交际。Kim 小游戏是外语课堂上非常传统的教学游戏，教师可让同学蒙上眼睛辨识物品、气味或声音，也可让蒙上眼睛的同学记住物品、气味或声音的名字。这些游戏可以组织全班同学参与，也可将班级分成较小的班组，每组指定一个"大使"，代表本组用最快的速度回答教师的提问。这些游戏激起的好胜心进一步驱动着儿童学习者和成人学习者的学习积极性。

4）与原物同样大小的游戏：整体模拟（simulation globale）

整体模拟指的是在一个想象的背景下，依据一个总的脚本进行的一系列突发事件的模拟仿真。住宅楼是最有名的一项模拟活动：先要求学习者想象和描述相关的住宅楼，然后让他们扮演楼里的住户，参与各种各样的活动，比如相互打电话、搬弄是非、海阔天空地闲聊、写小广告、寄信……学习者甚至可以描写两个邻居间的爱情故事。教室因此可以成为差不多真实的日常生活的交际场景，它向世界开放，或者更准确地说，世界向它走来。模拟互动不仅具有激励作用和可再利用性，而且再形式化的练习也能被它变得富有吸引力，因为这些练习本身就是模拟互动。尽管整体模拟有这么多优点，但它必须始终处于教师的管控下，以免游戏过火，使模拟的情境过于庞杂和虚假，失去了学习外语的意义。关于整体模拟游戏的详情，请各位参阅让－马克·卡雷（Jean-Marc Caré）和弗朗西斯·德比塞（Francis Debyser）的专著《论整体模拟游戏》（Simulations globales，1984）。

参考书目

1. 语言学

BAYLON (Ch.) et MIGNOT (X.), *La Communication*, Nathan Université, 1999.

BLANCHE-BENVENISTE (Cl.), *Approches de la langue parlée en français*, Paris, Ophrys, 1997.

CHISS (J-L.), FILLIOLET (J.) et MAINGUENEAU (D.), *Introduction à la linguistique française* (3 tomes), Paris, Hachette, 2001.

CICUREL (F.), *Parole sur parole. Le métalangage en classe de langue*, Paris, CLÉ International, 1985.

DABÈNE (L.), *Repères sociolinguistiques pour l'enseignement des langues*, Paris, Hachette, 1994.

GUMPERZ (J.), *Engager la conversation. Introduction à la sociolinguistique interactionnelle*, Paris, Minuit, 1989.

KERBRAT-ORECCHIONI (C.), *Les Interactions verbales*, Paris, Armand Colin, 1990 (tome 1), 1992 (tome 2), 1998 (tome 3).

KERBRAT-ORECCHIONI (C.), *La Conversation*, Paris, Seuil, 1996.

KERSAUDY (G.), *Langues sans frontières. A la découverte des langues de l'Europe*, Paris, éd. Autrement, 2001.

MAINGUENEAU (D.), *Aborder la linguistique*, Paris, Seuil, Mémo, 1996.

MAINGUENEAU (D.), *Les termes clés de la linguistique*, Paris, Seuil, Mémo, 1996.

MARTINET (J.), *De la théorie linguistique à l'enseignement des langues*, Paris, PUF, 1974.

PINKER (St.), *L'Instinct du langage*, Paris, O. Jacob, 1999.

SIOUFFI (G.) et VAN RAEMDONCK (D.), *100 fiches pour comprendre la linguistique*, Rosny, Bréal, 1999.

WALTER (H.), *Le Français dans tous les sens*, Paris, Livre de poche, 1988.

YAGUELLO (M.), *Catalogue des idées reçues sur la langue*, Paris, Seuil, Virgule, 1988.

2. 文化

ABDALLAH-PRETCEILLE (M.), *Vers une pédagogie interculturelle*, Paris, Anthropos, 1996.

ABDALLAH-PRETCEILLE (M.), *L'Éducation interculturelle*, Paris, PUF, 1999 (coll. « Que sais-je ? »).

ABDALLAH-PRETCEILLE (M.) et PORCHER (L.), *Éducation et communication interculturelle*, Paris, PUF, 1996 (coll. «L'Éducateur»).

ABDALLAH-PRETCEILLE (M.) et PORCHER (L.), *Diagonales de la communication interculturelle*, Paris, Anthropos, 1999.

AMOSSY (R.) et HERSCHBERG PIERROT (A.), *Stéréotypes et clichés, langue discours et société*, Paris, Nathan, 1997.

BEACCO (J.-C.), *Les Dimensions culturelles des enseignements de langue*, Paris, Hachette, 2001.

BLONDEL (A.), BRIET (G.), COLLÈS (L.), DESTERCKE (L.) et SEKHAVAT (A.), *Que voulez-vous dire? Compétence culturelle et stratégies didactiques*, Bruxelles, Duculot, 1998 (guide pédagogique et fiches reproductibles).

BYRIAM (M.), *Culture et éducation en langue étrangère*, Paris, Hachette/Didier, 1992 (coll. «LAL»).

COLLÈS (L.), *Littérature comparée et reconnaissance interculturelle*, Bruxelles, Duculot, 1994.

DE CARLO (M.), *L'Interculturel*, Paris, CLÉ International, 1998.

GALISSON (R.), *De la langue à la culture par les mots*, Paris, CLÉ International, 1991.

PORCHER (L.) *et al.*, *La Civilisation*, Paris, CLÉ International, 1986.

SALINS (G.-D. de), *Une introduction à l'ethnographie de la communication. Pour la formation à l'enseignement du français langue étrangère*, Paris, Didier, 1992.

YERLÈS (P.) sous la dir. de, *Entendons-nous*, Bruxelles, Didier-Hatier, 1992 (vade-mecum, recueil de documents authentiques et cassette).

ZARATE (G.), *Enseigner une culture étrangère*, Paris, Hachette, 1986.

ZARATE (G.), *Représentations de l'étranger et didactique des langues*, Paris, Didier, 1993.

3. 学习心理学和学习策略

BARBOT (M-J.), *Les Auto-apprentissages*, Paris, CLÉ International, 2000.

BLANC (M.) et HAMERS (J.F.), *Bilingualité et bilinguisme*, Bruxelles, Pierre Mardaga, 1983 (coll. «Sh»).

BOGGARDS (P.), *Aptitudes et affectivité dans l'apprentissage des langues étrangères*, Paris, Hatier, 1988.

COLLÈS (L), DUFAYS (J.-L.), FABRY (G) et MAEDER (C), *Didactique des langues romanes : le développement de compétences chez l'apprenant*, Bruxelles, De Boeck-Duculot, 2001.

COMBLAIN (Y.) et RONDAL (J-A.), *Apprendre les langues. Où? Quand? Comment?*, Liège, Mardaga, 2001.

CYR (P.), *Les Stratégies d'apprentissage*, Paris, CLÉ International, 1998.

FABRE (M.), *Situations-problèmes et savoir scolaire*, Paris, PUF, 1999.

GAONAC'H (D.), *Théorie d'apprentissage et acquisition d'une langue étrangère*, Paris, Hatier, 1987.

HAGEGE (Cl.), *L'Enfant aux deux langues*, Paris, O. Jacob, 1996.

HUOT (D.), *L'Apprenant et les langues*, Paris, Didier, 2001 (coll. «LAL»).

KLEIN (W.), *L'Acquisition de langues étrangères*, Paris, A. Colin, 1989.

O'NEILL (C.), *Les Enfants et l'enseignement des langues étrangères*, Paris, Hatier-Didier/Crédif, 1993.

PERRENOUD (Ph.), *Construire des compétences dès l'école*, Paris, ESF éditeur, 1997 (coll. «Pratiques et enjeux pédagogiques»).

POIRIER-PROULX (L.), *La Résolution de problèmes en enseignement. Cadre référentiel et outils de formation*, Paris, Bruxelles, De Boeck Université, 1999.

RAYNAL (Fr.) et RIEUNIER (A.), *Pédagogie : dictionnaire des concepts clés. Apprentissage, formation, psychologie cognitive*, 2ᵉ éd., Paris, ESF, 1998.

RICHTERICH (R.), *Besoins langagiers et objectifs d'apprentissage*, Paris, Hachette, 1985 (coll. «F.»).

4. 现代语言教学法

«L'apprentissage des langues vivantes en milieu scolaire dans l'Union européenne», *Études*, nᵒ 6, Communautés européennes, 1997 (coll. «Éducation-formation jeunesse»).

BARBOT (M.-J.), *Les Auto-apprentissages*, Paris, CLÉ international, 2001.

BÉRARD (E.), *L'Approche communicative – Théorie et pratiques*, Paris, CLÉ International, 1991.

BERTOCCHINI (P.) et COSTANZO (E.), *Manuel d'autoformation à l'usage des professeurs de langue*, Paris, Hachette, 1989.

BOGAARDS (P.), *Aptitude et affectivité dans l'apprentissage des langues étrangères*, Paris, Hatier-Didier, 1991.

BOUCHER (A. M.), DUPLANTIE (M.) et LEBLANC (R.), *Pédagogie dans l'enseignement d'une langue étrangère*, Bruxelles, De Boeck, 1988.

CALLIABETSOU-CORACA (P.), *La Didactique des langues de l'ère a-scientifique à l'ère scientifique*, Grèce, éditions Eiffel, 1995.

CASTELLOTTI (V.), *La Langue maternelle en classe de langue étrangère*, Paris, CLÉ International, 2001.

CASTELLOTI (V.), DE CARLO (M.), *La Formation des enseignants de langue*, Paris, CLÉ International, 1995.

COLL., *Cadre européen commun de référence pour l'apprentissage des langues*, Paris, Didier, 2001.

DALGALIAN (G.), LIEUTAUD (S.) et WEISS (F.), *Pour un nouvel enseignement des langues et une nouvelle formation des enseignants*, Paris, CLÉ International, 1981.

GALISSON (R.) et COSTE (D.), *Dictionnaire de didactique des langues*, Paris, Hachette, 1976.

GERMAIN (Cl.), *Évolution de l'enseignement des langues – 5000 ans d'histoire*, Paris, CLÉ international, 1993.

GIRARD (D.), *Enseigner les langues : méthodes et pratiques*, Paris, Bordas, 1995.

HOLEC (H.), *Autonomie et apprentissage des langues étrangères*, Strasbourg, Conseil de l'Europe, Paris, Hachette, 1982.

MARTINEZ (P.), *La Didactique des langues étrangères*, Paris, PUF, 1996 (coll. « Que sais-je? »).

MOIRAND (S.), *Enseigner à communiquer en langue étrangère*, Paris, Hachette, 1982 (coll. « F »).

MOIRAND (S.), *Une Grammaire des textes et des dialogues*, Paris, Hachette, 1990.

NOYAU (C.) et PORQUIER (R.), *Communiquer dans la langue de l'autre*, Paris, Presses universitaires de Vincennes, 1984.

PUREN (C.), BERTOCCHINI (P.) et COSTANZO (E.), *Se former en didactique des langues*, Paris, Ellipses, 1998.

PUREN (C.), *Histoire des méthodologies de l'enseignement des langues*, Paris, CLÉ International, 1991.

PUREN (C.), *La Didactique des langues étrangères à la croisée des méthodes – Essai sur l'éclectisme*, Paris, Didier, 1994.

RENARD (R.), *Variations sur la problématique SGAV – Essais de didactique des langues*, Paris, Didier Érudition, Mons, Centre international de phonétique appliquée, 1993.

RICHTERICH (R.) et WIDDOWSON (H.G.), *Description, présentation et enseignement des langues étrangères*, Paris, Hatier, 1982.

5. 法语作为外语和第二语言的教学法

BOYER (H.), BUTZBACH-RIVERA (M.) et PENDANX (M.), *Nouvelle introduction à la didactique du français langue étrangère*, Paris, CLÉ International, 1990.

COSTE (D.), COURTILLON (J.), FERENCZI (V.), MARTINS-BALTAR (M.) et PAPO (E.), *Un Niveau-Seuil*, Strasbourg, Conseil de l'Europe, Hatier, 1981.

CUQ (J.-P.), *Le Français langue seconde*, Paris, Hachette, 1991.

CUQ (J.-P.) et GRUCA (I.), *Cours de didactique du français langue étrangère et seconde*, Grenoble, Presses Universitaires de Grenoble, 2002.

FLAMENT-BOISTRANCOURT (D.), *Théories, données et pratiques en français langue étrangère*, Lille, Presses Universitaires, 1994.

Le Français dans le monde : revue [bimestrielle] internationale et francophone des professeurs de FLE, Paris, Hachette.

Le Français dans le monde, numéros spéciaux semestriels, Paris, Hachette, (coll. « Recherches et applications »).

PEYTARD (J.) et MOIRAND (S.), *Discours et enseignement du français – Les lieux d'une rencontre*, Paris, Hachette, 1992.

PORCHER (L.), *Le Français langue étrangère. Émergence et enseignement d'une discipline*, Paris, Hachette Éducation, 1995.

PORCHER (L.), HUART (M.) et MARIET (F.), *Adaptation de « Un Niveau-Seuil » pour des contextes scolaires*, Strasbourg, Conseil de l'Europe, Paris, Hatier, 1981.

THIERRY (A.-M.), *Analyse de méthodes français langue étrangère*, CIEP, Sèvres, 1996.

VIGNER (G.), *L'Exercice dans la classe de français*, Paris, Hachette, 1984.

VIGNER (G.), *Enseigner le français comme langue seconde*, Paris, CLÉ International, 2001.

6. 课堂教学方法及实践

ADAMS (G.), DAVISTER (J.) et DENYER (M.), *Lisons futé – La lecture : modes d'emplois*, Bruxelles, De Boeck, 1997 (coll. « Stratégies »).

AUGE (H.), BOROT (M.-F.) et VIELMAS (M.), *Jeux pour parler, jeux pour créer*, Paris, CLÉ International, 1981.

BARBOT (M.-J.), *Les Auto-apprentissages*, Paris, CLÉ International, 2001.

BERTOCCHINI (P.) et COSTANZO (E.), *Productions écrites. Le mot, la phrase, le texte*, Paris, Hachette, 1987.

CARÉ (J.-M.) et DEBYSER (F.), *Jeu, langage et créativité*, Paris, BELC-Hachette-Larousse, 1978.

CARÉ (J.-M.) et DEBYSER (F.), *Simulations globales*, Paris, Hachette/CIEP, 1995 (1re édit. : 1984).

CHISS (J.L.) *et al.*, *Apprendre/enseigner à produire des textes écrits*, Bruxelles, De Boeck-Wesmael, 1987.

CICUREL (F.), PEDOYA (E.), PORQUIER (R.) et GUIMBRETIERE (E.), *Communiquer en français, actes de parole et pratiques de conversation*, Paris, Hatier, 1987 (livre et cassette).

COMPTE (C.), *La Vidéo en classe de langue*, Paris, Hachette, 1993 (coll. « F »).

CORNAIRE (Cl.), *La Compréhension orale*, Paris, CLÉ International, 1998.

CORNAIRE (Cl.) et RAYMOND (P.), *La Production écrite*, Paris, CLÉ International.

HUMBERT (S.), *Nouvelles technologies et enseignement des langues*, Sèvres, CIEP, avril 1996.

INTRAVAIA (P.), *Formation des professeurs de langue en phonétique corrective*, Paris, Didier Erudition, 2000.

KEPLER (A.), *Le Centre-ressource. Pourquoi? Comment?*, Lyon, Chronique Sociale, 1992.

KRAMSCH (C.), *Interaction et discours dans la classe de langue*, Paris, Didier.

LANCIEN (T.), *Le Multimédia*, Paris, CLÉ International, 2001.

LEBRUN (N.) et BERTHELOT (S.), *Pour une approche multimédiatique de l'enseignement*, Montréal, Éditions Nouvelles, 1996.

LEON (P.), *Phonétisme et prononciations du français*, Paris, Nathan, 2000.

LEYBRE-PEYTARD (M.), *Situations d'oral*, Paris, CLÉ International, 1990.

LHOTE (E.), *Enseigner l'oral en interaction*, Paris, Hachette, 1995.

LUCCHINI (S.), *L'Apprentissage de la lecture en langue seconde*, Cortil-Wodon, Éditions Modulaires Européennes, 2002.

MILED (M.), *La Didactique de la production écrite en français langue seconde*, Paris, Didier Érudition, Mons, Centre international de phonétique appliquée, 1998.

MOIRAND (S.), *Situations d'écrit*, Paris, CLÉ International, 1982.

NATUREL (M.), *Pour la littérature – De l'extrait à l'œuvre*, Paris, CLÉ International, 1995 (coll. «DLE»).

PAPO (E.) et BOURGAIN (D.), avec la collaboration de PEYTARD (J.), *Littérature et communication en classe de langue. Une initiation à l'analyse du discours littéraire*, Paris, Hatier, 1989.

PENDANX (M.), *Les Activités d'apprentissage en classe de langue*, Paris, Hachette FLE, 1998.

PEYTARD (J.) *et al.*, *Littérature et communication en classe de langue*, Paris, Hatier, 1982.

SEOUD (A.), *Pour une didactique de la littérature*, Paris, Hatier, 1998.

TAGLIANTE (C.), *La Classe de langue*, Paris, CLÉ International, 1994.

VIGNER (G.), Gammes, *Pratique des langues étrangères, Exercices écrits autocorrectifs français langue étrangère*, Paris, CLÉ International, 1990 (3 vol.).

VIGNER (G.), *Lire : du texte au sens, éléments pour un apprentissage de la lecture*, CLÉ International, 1979.

WEISS (F.), *Jeux et activités communicatives dans la classe de langue*, Paris, Hachette, 1983 (coll. «F autoformation»).

YAICHE, *Les Simulations globales, mode d'emploi*, Paris, Hachette, 1995.

7. 评估

ALBRECHT (R.), *L'Évaluation formative*, Bruxelles, De Boeck, 1991.

ALLAL (L.), *Vers une pratique de l'évaluation formative*, Bruxelles, De Boeck, 1991.

BOLTON (S.), *Évaluation de la compétence communicative en langue étrangère*, Paris, Crédif-Hatier, 1987.

CONSEIL DE L'EUROPE, *Portfolio européen des langues pour jeunes et adultes*, Strasbourg, Paris, Didier, 2001.

DAYEZ (Y.), *Guide du concepteur de sujets DELF-DALF*, Paris, Didier/Hatier, 1994.

«Évaluation et certifications», n° spécial du *français dans le monde*, Paris, Edicef, août-sept. 1993.

DE LANDSHEERE (G.), *Évaluation continue et examens*, Bruxelles, Labor, 1992.

GREGOIRE (J.), *Evaluer les apprentissages. Les apports de la psychologie cognitive*, Bruxelles, De Boeck, 1996.

LUSSIER (D.), *Évaluer les apprentissages dans une approche communicative*, Paris, Hachette, 1992.

PAQUAT (L.), CARLIER (G.), COLLÈS (L.) et HUYNEN (A.-M.), *L'Évaluation des compétences chez l'apprenant. Pratiques, méthodes et fondements*, Louvain-la-Neuve, Presses universitaires de Louvain, 2002 (coll. «Recherches en formation des enseignants et en didactique»).

RONDAL (J. A.), *L'Évaluation du langage*, Liège, Mardaga, 1997.

TAGLIANTE (C.), *L'Évaluation*, Paris, CLÉ International, 1991.

TAGLIANTE (C.), *Tests de niveau*, Paris, CLÉ International, 1999.

8. 词汇

BOGAARDS (P.), *Le Vocabulaire dans l'apprentissage des langues étrangères*, Paris, Hatier-Didier, 1994 (coll. «LAL»).

GALISSON (R.), *Lexicologie et enseignement des langues*, Paris, Hachette, 1979.

GALISSON (R.), *Des mots pour communiquer*, Paris, CLÉ International, 1983.

GALISSON (R.), *Les Expressions imagées : les mots mode d'emploi*, Paris, CLÉ International, 1984.

HAMON (A.), *Les Mots du français*, Paris, Hachette, 1992.

LAFLEUR (Br.), *Dictionnaire des locutions idiomatiques françaises*, Paris-Gembloux, Duculot, 1991.

REY-DEBOVE (J.), *Dictionnaire du français (référence-apprentissage)*, Paris, Le Robert-CLÉ International, 1999.

SIREJOLS (E.), *Prendre au mot. Vocabulaire thématique*, Alliance Française, Paris, Hatier-Didier, 1994.

TREVILLE (M.-C.) et DUQUETTE (L.), *Enseigner le vocabulaire en classe de langue*, Paris, Hachette, 1996 (coll. « F autoformation »).

« Lexiques », n° spécial du *français dans le monde*, Paris, Hachette, août-septembre, 1989 (coll. « F recherches-applications »).

« Lexique et didactique du français langue étrangère », *Actes des 13ᵉ et 14ᵉ rencontres de l'ASDIFLE*, Paris, ASDIFLE, 1994.

9. 语法和拼写

BERARD (E.) et LAVENNE (Chr.), *Mode d'emploi : grammaire utile du français*, Paris, Didier-Hatier, 1991.

BESSE (H.) et PORQUIER (R.), *Grammaires et didactique des langues*, Paris, Didier (Crédif), 1984.

CHARAUDEAU (P.), *Grammaire du sens et de l'expression*, Paris, Hachette, 1992.

CUQ (J.-P.), *Une Introduction à la didactique de la grammaire en français langue étrangère*, Paris, Didier/Hatier, 1996.

DELATOUR (Y.), JENNEPIN (D.), DUFOUR (M.), MATTLÉ (A.) et TEYSSIER (B.), *Grammaire du français. Cours de civilisation française de la Sorbonne*, Paris, Hachette, 1991.

DELATOUR (Y.), JENNEPIN (D.), LEON-DUFOUR (M.) et TEYSSIER (B.), *Grammaire pratique du français*, Paris, Hachette, 2000 (coll. « Français langue étrangère »).

FARGEOT-MAUCHE (M.-C.) et MICHEL (P.), *Comment dire? Orthographe*, Paris, CLÉ International, 1990.

GERMAIN (Cl.) et SEGUIN (H.), *Le Point sur la grammaire*, Paris, CLÉ International, 1998 (coll. « Didactique des langues étrangères »).

JOB (B.), MIS (B.) et PISSAVY (A.-M.), *Comment dire? Grammaire simplifiée*, Paris, CLÉ International, 1986.

« Et la grammaire », n° spécial du *français dans le monde*, Paris, Hachette, février-mars 1989 (coll. « F. recherches-applications »).

MONNERIE (A.), *Le Français au présent: grammaire*, Paris, Didier-Hatier, 1996 (coll. « Français langue étrangère »).

SALINS (G.-D. de), *Grammaire pour l'enseignement/apprentissage du FLE*, Paris, Didier-Hatier, 1996.

10. 专门用途法语教学和针对不稳定群体的法语教学

BINON (J.), FOLON (J.) *et al.*, *Dictionnaire contextuel du français économique*,

Kessel-Lo/Leuven, Garant, 1993 (4 tomes et exercisiers).

BINON (J.), FOLON (J.) *et al.*, *Dictionnaire d'apprentissage du français des affaires*, Paris, Didier, 2000.

BOYZON-FRADET (D.) et CHISS (J.-L.), *Enseigner le français en classes hétérogènes. École et immigration*, Paris, Nathan, 1997.

EURIN BALMET (S.) et HENNAO de LEGGE (M.), *Pratiques du français scientifique*, Paris, Hachette/AUPELF, 1992 (coll. « Universités francophones UREF »).

LIRE & ÉCRIRE, coord. par, *Parler pour apprendre. Apprendre pour parler. Fiches pédagogiques pour animer des classes de FLES*, Verviers, Lire & Écrire, 2003.

Mille et une idées pour se parler, 113 fiches d'activités orales, Bruxelles, Collectif Alpha Bruxelles -Lire & Écrire, 1995.